名家講壇

明代政治与文化变迁

郑培凯 主编

黄山书社

图书在版编目(CIP)数据

明代政治与文化变迁 / 郑培凯主编.—合肥：黄山书社，2016.12
ISBN 978-7-5461-6222-5

Ⅰ.①明… Ⅱ.①郑… Ⅲ.①政治制度-研究-中国-明代
②文化史-研究-中国-明代 Ⅳ.①D691.21 ②K248.03

中国版本图书馆 CIP 数据核字(2017)第 000484 号

明 代 政 治 与 文 化 变 迁
MINGDAI ZHENGZHI YU WENHUA BIANQIAN
郑培凯 主编

出 品 人 王晓光
策　　划 马 磊 高 杨
责任编辑 秦矿玲
装帧设计 观止堂_未 氓
出版发行 时代出版传媒股份有限公司(http://www.press-mart.com)
　　　　 黄山书社(http://www.hspress.cn)
地址邮编 安徽省合肥市蜀山区翡翠路 1118 号出版传媒广场 7 层 230071
印　　刷 合肥精艺印刷有限公司
版　　次 2017 年 4 月第 1 版
印　　次 2017 年 4 月第 1 次印刷
开　　本 710mm × 1000mm 1/16
字　　数 200 千字
印　　张 19
书　　号 ISBN 978-7-5461-6222-5
定　　价 42.00 元

服务热线 0551-63533706
销售热线 0551-63533761
官方直营书店(http://hsssbook.taobao.com)

序

明史的研究，在20世纪前期，以政治事件史及政治制度史为主，后来重点转移到社会经济史研究。特别是对商品经济发展如何影响到社会结构的转型，成了许多学者瞩目的课题。这种学术研究方向的转移，固然有其内因及学术群体的个别兴趣，但是也不可忽略20世纪后期整体文化思维倾向的影响。

最大的影响来自思考中国与“世界”的关系，想弄清中国在世界史一体化中的地位，要解释中国社会经济形态在明清时期，相对于欧洲勃兴的资本主义，为什么“停滞”，以至于“落后”？先是用马克思主义的解释模式，套用毛泽东讲的中国资本主义萌芽逐渐也会发展出资本主义观点，利用方志、文集、契约文书等史料，深入探索了商品经济在各地发展的情况。近年来又流行沃勒斯坦（Immanuel Wallerstein）的世界体系模式，以“全球化”发展史的脉络，来解释中国社会经济转型与世界各地“相倚相存”（inter-dependent）的现象。然而，这些皆是全球化的“宏观调控”解释模式，都不足以阐明中国历史文化自成一体中的复杂变化。

也就是说，中国历史文化源远流长这个纵深的影响，到了明代，已经累积了几千年的经验与智慧，演化出自成一体的内在发展规律，既不奇怪，也不特殊，更非畸形，只是与其他文明有所不同。当今的学者，似乎比较接受这种平和的态度，重新回到细部的历史现象研究，而且以多元角度，重新审视明史丰富而具体的生命经验，看到不同情况下的不同面貌。最显著的学术方向变化，就是对具体细节的深入研究，而且先不设定任何“理论架构”，让个别的历史经验讲话，让个体（或个别群体）发出生命体验的声音。

有趣的是，这个研究倾向的变化，颇似近几十年法国年鉴学派的发展变化脉络：先是宏观的经济、政治、社会体系型研究，逐渐转为社会生活史及个体生命经历的把握。也许是到了21世纪，全球化相互影响局面已成，学术风气由欧陆直接影响中国，也无足为怪。

本书所辑九篇论文，来自七位明史专家。这些论文经他们自己挑选，由我们几经商讨安排成书，希望能呈现一个首尾贯通的脉络，反映当前明史研究的不同面貌。

郑培凯

目　录

立国宏规
——明初南京皇城、宫城的建立

徐　泓

南京是中国七大古都之一，自六朝以来，十为国都，垂四百五十年；尤其明初，明太祖打破以前的都城格局，拓建南京城，于城东空旷之地规划建设皇城与宫城，以突显中国传统王者之都的气象，其平面布局与显现的象征意义，对明中都、明清北京的影响颇大。作者十余年前曾为文简略讨论，近年来读到一些相关论著与资料后，觉得旧文需补正演绎之处甚多，乃起意专就南京的皇城、宫城，论其规划、建设的过程及其平面布局的特点及其象征意义，并分析其与元大都，明中都，明清北京皇城、宫城规划之渊源或影响。

一、皇城、宫城的规划与建设

朱元璋起兵淮北，因冯国用、陶安、陈野先等人的建议，渡江取南京，作为“顺天应人”的“革命”基地[1]，当时朱元璋名义上仍是龙凤政权的臣子，以吴国公兼领江南行中书省事，改元御史台为吴国公府。[2]经过约10年的征战，讨平陈友谅，进而征讨张士诚，大势已定，乃于至正二十六年（1366）四月，公开与红巾军划清界限，朝着自立政权发展。[3]新政权当有新居以显现新气象，朱元璋于是在八月下令“拓建康城”，以原来的吴国公府在城中，宫室“稍痺隘”，“乃命刘基等卜地定，作新宫于钟山之阳，在旧城东白下门之外二（三）里许，故增筑新城，东北尽钟山之趾”。[4]十二月，“定议以明年为吴元年，命有司营建庙社，立宫室”。[5]工程进行得很快，次年，即吴元年（1367）二月，都城拓建工程完成[6]；八月，圜丘、方丘及社稷坛等国家祭祀典礼建筑完成[7]；九月，太庙与新的皇城及宫殿建筑完成。[8]主要工程依靠军工，在短短一年零一个月内完成。十二月，北伐的部队已戡定山东，南征的部队已降服方国珍，并攻入福建、广西，捷报频传，群臣劝进，朱元璋“御新宫，以群臣推戴之意祭告于上帝皇祇”，宣布“明年正月四日”登基。[9]于是洪武元年（1368）正月初四乙亥，朱元璋“祀天地于南郊，即皇帝位，定有天下之号曰大明，建元洪武”。[10]接着于正月初七日，“自旧内迁新宫”。[11]此即为皇城、宫城的第一期建设。

朱元璋称帝建国后，颇以建都与国防设计为忧。当时最大威胁为北方的蒙古，防边须重兵，若付之诸将，恐尾大不掉；若将兵权直隶中央，则南京离北边太远，指挥不易。折中的办法，只有仿古代两京制度，乃于洪武元年八月正式下令：“以金陵为南京，大梁为北京。”[12]但南京的地位始终不稳定，因为它是“六朝旧地，国祚不永”，过去凡以南京为首都的，均为偏安而国祚不长久之王朝，名声一向不好，不吉利。[13]所以洪武二年，朱

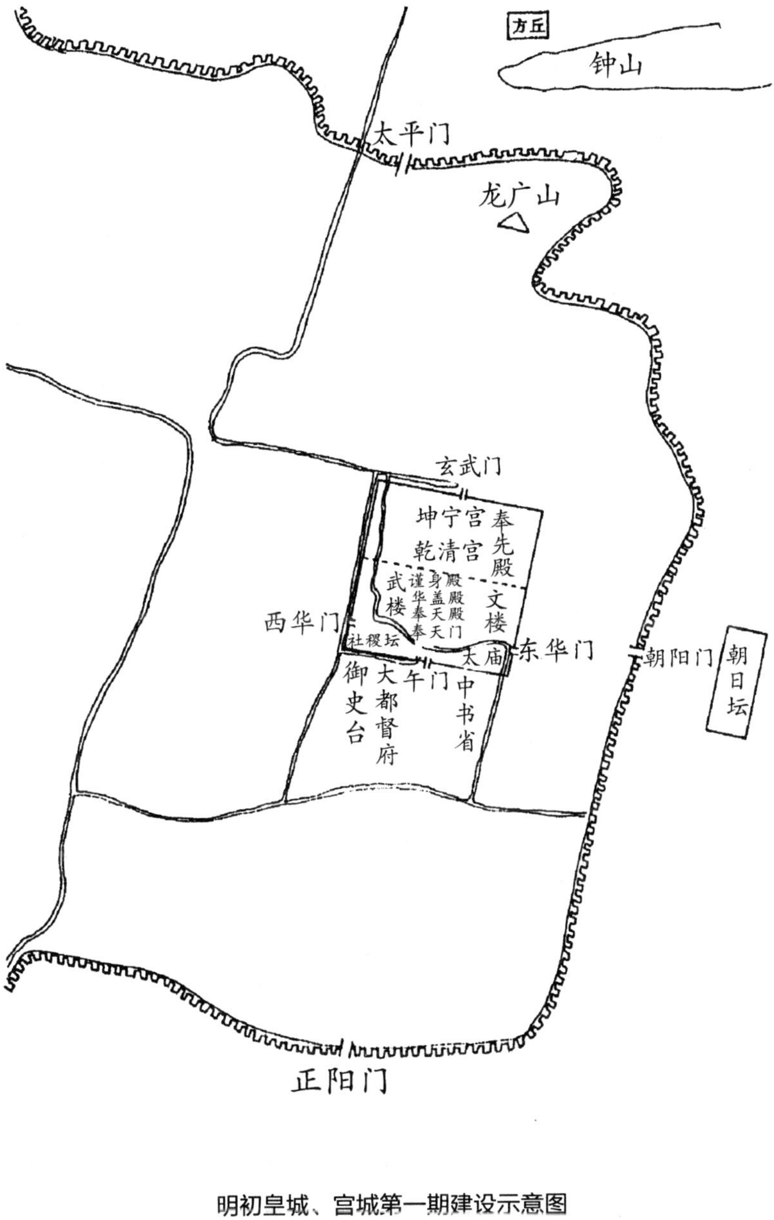

明初皇城、宫城第一期建设示意图

元璋重提建都问题，召集大臣讨论。由于“稽历代皆都中原”，大部分廷臣主张“洛阳，天地之中，四方朝贡，道里适均”，有的主张“汴梁，亦宋之旧京”，也有主张“北平，元之宫室完备，就之可省民力”。朱元璋认为这些建议“皆善”，但是“平定之初，民未苏息”，“若建都于彼，供给力役悉资江南，重劳其民”，所以只好仍以南京为都城，但南京“去中原颇远，控制良难”，乃另外营建中都于“前江后淮，以险可恃，以水可漕”，“中天下而立，定四海之民”的临濠。[14]于是洪武二年九月，开始集中力量营建中都。[15]而南京城的修建工程因此不大积极进行。洪武六年（1373）三月，中都营建工程结束之前，南京皇城、宫城的建设，虽添建了旗纛庙、城隍庙、群神享祀所、功臣庙、马祖诸神坛、先农庙、天下诸神祇坛、朝日坛、夕月坛、斋宫和奉先殿，但只有朝日坛、夕月坛、斋宫和奉先殿是营建中都期间建的，工程都不太大。[16]其他都是下令营建中都前建的。中书省曾要求营建后堂，朱元璋便以“土木之工连岁不息”为理由拒绝，认为“俟民力稍舒，为之未晚也”。[17]

南京皇城、宫城的第二期整建工程的开展，是在洪武八年（1375）四月“以劳费”“诏罢中都役作”之后。[18]中都既已被放弃，迁都北方也暂时无法实现，只好以南京为首都。于是七月开始重新规划改建皇城、宫城内的宫殿与庙坛，使“其规模益闳壮”，并改良其“未尽合礼”之处，其中仿效中都的规划与布局之处不少。[19]洪武九年（1376）十月，将太庙由宫城东南隅迁建于“雉阙之左”，在宫城左前方。[20]十年（1377）八月，“改作社稷坛于午门之右”，即由宫城西南隅迁建于宫城右前方，以合乎“左祖右社之意”。太庙

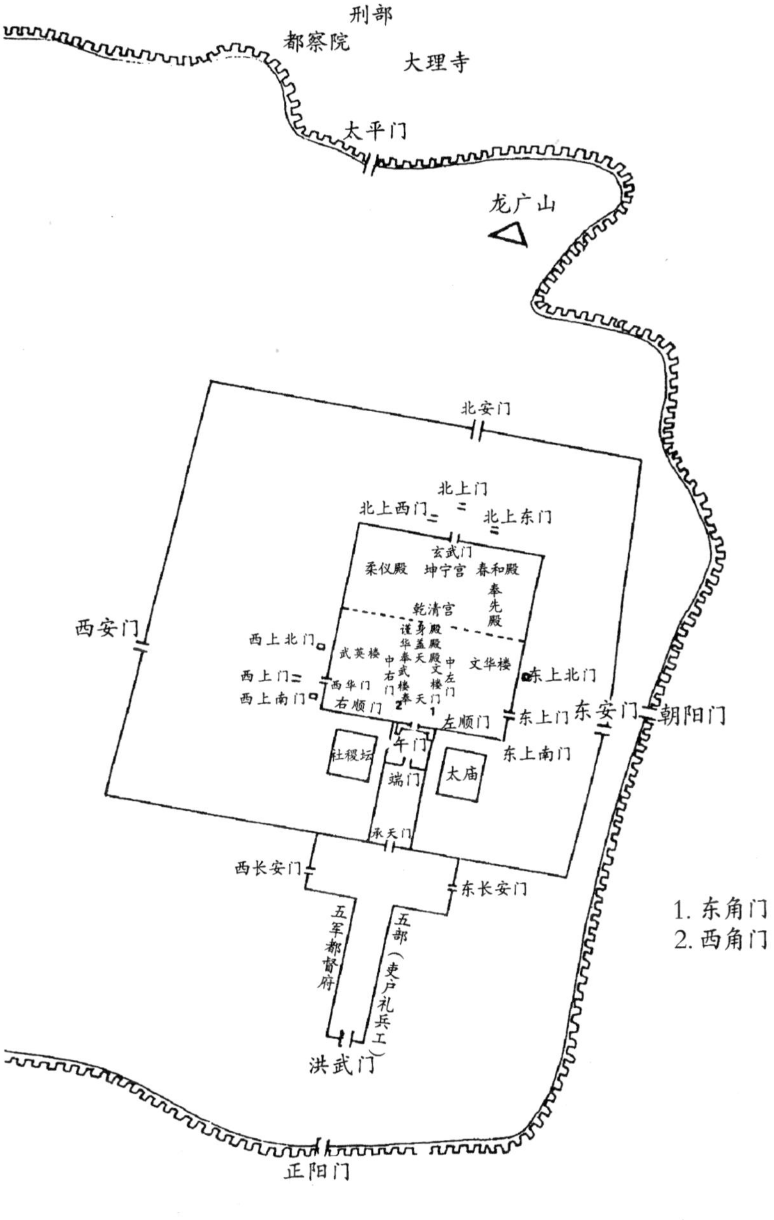

明初皇城、宫城第二期建设示意图

与社稷的建置便仿自中都[21]，并且改建圜丘与方丘，将祭天的圜丘与祭地的方丘合而为一，建大祀殿。[22]十年十月，“改作大内宫殿成”。据《明太祖实录》云：“制度皆如旧，而稍加增益。”其实不是“稍加增益”，而是大加扩建。比较《明太祖实录》前后的记载，则午门增筑了两观，改成有中三门、左右掖门的宏大建筑，奉天门左右增筑东、西角门，奉天殿之左右增筑中左门、中右门，奉天门外两庑间增筑左顺门、右顺门，东安门内增建文华殿，西安门内增筑武英殿，另外后宫增筑后宫正门，皇城增筑端门、承天门、东长安门、西长安门、东安门、东上门、东上南门、东上北门、西安门、西上门、西上南门、西上北门、北安门、北上门、北上东门、北上西门。不但宫城内增筑殿门，而且在原来的宫城外增筑了一道皇城与一系列城门。这也是仿自中都的。[23]皇城、宫城改建完成，遂于洪武十一年（1378）正式罢北京，改南京为京师，是为全国唯一的都城。[24]

南京虽定为京师，但处在江南，形势上“终不能控制西北”，对防御蒙古是不利的。[25]而且南京的风水一直为人所议论，虽然如诸葛亮所云金陵“钟山龙蟠，石城虎踞，真帝王之都”[26]，朱元璋自己也说“金陵险固，古所谓长江天堑，其形胜地也”。[27]但在历史上，南京作为偏安而短命的六朝政权首都的这个事实，对大多数人来说，就像一个毒咒，难以摆脱。明人对南京一直有“年代不永”的担忧。而且“以地理家言之，虽合紫微垣局，奈垣气多泄”。[28]以宫城论，当时为规划建筑方便，为避免拆迁民居，故选址不在城内闹区，而在较少人居之城东地区。但这一大片基地的北部为燕雀湖（或称“前湖”，相对玄武湖的后湖而言），东部、南部有土山，为使基地方整，便于依中国都城规划传统营建，移土山之土填平燕雀湖，用打桩的技术，稳固地基。但受填土易下陷或填得不够平整的影响，“地势中下，南高而北卑”，不合帝王居高以临天下的原则。朱元璋对此颇为后悔，一直想迁都。[29]洪武二十四年（1391），朱元璋遣太子朱标到陕西考察迁都的可能性，不幸太子还京不久便病逝，病中犹上言经略建都事。[30]朱元璋晚年遭此丧子之痛，心灰意冷，他在《祭光禄寺灶神文》中说道：

> 朕经营天下数十年，事事按古有绪。维宫城前昂后洼，形势不称，本欲迁都。今朕年老，精力已倦，又天下新定，不欲劳民。且兴废有数，只得听天。惟愿鉴朕此心，福其子孙。[31]

于是这个已建都25年和定为京师14年、屡受挑战的南京，终能确保其首都地位。既然决意以南京为首都，首都的核心皇城、宫城中一些不尽合乎理想的建筑布局，必须彻底改造，朱元璋于洪武二十五年（1392）八月下令“改建宗人府、五府、六部、太常司官署”，“令规摹宏壮”，且依“左文右武，北面而朝”之礼，将“宗人府、吏户礼兵工五部列于广敬门之东，中左右前后五府、太常寺列于广敬门之西”，即将中央官署依左文右武的次序排列于宫城前方的御道两旁。[32]随后，其又改建钦天监于五府之后，改建翰林院于宗人府之后，詹事府居其次，太医院又次之[33]；建銮驾库于皇城东长安门外[34]；改建通政使司及锦衣、旗手二卫于中军都督府之后；建仪礼司于长安街内南；建行人司于西华门外[35]；改建大内金水桥，端门、承天门楼及长安东、西二门。[36]所有工程在洪武二十八年（1395）以前完成。于是皇城、宫城布局与规模确定，载在洪武二十八年十二月完成的《洪武京城图志》中。[37]因此，洪武二十五年秋开始的整建工程，可以说是皇城、宫城规划与建设的第三期。

总之，由于南京作为首都的地位不定，迭受挑战，其整建工程颇受影响，但每当一次挑战之后，其首都地位受到肯定时，明朝政府就开展一次规划与整建工程。第一期是明朝开国前夕，从至正二十六年（1366）八月至吴元年（1367）九月，创建新宫殿、庙坛与皇城，为开国做准备。其后因为迁都问题，在洪武二年（1369）被提出讨论与营建中都的关系，南京皇城的建设只是零星地进行。一直到朱元璋于洪武八年（1375）放弃中都的营建，重新肯定南京的首都地位时，才开始第二期整建工程，主要是对宫殿门阙制度“稍加增益”，使其“规模益闳壮”，而且对坛庙沿袭“前代之制”“未尽合礼”之处加以修改，“更建之为一代之典”，作为洪武十一年（1378）确立南京为京师之准备。[38]由于主要工程多已完成，此后到洪武二十五年之间，没有太大的兴作，只有洪武十七年（1384）改建刑部、都察院、大理寺、审刑司、五军断事官等司法官署于太平门外，算是重要的整建工程。[39]洪武十九年（1386），又有人以“三代汉宋之盛，率居中土”为由，建议“取法前圣，毋安于江左”，朱元璋对此表示嘉许，于是南京的首都地位再度受到挑战，而有后来太子朱标的关中之行。[40]但是因为太子的去世，迁都之议作罢，南京的首都地位再度得到

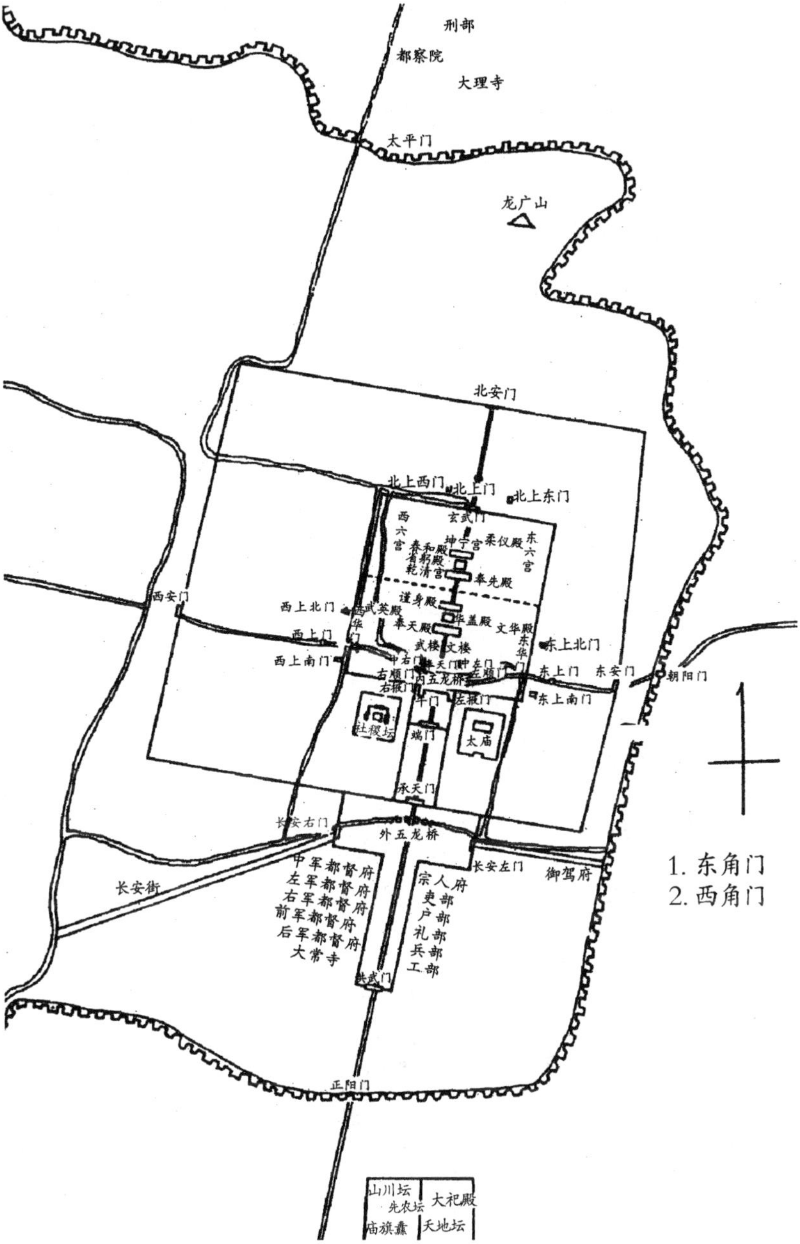

明初皇城、宫城第三期建设示意图

确认，才有第三期整建工程，工程集中在改建中央官署于御街两旁，并“令规摹宏壮”。从此皇城、宫城内的建筑群，不但规模闳壮，而且主次分明，秩序井然地分布于北起玄武门、北安门、奉天门、午门、端门、承天门，南到洪武门、正阳门连成的中轴线两旁，左右对称，布局严谨。南京皇城、宫城的规模与布局从此确立，其后除了建文帝时锐意依《周礼》改制，而将宫殿门阙改名，及永乐帝改建奉先殿于奉天殿之西外，大致没有变动。[41]

二、皇城、宫城的平面布局

皇城、宫城位于南京都城的东部，是新辟的地基，便于规划

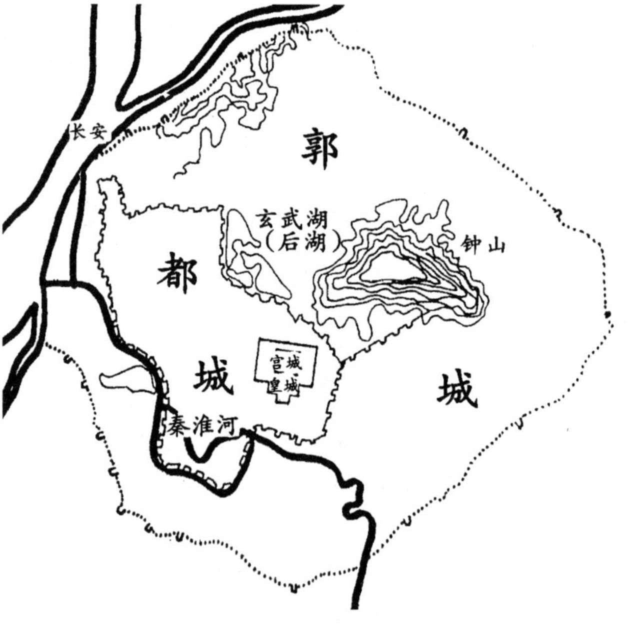

明初南京城郭示意图

建设，虽有“前昂中洼”的缺点，却也大致平整。其选址是依中国传统占卜决定的，史称：“太祖将营宫阙于南京，命刘基相地。”其选在城东，因为东方是属于震卦的方位，帝居设在东方正合于《周易》“帝出乎震”之意。[42]在这地基上，为使建筑群体布局秩序井然、对称排列，必须划定中轴线，把最重要、最尊贵的宫殿、门阙建中轴线上，将其他建筑安置于中轴线两则。南京皇城、宫城就是以正阳门、洪武门、承天门、端门、午门、奉天门、奉天殿、华盖殿、谨身殿、乾清宫、坤宁宫、玄武门、北安门为中轴线，依《周礼·考工记》和中国传统营建都城的理想“象法天地，经纬阴阳”，参考元大都、明中都的规模而建的。[43]

1. 宫城

宫城俗称“紫禁城”，呈正方形，面积 1.21 平方千米。[44]其东、北以古青溪，西、南以新开御河沟渠为护城河[45]，城门六门，按方位对称、等距地安排于中轴线上或两旁。正南曰午门，其左为左掖门，其右为右掖门，东曰东华门，西曰西华门，北曰玄武门。午门与玄武门南北对峙，在中轴线上；东华门与西华门则左右对称。由于西华门与武英殿、右顺门在一条线上，东华门与文华殿、左顺门在一条线上，而左、右顺门又在“奉天门外两庑之间”，则东、西华门在宫城东、西墙的南侧，与元大都宫城的东、西华门位于宫城东、西垣的中腰部不同。[46]午门居中向阳，位当子午，因称“午门”，高大雄伟，威严壮观，“翼以两观”，是座阙门，共有五个门，中三门，东、西各有一门，即左、右掖门。午门的建制，仿自元大都崇天门，崇天门也是宫城的正南门，左右有两观，平面呈“凹”字形，左有星拱门，右有云从门。午门、崇天门名称虽不同，形制则近似。[47]午门高大雄壮，门外是皇帝阅兵之地；而且由于午门象征天帝居所的南门，品级较高，只有公侯驸马并文官三品、武官四品以上，准许由其右门出入，而文官四品、武官五品以下，则不得出入，只能由左、右掖门出入。文华殿是东宫视事之所，武英殿则为皇帝斋戒时所居。[48]

午门内为奉天门，门之左右为东、西角门楼，内为正殿，即奉天殿，是皇帝“受朝贺”的场所。殿之左右有门，左为中左门，右为中右门。两庑之间，左有文楼，右有武楼。奉天殿后为华盖殿，华盖殿后为谨身殿。二殿均是皇帝生日、元旦等重要庆典时，“大宴群臣”之地。[49]奉天、华盖、谨身三殿，即所谓“前朝”，是皇帝处理朝政的场所，是宫城的核心，为前后左右各种宫、殿、门、楼所拱卫，象征皇权至高无上。其等同于元大都的大明殿，清代北京的太和殿、中和殿、保和殿。

前三殿之后是另一组建筑群体，坐落于中轴线上，即所谓“后寝”，为皇帝、后妃生活的宫室。后宫主要由乾清宫、坤宁宫组成。乾清宫在南，是皇帝的寝宫；坤宁宫在北，是皇后居住的中宫。这里相当于清代北京的后三殿。不同的是明南京的后宫只有乾清、坤宁两宫，两宫中间没有交泰殿。而且后宫只是帝、后生活区，不像清代以乾清宫前的乾清门为日常听政的场所。[50]乾清宫门内之东有奉先殿，是仿宋朝在宫中建钦先孝思殿之意，“每日焚香，朔望荐新，节庆及生辰皆于此”，“以奉神御”，“祭祀用常馔，行家人礼”。这种“晨昏谒见”的祭拜祖先的场所，有别于“岁时致享”的太庙[51]，更突显后宫为皇帝私生活所用的功能。据《洪武京城图志》，尚有柔仪殿、春和殿，位置不详，似乎分布于中轴线两旁，东西对称。至于后宫正门与后门是否如明清北京称为乾清门、坤宁门，《洪武京城图志》与《明太祖实录》均无记载，而且是否也有如明清北京位于内廷中轴两侧的东西六宫，记载也不详。《洪武京城图志》没有关于六宫的记载，但《明太祖实录》载："谨身殿后为宫，前曰乾清宫，后曰坤宁宫，六宫以次序列。"[52]则六宫是应该有的，但此六宫是否如北京有东六宫与西六宫，则尚无资料可以查考。如果《明太宗实录》所云“初营建北京，凡庙社郊祀坛场宫殿门阙规制，悉如南京”[53]可信的话，似乎应该有东、西六宫。则后宫应南有乾清门，北有坤宁门，而东六宫长阳、永安、长寿、咸阳、永宁、长宁分布于乾清、坤宁二宫之东，西六宫寿昌、万安、长乐、寿安、长春、未央分布于乾清、坤宁二宫之西。[54]

总之，宫城是位于皇城内圈的方形城。旁开午门、东华门、玄武门、西华门；主要建筑列在玄武门、午门一线，北对龙广山的中轴线上，前朝有奉天、华盖、谨身三殿，“翼以廊庑”，两旁依左文右武的原则，有文楼、武楼、文华殿、武英殿等建筑，以拱卫突显前朝作为宫城核心的地位，象征皇权至尊。[55]后寝则以乾清、坤宁二宫为主轴，两侧辅以奉先殿、柔仪殿、春和殿与东西六宫，造成宫城后半段的另一核心。

2. 皇城与中央官署

皇城呈倒“凸”字形，城门正门为洪武门，南与都城正阳门直对，北与承天门直对，承天门外两侧有东长安门、西长安门。皇城东墙有东安门，西墙有西安门，北墙有北安门，东安门与宫城东华门直对，西安门则与西华门、北安门、玄武门直对。至于东上门、东上南门、东上北门、西上门、西上南门、西上北门、北上门、北上东门、北上西门的具体位置，则至今不能确定。明清的记载相当混乱，不但位置不清楚，甚至门数也不同，《明太祖实录》记载了这九门门官的设置，而《洪武京城图志》“宫阙”项下，仅列东上南门、东上北门、西上南门、西上北门、北上东门、北上西门等六门，而无东上门、西上门、北上门。但既然东上门、西上门、北上门设有门官，就应该有门，《明太祖实录》的记载是可信的。参照北京皇城规制，这九门应在皇城与宫城之间，而非宫城城门。东华门外，护城河东，通东安门大道上应有东上门，沿护城河东道路，北有东上北门，南有东上南门。玄武门外，通北安门大道上，有北上门，沿宫城北墙大道，东有北上东门，西有北上西门。西华门外，通西安门大道上，有西上门，沿西护城河大道两旁，北有西上北门，南有西上南门。[56]也就是由东华门、东上门、东上南门、东上北门构成一封闭的小广场，玄武门、北上门、北上东门间构成一个小广场，西华门、西上门、西上北门、西上南门间构成一个小广场，这三个小广场可呈现宫城城门的雄伟庄严，这九门对宫城城门也有保护作用。

皇城南垣与洪武门正相对的是承天门，前为五龙桥，再往北又有一道门，是为端门，端门更向北，则是正对宫城南门的午门。这便是由洪武门、承天门、五龙桥、端门、午门，再经奉天门、内五龙桥前三殿、后宫，到玄武门、北安门，连成一条皇城、宫城的中轴线。而位于午门至洪武门的这条轴线上，建了一条仿汉、元制度，分为三道的御道。[57]御道两旁依北魏洛阳以来的都城规划传统，布列中央官署，“六卿居左，经纬以文；五府居西，镇静以武”。[58]其中除刑部、大理寺、都察院三法司置于太平门之外玄武湖畔，文职官署在承天门外御街东，依宗人府、吏部、户部、礼部、兵部、工部的次序，从北向南排列；另外在五部这一列官署的东面，又建一列官署，从北往南，依次为銮驾库、翰林院、詹事府、太医院。[59]武职官署，主要列在御街西，依中军、左军、右军、前军、后军都督府的次序，从北往南排列。另外部分文职官署也设在御街西，如太常寺设在后军都督府南，钦天监设在太常寺西，通政司、锦衣卫、旗手卫设在中军都督府西。[60]根据《洪武京城图志·皇城图》并参考中国社科院考古研究所绘制的《明北京城复原图》，在御街东的官署一律坐东朝西，并朝西开门，街西官署则一律坐西朝东，朝东开门，门均朝向御道，以示尊崇之意。整体来说，“殿廷皆南向”，合乎《易经》“南方为离、明之位，人君南面以听天下之治”；而五府六部则在宫城南，合乎“人臣则左文右武，北面而朝”的礼制意义。[61]

此外承天门、东长安门、西长安门、洪武门之间以皇城城墙围成一“T”字形的封闭广场，这一设计是继承唐长安宫廷广场的，不同的是其封闭性比唐长安宫廷广场还要强，唐长安宫廷广场与中央官署之间并不以皇墙隔开，而明南京据《洪武京城图志》，参考明北京城的规制，则应有墙与中央官署隔开，显示明代君主威权较唐代更高，尤其洪武十三年（1380）废除丞相制度后，改由六部分担政务，六部尚书的地位远较丞相为低，更被摒除于皇城城墙之外；因此宫廷广场更少闲杂人等走动，使这个封闭的广场更加森严，衬托宫廷的伟大。这一设计后来为明清北京城所继承。

总之，皇城为倒“凸”字形城，以连接午门、端门、承天门、洪武门的御街为中轴线，大体按左文右武的原则，将五府、五部等中央官署对称地分布于两旁。只有三法司因司刑法，有杀气，不适合设置于皇城前，而改建于太平门外、玄武湖之东、钟山之南，象征天牢的贯城。[62]

3. 坛庙

自古都城不但是政治、军事中心，而且是宗教中心，尤其国家祀典即以加强统治者的尊严、强化统治正统性为目的。明代主要的祀典有祭天地、社稷、祖宗、山川等。祭祀的坛庙，是极其尊贵的，因此主要分布于皇城、宫城的中轴线上，甚至延伸至都城正阳门以南的中轴线之旁。

宗庙、社稷与国家、朝廷在意义上是等同的，明朝建国之前夕，便加以规划建设。最初，太庙设在宫城东南，皆南向；社稷坛设在宫城西南，皆北向。[63]洪武八年（1375）至十年（1377）改建皇城、宫城，朱元璋认为原来设计时“愚昧无知”，“未尝有察”，以至“地势少偏”，乃依中都之制，迁太庙于端门之左，迁社稷坛于端门之右，左右对称配置于宫城之前、御道两旁。[64]这种配置方式，既不同于唐长安分置于皇城东南、西南隅，也不同于元大都置于皇城之外左、右，而是把祖社收拢在中轴线两侧，使

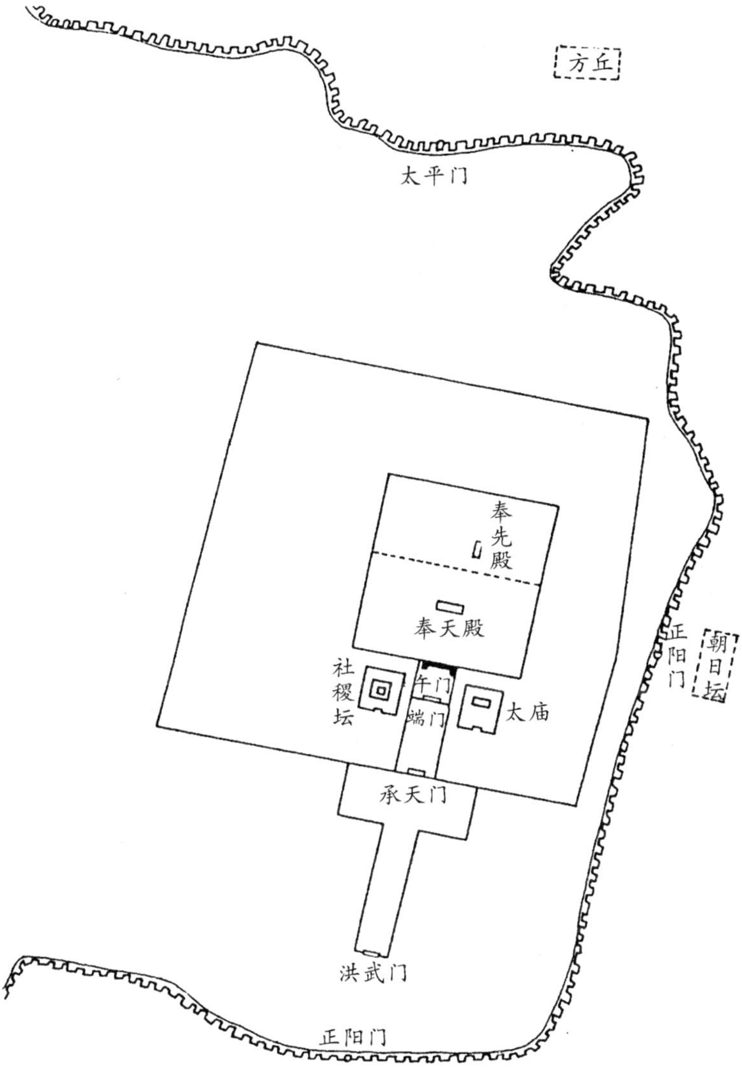

坛庙示意图

中心御道更加明显突出，午门和皇城南面承天门间的整个地段，纳入宫阙建筑的总体规划之中。整个布局因此更紧凑。这一仿自中都的设计，改变了唐代以来的规划，而为其后明清北京城所沿袭，的确像朱元璋说的是“建为一代之典”，开创了一代的制度。[65]

天地坛在正阳门外之左，天地向来以南北二郊分祭，明初仍之，“祭天于南郊之圜丘，祭地于北郊之方泽”。圜丘设在京城东南正阳门外钟山之阳，方丘设在太平门外钟山之北。[66]其后，朱元璋认为“王者父天母地，无异祭之礼，乃以天地合坛而祭，配以仁祖淳皇帝，严以殿宇，左右列坛，以日月星辰，岳镇海渎、风云雷雨、山川太岁、历代帝王、天下神祇及有城隍之神从祀”[67]，于原圜丘地点，建天地坛与大祀殿。[68]这一设计改变了自古以来天地分祭的惯例，是明初都城设计的一大特色，嘉靖年间（1522—1566）议礼才改依古制，在北京改建天坛于城南、地坛于城北，而南京似无另建地坛方丘之事。

山川坛在天地坛之西，左为旗纛庙，西南为先农坛。至于朝日坛与夕月坛的制度是洪武三年（1370）定的，《明太祖实录》也有“上朝日于东郊”“夕月于西郊”的记载，但由于《明太祖实录》没有建筑的记载，《洪武京城图志》也没有朝日、夕月二坛的记载，方位难以考定，只知一在东郊，一在西郊。[69]可能是洪武十年改建天地合祭的天地坛时，迁建原来的日、月坛于其中，从祀天地，以至原址废弃，因而无从查考。

总而言之，坛庙在明初南京皇城、宫城规划方面，也扮演了一重要角色，主要分配在中轴线两侧，尤其是祖社的位置，改变了中国传统都城旧制，不但利用皇城、宫城间的空间，而且自皇城的两旁或宫城的城隅，迁至午门之前，紧靠中轴御道两旁，使中轴御道更加突显，而为后来明清北京城所仿效。而天地坛、先农坛的位置，也为明清北京城所承袭。

三、皇城、宫城平面布局的特点及其象征意义

皇城、宫城主要是帝王居住与治政之所，是全国军政的中心。其不但在实际上提供一个帝王生活和办理政务的空间，而且要显现帝王之居的威严。因此规划的时候，其在平面布局上要显现其空间的象征意义，在使用空间的命名上，也尽量表现象征意义，以突出皇城、宫城的帝王气象。

南京皇城、宫城形状方正，宫城在皇城之中。以城垣论，高大坚固而雄壮；以建筑论，虽然朴素，但规模闳壮，例如午门、端门、承天门都有三个或五个门洞，上有重檐门楼。这正是“象天法地”，模仿宇宙的“大”，在可能的范围内将皇城、宫城及其中的建筑，造得尽可能闳壮。

其次，在平面布局方面，由于强调中轴线的传统，使城门城楼、宫殿、坛庙、官署等建筑，对称安排，秩序井然。从洪武门经过，两旁有千步廊、围墙夹道的御道，而御道外则为排列整齐对称的中央官署，大致依左文右武的原则，分布于御道代表的中轴线两旁。通过御道，迎面为一五门洞的承天门与门楼，门前为一封闭的宫廷大广场，过了承天门，御道收缩，另一座上有高大的门楼，五门洞的端门便在眼前，而御道东、西两边墙外则为太庙、社稷坛，依“左祖右社”原则排列，使御道的中轴线更显得尊贵。接着又是一个巨大的建筑——午门，尤其高大双阙配上正面三个门洞，两旁有左、右掖门，共五个门洞，门上又有重檐五

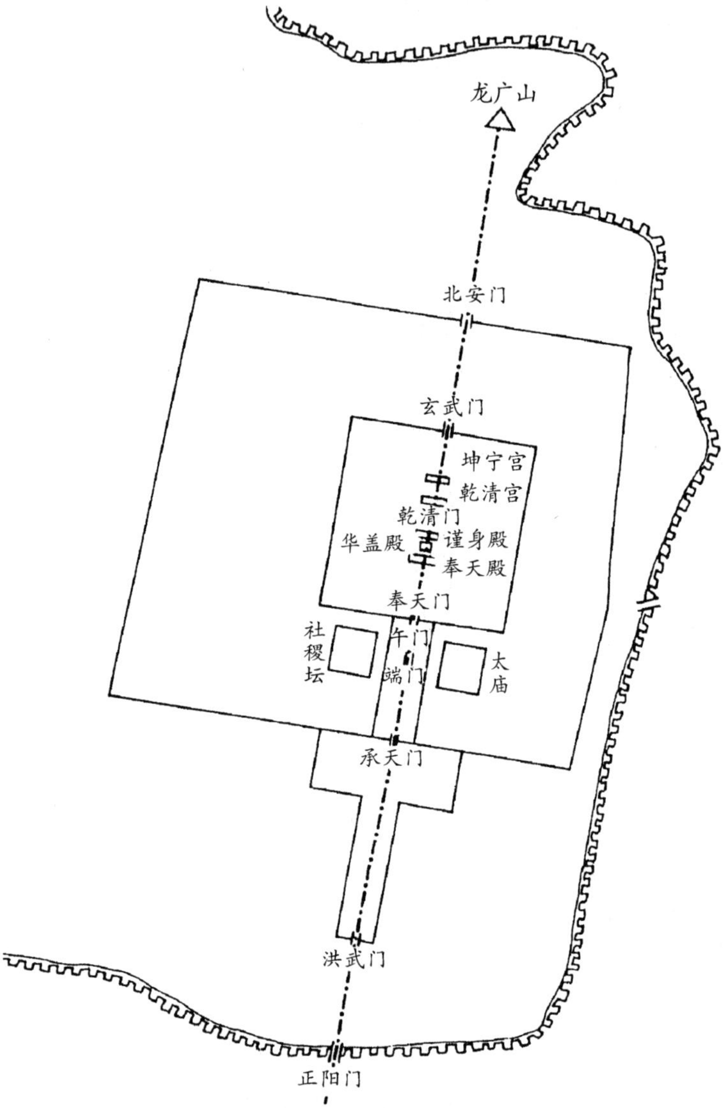

中轴线示意图

凤楼，造成视觉空间的高潮。穿过午门，进入开阔的宫城，在奉天门后，一座五条道路的五龙桥跨在金水河上，过了五龙桥便是一个大广场，广场中央有一组由奉天、华盖、谨身三大殿组成的建筑群，高大闳壮，成为皇城、宫城的核心，而为周围的文武楼、武英文华殿、奉天门、乾清门对称地拱卫着。过了谨身殿，进入后宫，则是以乾清宫、坤宁宫及东、西六宫组成的另一建筑群。然后经玄武门，到皇城北门的北安门。从洪武门到北安门，其间建筑空间序列重重叠叠，高潮迭起，又秩序井然，即拜此一中轴线之赐，而且重要建筑布置于中轴线上，突显其地位之威严。这条轴线不但造成对称平衡的布局，而且体现中国传统注重“中”的空间意识，即《周礼·大司徒》择“地中”建国，是天时、地利、人和最有利的位置。不仅择国土之中建王都，且择都城之中建王宫。“中央”是最尊贵的方位，是最有统治权威的象征。[70]

体现中国传统都城规划理念——《考工记·匠人营国》最彻底的是元大都，其不但将皇城、宫城置于都城中央位置，而且依照了“面朝后市”“前朝后寝”“左祖右社”的规则。这一传统经明初南京、中都继承，然后传给明清北京城。明成祖朱棣规划建设北京时，“凡庙社郊祀坛场宫殿门阙规制悉如南京”。南京皇城、宫城的规划与《考工记·匠人营国》王城规划理想典型的关系，最明显便是以宫城居中，并以之为坐标，左前方为太庙，右前方为社稷坛，宫城外前方为朝堂，后方为寝宫。祖庙象征宗法血缘，“万物本乎天，人本乎祖，故为之宗庙，以享祖考，而致报本之意”。[71]社稷以示国土，“人非土不立，非谷不食，以其同功均利以养人，故祭社必及稷，所以为天下祈福报功之道”。[72]

因此，“国之所重，莫先庙社”。[73]宫城又依中国传统的说法，天子之门有五：皋门、库门、雉门、应门、路门，历代皇宫多依此设门于中轴线上，以门与门来划分空间，有区别空间的功能，是为“前朝后寝”的制度。而前朝又有外朝、治朝、燕朝的区分。[74]这一“五门三朝”的制度，为历代皇宫的主要规制。明初南京皇城、宫城主要也是因袭这一制度。中轴线上，由南而北有洪武门、承天门、端门、午门、奉天门、乾清门，这六门与传统的天子五门究竟如何相配呢？说法不一，有人认为洪武门应该除外，而依《明宫史》把承天门定为紫禁城外向南第一重门，其形制高大雄壮，应为五门者最外一重的皋门。端门则为第二重门，相当于库门。午门形制最为雄伟，有两观双阙对耸，相当于雉门，因为形制上雉门有双观，就位置与形制而论，均相合。[75]奉天门是常朝，天子御门听政的地方正合乎“应门居此以应治”的说法，则奉天门相当于应门。而乾清门为寝宫的正门，即路寝之门，则乾清门相当于路门。至于外朝、治朝、燕朝则较难与明初南京宫殿相配，当时不像清代以乾清门为天子听政之所，没有燕朝之设。但在路门（乾清门）之外，天子日常处理政务的治朝，则前三殿的奉天、谨身、华盖可以当之。至于处理百姓事务、审理百姓狱讼的外朝，则因为承天门广场是一封闭的宫殿广场，百姓不能接近，就很难说是外朝了。总之，虽然有些出入，但基本上中轴线上宫门的设置是合乎传统王者“五门三朝”制度的，以此体现皇城、宫城的王者气象。

皇城、宫城的设计除依《周礼》等体现王者气象外，又以取法天宫来增强其神圣性。宫城前为朝堂，后为寝宫，为皇帝治政与家居生活之地，最为尊贵，不但利用建筑群如众星拱卫中轴线上的奉天、华盖、谨身、乾清、坤宁的朝、寝，而且模仿天宫为宫殿、宫门命名，以示宫城乃人间帝王的居所，犹如天帝之居天宫一般。紫微垣为天帝的居所，正处中天，而乾清宫、坤宁宫亦处于皇城之正中，相当于紫微垣。不但乾清、坤宁宫的宫名，象征天地清明，东西六宫，合象十二辰，而且殿阁罗列，如拱卫北极天帝。天上太微垣为天帝的南宫，南宫的正门称为“端门”，南宫又有左、右掖门。于是南京皇城在午门与承天门之间，也设一门，取名“端门”，作为皇宫的前门，而午门两旁又设左、右掖门。这都表示端门，左、右掖门内，以前三殿为主的皇宫，似天帝的南宫。前三殿中，奉天殿的“奉天”一词，来自《书经·泰誓》“惟天惠民，惟辟奉天”。这说明君王是奉天爱民者。华盖殿的“华盖”，是天皇大帝上九星，所以覆盖大帝之座的，象征君王所在，如天上的天皇大帝之居止。谨身殿的“谨身”本指“用天之道，分地之利，谨身节用，以养父母”，在此实指君王“效天法祖”，以护天佑，保其国祚之绵长，是明太祖立下的祖训。而宫城的北门称为“玄武门”，也是取象于天宫，因为玄武正是天之北宫。至于东华门与西华门之命名，则来自道教，因为东华、西华正是道教之仙宫。这样皇帝的居所不但是天宫，而且是仙宫。

除了皇宫与天宫相对应，天上宫阙，人间皇宫，崇显君主是天之子的正统性与神圣性外，皇城、宫城的布局，庙坛的位置与命名，又依阴阳学说设计，显示其配合自然天道的象征意义，如圜丘祭天，方丘祭地，天为阳，方位为南，地为阴，方位为北，故祭天于南郊，祭地于北郊。明初，圜丘置于正阳门外钟山之阳，方

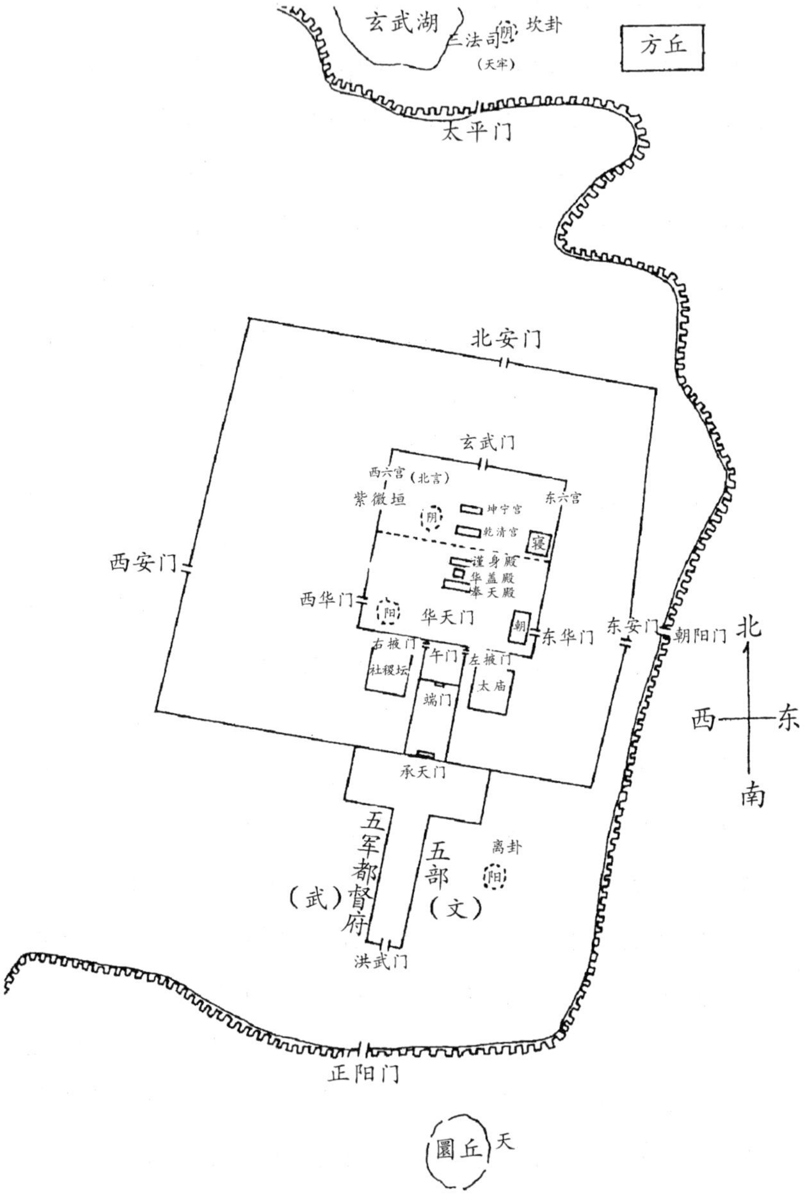

皇城、宫城与阴阳、天象关系图

丘置于太平门外钟山之北；即明太祖说的“所以顺阴阳之位也”。如宫城南门有午门，南方为阳，午门取义于正午的太阳，光芒万丈，辉临四海，象征帝王至高无上，威严尊贵，如日中天。皇城正对着的是都城之南门正阳门，“正阳”为众阳之正宗，为人君帝王之象，南面受朝也。前三殿为前朝，居于南，属阳，乾清、坤宁宫为后寝，属阴。因此，外朝主殿布局用奇数，将三殿之制。后寝主要宫殿即用偶数，如两宫、六宫之制。阴阳学说还讲求阴阳相济，即阴中之阳，阳中之阴。如后寝相对前朝为阴，但后寝中的乾清宫为帝王居所，乾者天也、阳也，以示君位于后寝的南部，坤宁宫为皇后居所，坤者地也、阴也，以示后住于后寝的北部，则后寝之阴中又有阴阳相济。且君天后地，又有男女之别、天地之分，进一步彰显天尊地卑、男尊女卑，乾坤正位的“天经地义”。至于皇城、宫城城址选在都城之东，正合于《周易说卦》所云“帝出乎震”“震东方也”，且震又象征龙，则东方是帝王的方位，皇城、宫城是以龙为象征的帝王居所，理应设置在东方。至于三法司，大理寺、刑部、都察院设在太平门外玄武湖畔，也是依《易经》阴阳五行之说。因为三法司主刑杀，属阴，肃杀之气重，不适合置于皇城，遂迁建于城北太平门外玄武湖畔，摒之于都城之外，使肃杀之气远离。且北方为坎卦方位，坎为水，五行中水德情志主“恐”尚刑，正好适合设主刑法之三法司。三法司位于玄武湖畔，玄武在天象中的位置亦在北，则三法司位置又合乎天象。因此，完全不考虑三法司与其他中央官署间之交通不便问题，而依《易经》阴阳五行之说定位置。至于其他中央官署如五府、五部等设在宫城南前方，也是合于《周易》的。《周易说卦》又云：“离也者，明也……南方之卦也。圣人南面而听天下，向明而治，盖取诸此也。”朱元璋解释说：“南方为离、明之位，人君南面以听天下之治；故殿廷皆南向，人臣则左文右武，北面而朝，礼也。”[76]因此，宫城内的宫殿皆面南，以示君主南面而王，而作为人臣办公处所的中央官署则置于宫殿南前方，并依左文右武的原则，整齐地排列，吏、户、礼、兵、工五部设于御道东方，五军督府置于西方，“北面而朝”。但另一方面，所有官署的方位，并不是坐南朝北，而是在东方（即左方）的五部坐东朝西，在西方（即右方）的五府则坐西朝东。即所有官署不论文武，皆朝向御道，即最尊贵的中轴线。官署建筑不能向南，因为南向是君王宫殿专有的朝向，也不能朝北，因为官署建筑朝北，向北开口，会冲煞皇宫的。帝王居住的宫城，乃人间天宫，天子的威严至尊，除以天宫附会，又经此阴阳、周易学说的阐释，其神圣性正统性更是世无匹敌了。

总之，透过皇城、宫城的平面布局显现的空间意义及门阙、宫殿命名显现的象征符号，明初统治者在规划南京宫城、皇城时，相当成功地营造了一既可供统治者使用的空间，又可彰显帝国伟大、君王至高无上象征意义的建筑规划体系。

注 释

［1］王世贞，《宋国公冯胜传》，载《弇州山人续稿》（明人文集丛刊22，台北：文海出版社，1970）第84卷。“中央研究院历史语言研究所”校勘，《明太祖实录》（台北：“中央研究院历史语言研究所”，1984年据“中央研究院历史语言研究所”民国五十一年［1962］本缩编）

卷 3“乙未年六月丁巳”条，第 35 页；卷 3“乙未年八月戊辰”条，第 35~36 页；卷 4“丙申年三月辛卯”条，第 37 页。

［2］《明太祖实录》卷 4“丙申年七月己卯”条，第 38 页。

［3］《明太祖实录》卷 20“丙午年四月壬戌”条，第 96 页。朱元璋以书谕徐州吏民曰：“……近自胡元失政，兵起汝颍……彼惟以妖言惑众。”五月，朱元璋在讨张士诚的檄文中更攻击红巾军蛊惑小民，“聚为烧香之党，根据汝颍，蔓延河洛。妖言既行，凶谋遂逞，焚荡城郭，杀戮士夫，荼毒生灵，千端万状”。见沈节甫辑，《纪录汇编》（北京：中华全国图书馆缩微复制中心，1994）卷 202 祝允明《前闻纪・平吴仁言》，第 3 页。

［4］《明太祖实录》卷 21“丙午年八月庚戌”条，第 100 页；卷 21“丙午年十二月己未”条，第 104 页。“群臣上言：‘一代之兴，必有一代之制度。今新城既建，宫阙制度，亦宜早定。’上以国之所重，莫先庙社。”

［5］《明太祖实录》卷 21“丙午年十二月己未”条，第 104 页。

［6］《明太祖实录》卷 22“吴元年二月丁未”条，第 106 页。

［7］《明太祖实录》卷 24“吴元年八月癸丑”条，第 115~116 页。

［8］《明太祖实录》卷 25“吴元年九月甲戌”条，第 117 页；卷 25“吴元年九月癸卯”条，第 121 页。

［9］《明太祖实录》卷 28 上“吴元年十二月癸丑”条、“吴元年十二月丙辰”条、“吴元年十二月丁巳”条、“吴元年十二月戊午”条，第 134 页；卷 28 下“吴元年十二月甲子”条，第 146 页。

［10］《明太祖实录》卷 29“洪武元年正月乙亥”条，第 146 页。

［11］《明太祖实录》卷 29“洪武元年正月戊寅”条，第 148 页。

［12］朱元璋，《孝陵诏敕》“洪武元年正月初四”条，收入《明朝开国文献》（台北：学生书局，1964），第1835~1836页；《明太祖实录》卷34“洪武元年八月己巳”条，第176页。有关明两京制度，请参阅Edward L.Farmer,*Early Ming Government: The Evolution of Dual Capitals*（Cambridge, Mass: East Asian Research Center, Harvard University Press, 1976）。

［13］邓球，《皇明泳化类编》（隆庆间刊钞补本，台北：国风出版社，1965）卷80《都邑》，第623页。

［14］《明太祖实录》卷45“洪武二年九月癸卯”条，第246~247页；《皇明泳化类编》卷80《都邑》，第623~624页；柳瑛，《中都志》（隆庆三年［1569］重刊本）卷1，收入《四库全书存目丛书》史部第176册，第118页；王剑英，《明中都》（北京：中华书局，1992），第2~3页。

［15］《皇明泳化类编》卷80《都邑》，第624~625页；王剑英，《〈明中都〉提要》，《建筑历史与理论》1982年第2期，第162~171页。

［16］《明太祖实录》卷37“洪武元年十二月庚寅”条，第213~214页；卷38“洪武二年正月丙申”条，第215~216页；卷38“洪武二年正月丁酉”条、“洪武二年正月乙巳”条，第216~217页；卷38“洪武二年正月癸丑”条，第220页；卷39“洪武二年二月壬午”条，第224~225页；卷39“洪武二年二月甲申”条，第225页；卷48“洪武三年正月甲午”条，第264~265页；卷52“洪武三年五月乙巳”条，第282页；卷59“洪武三年十二月甲子”条，第314页；卷61“洪武四年二月己巳”条，第323~324页。

［17］《明太祖实录》卷47“洪武二年十一月丁酉”条，第259页。

［18］《明太祖实录》卷99“洪武八年四月甲辰”条，第448页。王

剑英认为，明太祖罢建中都的原因，是工匠反抗，镇压之后，“百端于心弗宁”而“罢中都役作”，“诏改建（南京）大内宫殿”，参见王剑英《明中都》。

［19］《明太祖实录》卷114“洪武十年八月癸丑”条，第451页；卷115“洪武十年十月甲戌”条，第498页；卷101“洪武八年九月辛酉”条，第453页。

［20］《明太祖实录》卷100“洪武八年七月辛酉”条，第451页；卷110“洪武九年十月己未”条，第481~482页。

［21］《明太祖实录》卷114“洪武十年八月癸丑”条，第495~496页；卷115“洪武十年十月丙午”条，第497~498页。

［22］《明太祖实录》卷114“洪武十年八月庚戌”条，第495页；卷120“洪武十一年十月乙丑”条，第515~516页。

［23］《明太祖实录》卷101“洪武八年九月辛酉”条，第453页；卷115“洪武十年十月甲戌”条，第498页。比较“吴元年九月癸卯”条（卷25，第121页）、“洪武二年八月己巳”条（卷44，第242页）有关大内宫殿、城门的记载，与“洪武十年十月甲戌”条（卷115，第498~499页）、“洪武十一年十二月戊申”条（卷116，第502页）有关新建大内宫殿城门的记载，可知原来大内皇城只有午门、东华门、西华门、玄武门改建成新的大内，将午门、东华门、西华门、玄武门改成宫城门，而在宫城之外加筑皇城，增开了端门、承天门、东长安门、西长安门、东安门、西安门、北安门、东上门、东上南门、东上北门、西上门、西上南门、西上北门、北上门、北上西门、北上东门等。皇城的增筑是新大内扩建的一大工程。由于记载不详，过去学者常被明代本身记载所混淆，以至有的说东华门等为皇城城门，有的说东安门等是皇城城门，其实洪武

十年十一月以前讲的皇城城门是东华门、西华门、玄武门、午门，洪武十年十一月新建宫城完工使用以后，史书虽未将皇城、宫城进行明显的区分，但《明太祖实录》说到东安门等明言皇城城门，说到东华门等则不说是皇城城门，只说是内侍管的门，则其非皇城城门明矣。

［24］张廷玉等修，《明史》（北京：中华书局，1974）卷42《地理志三》，第910、978页。

［25］郑晓，《今言》，载《纪录汇编》卷147，第1559页。何孟春，《余冬序录摘抄》，载《纪录汇编》卷149，第1608页。

［26］陈梦雷等编纂，《古今图书集成》（中华书局本，台北：文星书店，1964），《方舆汇编·坤舆典》，卷112“建都部·图书编·论南龙帝都垣局”，第445页。

［27］《明太祖实录》卷4“丙申年三月辛卯”条，第37页。

［28］《皇明泳化类编》卷80《都邑》，第623~624页；《古今图书集成·方舆汇编·坤舆典》卷112“建都部·图书编·论南龙帝都垣局”，第445页。

［29］顾炎武，《天下郡国利病书·南京宫殿》，载续修四库全书编纂委员会编，《续修四库全书》（上海：上海古籍出版社，1995），第48页。季士家，《明都南京城垣略论》，载《故宫博物院院刊》第2期（1984），第70~81页。据季士家云：“南京市文物保管委员会于1954年在宫城东路射击场工地，1958年在拆除朝阳门工地，先后发掘汉、六朝墓葬多座，说明东部和南部原来是土山。1958年东安门内200米南京航空学院工地，1972年在西华门内511、714二厂区工地及午门西300米处，在地表下1.5米左右夯土层下，均发现排列有序，每根间距在2~12厘米的成排木桩。桩系杉木，直径为16~28厘米，最粗达36厘米，长

为 3~6 米，最长达 15 米，下部削成三角形尖头，共近 2000 根。其中还刻有‘一丈五尺’‘后宫’等字样。由此说明，宫城北部和西部为湖泊，这不但与文献记载相合，而且说明，当时已懂得在回填土地区盖房用打桩的先进技术。”考古调查正与《皇明泳化类编》所载刘基相宫城地，“即前湖中为正殿，时已立桩水中”相符，见卷 80，第 625 页。

[30]《明太祖实录》卷 212“洪武二十四年九月癸巳”条，第 812 页；卷 217“洪武二十五年四月丙子”条，第 825 页。《明史》卷 115《舆宗孝康皇帝传》，第 3549~3550 页。

[31] 顾炎武，《天下郡国利病书·南京宫殿》，载《续修四库全书》，第 596 册，第 48 页。钱伯城等主编，《全明文》（上海：上海古籍出版社，1992）第 1 册，第 805 页。范景文纂修，《南枢志》（明末刊本，台北：成文出版社，1983）卷 51《江东形胜》：“国朝定鼎金陵，然江南形势终不能控制西北；故高皇时已有都汴、都关中之意……以东宫薨而中止也。”

[32]《明太祖实录》卷 220“洪武二十五年八月癸酉”条，第 833 页。徐学聚，《国朝典汇》（台北：学生书局影印本，1965）卷 189，载《四库全书存目丛书》，史部第 266 册，第 807 页。广敬门位置不详。中央官署位置系参照《洪武京城图志·官署图》与北京城的布局推定的，见《洪武京城图志》（清抄本），载《北京图书馆古籍珍本丛刊》第 24 册，第 7 页。

[33]《明太祖实录》卷 222“洪武二十五年十月己酉”条，第 836 页；卷 230“洪武二十六年十月是月”条，第 867 页。

[34]《明太祖实录》卷 230“洪武二十六年十一月癸丑”条，第 868 页。

［35］《明太祖实录》卷235“洪武二十七年是岁”条，第886~887页。《洪武京城图志》，载《北京图书馆古籍珍本丛刊》第24册，第32页。

［36］《明太祖实录》卷222“洪武二十五年十一月戊子”条，第838页；卷223“洪武二十五年闰十二月是岁”条，第844页。端门、承天门、长安东西二门，在洪武十年已建好，此次系增改建端门与承天门的门楼为五开间的建筑，至于东西长安门之改建，可能也是建得更闳壮些。

［37］《明太祖实录》卷243“洪武二十八年十二月辛亥”条，第910页。

［38］《明太祖实录》卷114“洪武十年八月癸丑”条，第495页；卷115“洪武十年十月是月”条，第498~499页。

［39］《明太祖实录》卷160“洪武十七年三月丙寅”条，第648页。施沛，《南京都察院志》（天启癸亥［1623］刊本）卷1《皇纶》，载《四库全书存目丛书补编》（济南：齐鲁书社，2001）第73册，第38页。

［40］《明太祖实录》卷179“洪武十九年十二月己亥”条，第705~706页。

［41］《明太宗实录》卷7“建文二年九月壬戌”条，第990页；卷9“洪武三十五年六月庚午”条，第1006页；卷9“洪武三十五年六月丁丑”条，第1007页；卷19“永乐元年四月乙丑”条，第1058页。

［42］《皇明泳化类编》卷80《都邑》，第5册，第624~625页。程建军，《中国古代建筑与周易哲学》（长春：吉林教育出版社，1991），第50页。

［43］关于中轴线的空间意识，参见王振复，《中华古代文化中的

建筑美》（上海：学林出版社，1989）第一章第二节《“中国”与建筑中轴线的美学性格》。

［44］李贤等修，《大明一统志》（天顺五年［1461］刊本，西安：三秦出版社，1990影印）卷6《南京、京城、皇城》，第109页。陈正祥，《北京的都市发展》，载《香港中文大学中国文化研究所学报》第7卷第1期（1974），第49、62页。

［45］参见叶骁军，《中国都城发展史》（西安：陕西人民出版社，1988），第244页。

［46］季士家，《明都南京城垣略论》，载《故宫博物院院刊》第2期（1984），第73页。

［47］宫城、皇城城门，各书或记载不同或含混不清，尤其对东安门、西安门、北安门、东华门、西华门、玄武门等六门，哪些是皇城城门，哪些是宫城城门，说法不一。据叶骁军的说法，明北京的门阙规制，既然“悉如南京”，则可依北京皇城、宫城城门判断南京皇城、宫城的规制；则东华门、西华门、玄武门应该是宫城城门，东安门、西安门、北安门应该是皇城城门。见叶骁军，《中国都城发展史》；叶骁军，《南京明宫城门名考辨》，《中国古都研究》1986年第2期。此说甚为有理，若佐以《南枢志》与《明太祖实录》等当代史料，更可证明。《南枢志》《国朝都城图》图中有皇城城门，为北安门、西安门、东安门。而《明太祖实录》卷116“洪武十一年十二月戊申”条载：“置皇城门官：端门、承天门、东长安门、西长安门、东安门、东上门、东上南门、东上北门、西安门、西上门、西上南门、西上北门、北安门、北上门、北上东门、北上西门，门设正，正七品，副从七品。”卷236“洪武廿八年正月壬子”条亦载：“置皇城长安、东安、西安、北安四门仓，储粮以给守御军士”。则

东安等门为皇城城门明矣。又据《明太祖实录》卷44“洪武二年八月己巳”条载：“上命吏部定内侍诸司官制。……置门官：午门、东华门、西华门、玄武门、奉天门、左右顺门、左右红门、皇宫门、坤宁门、宫左门、宫右门，各设门正一人，副一人。”东华门、西华门、玄武门、奉天门、午门同属内侍管理，则其为宫城城门亦明矣。而且《明太祖实录》卷115“洪武十年十月是月”条载：“改作大内宫殿成。……奉天门外两庑之门有门，左曰左顺门，右曰右顺门，左顺门之外为东华门，右顺门之外为西华门。”东、西华门在奉天门两侧之外，离中轴线不远，因此东华门、西华门为宫城城门应是不可置疑的。有许多记载把东、西华门等同于皇城城门，把东、西安门等同于宫城城门，都是不正确的，包括：闻人诠、陈沂纂修，《南畿志》（嘉靖年间刊本），载《北京图书馆古籍珍本丛刊》；《明史·地理志》；莫祥芝、甘绍盘、刘寿曾、汪士铎等纂修，《同治上江两县志》（中国方志丛书·华中地方第41号，台北：成文出版社，1970），卷27上；陈作霖编，《上元江宁乡土合志》；拙著《明初南京的都石规划与人口变迁》亦误，应修正，载《食货月刊》复第10卷（1980）第3期。另参见朱偰，《元大都宫殿图考》（上海：商务印书馆，1938）《宫城四至·宫城诸门》。元代东、西华门的位置，请参阅侯仁之，《历史地理学的理论与实践》（上海：上海人民出版社，1979）。

［48］叶骁军，《中国都城发展史》，第223页。《明太祖实录》卷115“洪武十年十月是月”条，第708页。

［49］《明太祖实录》卷165“洪武十七年九月辛丑”条，第662页；卷180“洪武二十年二月壬午”条，第708页。

［50］《明太祖实录》卷115“洪武十年十月是月”条，第498~499页；卷165“洪武十七年九月癸丑”条，第662页；卷177“洪武十九年正月

戊午”条，第 695 页；卷 213“洪武二十四年十月乙卯”条，第 813 页。

[51]汪莱茵、陈伯霖，《紫禁城》(天津: 南开大学出版社，1989)，第三章《后三宫》。

[52]《明太祖实录》卷 59“洪武三年十二月甲子”条，第 314 页；卷 61“洪武四年二月己巳”条，第 323~324 页。

[53]《明太祖实录》卷 25“吴元年九月癸卯”条，第 121 页。

[54]《明太宗实录》卷 232“永乐十八年十二月癸亥”条，第 1533 页。

[55] 周苏秦，《试析北京故宫东西六宫的平面布局》，载《清代宫史探微》（北京：紫禁城出版社，1991），第 299~307 页。

[56]《明太祖实录》卷 25“吴元年九月癸卯”条，第 121 页。又龙广山作为定宫城、皇城中轴线的坐标，可由明人所作的《国朝都城图》推测出来。可惜明故宫遗址多毁，笔者尚无机会作实地调查，谨志以待将来。

[57] 北上门等九门的位置，说法不一。朱偰将西安门、西上南门、西上北门当作宫城西面同列三门，东安门、东上南门、东上北门当作宫城东面同列三门，北安门、北上东门、北上西门当作宫城北面同列三门，见氏著，《金陵古迹图说》（上海：商务印书馆，1934），第 194 页。《（同治）上江两县志》卷 27 上《明宫城图第十》亦同，且标示东上南、北门在东安门之北，西上南、北门在西安门之北，北上东门、西门则在北安门东西侧远处。而张泉的《明初南京皇宫复原图》[载叶骁军《中国都城历史图录（三）》，以及高树森、邵建光编之《金陵十朝帝王州》，北京：中国人民大学出版社，1991，第 146 页] 则以东上门位在东安门，东华门间大道的中央，东上南门、东上北门则在大道两旁，其他西上门、北上门等相关位置亦同。若依明代北京皇城、宫城资料推测，则东上南

门、东上北门当在东上门南北两侧，有如北京皇城东上南门在今南池子玛哈噶喇庙西，东上北门在今北池子与骑河楼街西口交界处，似乎不在东华、东安门大道两侧；西上南门、西上北门亦如此，当在西上门南北两侧，有如北京皇城西上南门在今南长街油漆作东、织女桥北，西上北门在今北长街、中部街交界处；北上东门与北上西门则亦当在北上门两侧，有如北京皇城北上东门在北上门东侧当宫城北恒东半之中，北上西门在北上门西侧，大高玄殿之东。参见《南枢志》卷32《国容·凡各卫分定地方》，第498~500页；刘若愚，《明宫史》（北京：北京古籍出版社点校本，1982）《宫殿规制》，第5~23页；缪荃荪等纂修，《光绪顺天府志》（北京：北京古籍出版社据光绪十二年刊本排印，1987）《京师志三·宫禁下·明故宫考》，第57~58页；李国豪等编，《建苑拾英》（上海：同济大学出版社，1991）《明建北京宫阙》，第250~251页；侯仁之，《北京历史地图集》（北京：北京出版社，1988）《明皇城》，第33~34页；单士元，《故宫札记》（北京：紫禁城出版社，1990）《明代北京皇城》，第194~200页；朱偰，《北京宫阙图说》（上海：商务印书馆，1938）《明代皇城内禁城外十二门考》，第4~9页。

[58]《明太祖实录》卷64“洪武四年四月辛丑”条，第331页。

[59]《洪武京城图志·序》。徐松，《唐两京城坊考》（北京：中华书局出版方标点校本，1985）卷1《皇城》。

[60]《明太祖实录》，卷220“洪武二十五年八月癸酉”条，第833页；卷230“洪武二十六年十月是月”条，第867页；卷230“洪武二十六年十一月癸丑”条，第868页。仪礼司的位置，据《洪武京城图志》，是在长安街西南，但《明太祖实录》“洪武二十七年十二月是岁”条则载：“是岁……建仪礼司于长安街之东。”（卷235）依二书之先后，《京城图志》

在先，且较接近仪礼司衙署建立的时间，《实录》则经三修，恐有误。且该改建记载，附在“改建通政使司及锦衣、旗手二卫于中军都督府之后”记载的后面，似乎整条记载是记御街西官署的建置。又后代北京“銮仪司”的位置是放在街西、长安街西南第一列。则有关仪礼司的位置可能《京城图志》的记载是对的，为谨慎起见，文中不列仪礼司。

［61］《洪武京城图志》，第17~20页。《明太祖实录》卷220“洪武二十五年八月癸酉”条，第833页；卷235“洪武二十七年十二月是岁”条，第886页。明初中央官署主要是中书省、御史台、大都督府，洪武十三年废相改制，将中央官署改为六部、五军都督府、都察院等，在未制之前的中书省、御史台、大都督府官署的位置，有关记载不存，或可参考中都的规划推测。中都的中书省、大都督府、御史台，据《凤阳新书》是位于午门东西，依左文右武的原则，中书省在午门东，大都督府在午门西，御史台在大都督府西，南京的中央官置位置可能也是如此。见柯仲炯等纂修，《凤阳新书》（天启元年［1621］刊本，中国方志丛书·华中地方第696号，台北：成文出版社，1985）。中都的布局，请参见王剑英前引书第83~84页。

［62］叶骁军，《中国都城历史图录》（兰州：兰州大学出版社，1987）第三集，第65、111页。《明太祖实录》卷220“洪武二十五年八月癸酉”条，第833页。《南枢志》卷38“公署·洪武二十五年八月”条，第648~649页。中国社会科学院考古研究所编，《明清北京城图·明北京城复原图》（北京：地图出版社，1986）。

［63］《南京都察院志》卷1“皇纶·洪武十七年三月十八日”条，载《四库全书存目丛书补编》第73册，第38页。三法司的排列，系刑部居中，大理寺居东，都察院位于西。详见《大明一统志》卷6《南京·

文职公署》，第 109~110 页。

［64］《明太祖实录》卷 24“吴元年八月癸丑”条，第 115~116 页；卷 25“吴元年九月甲戌”条，第 117 页。又“洪武八年七月辛酉”条载：“祖宗神室，旧建皇城东北，愚昧无知，始建之时，未尝省察，是致地势少偏。兹度地阙左，以今日集材兴功。”（卷 100，第 451 页）则太庙始建于皇城东北，然自古以来左祖右社，对称配置，从未有祖在东北，社在西南之事。且助朱元璋规划南京的刘基等人皆硕儒，不应不知，此“皇城东北”，疑是“皇城东南”之误，否则祝祠中不会有“地势少偏”之语，而应该是“大有偏差”。

［65］《明太祖实录》卷 100“洪武八年七月辛酉”条，第 451 页；卷 114“洪武十年八月癸丑”条；《洪武京城图志·皇城图》。《大明一统志》卷 6《南京·坛庙》，第 109 页。集中祖社于阙门左右的设计始自明中都，参见王剑英《明中都》，第 73~75 页。明初建社稷坛时，太社与太稷虽在同一地点，却是分坛而祭，“社以祭五土之祇，稷以祭五谷之神”。太社在东，太稷在西，坛皆向北。洪武十年迁建社稷坛时，重加检讨，“以太社太稷分祭配祀，皆因前代之制，欲更建之为一代之典”，认为“祭非土无以生，土非稷无以见生生之效，故祭社必及稷，以其同功均利而养人也”，又引《山堂考索》云：“土爰稼穑，其本一也，社为九土之尊，稷为五谷之长，稷生于土，则社与稷固不可岐而二之矣。”既然“社稷之祭合而一之，于古自有明证也”，乃“改作社稷坛于午门之右，其社稷共为一坛”，坛上设五色土，将石制社主埋于坛之中，微露其末。于是改变前代社、稷分坛之制，建立合坛的传统，而为北京所承袭。详见《明太祖实录》卷 114“洪武十年八月癸丑”条，第 495~496 页；《古今图书集成·经济汇编·礼仪典》第 187 卷《社稷礼典部汇考 4·明》。

［66］参见中国科学院自然科学史研究所编，《中国古代建筑技术史》（台北：博远出版社，1989）第十二章第八节《明清北京城·宫阙设计的特点》，第781页。该书认为，明初拓展北京南城，使宫城、皇城与都城间大为开拓，于是利用这一空间布置祖、社。另参见侯仁之，《历史地理学的理论与实践》，第192页。

［67］《南畿志》卷1引述《（洪武）京城图志》，载《北京图书馆古籍珍本丛刊》第24册，第45页。

［68］《明太祖实录》卷30“洪武元年二月壬寅”条，第153~155页；卷24“吴元年八月癸丑”条，第115~116页。方丘遗址不存，但依《明太祖实录》记载确在“太平门外钟山之北”，虽然交通不便，但为“顺阴阳之位”，也只好如此。这种国家祀典象征性建筑，是否合乎阴阳五行理论是第一个考虑，交通因素并不重要，三法司不置于皇城而设于太平门外也是如此。坚持依阴阳方位而不考虑实际交通因素的规划，为明初南京皇城、宫城规划指导思想之一大特色。

［69］《（洪武）京城图志》第10页《坛庙》。《明太祖实录》卷116“洪武十年十一月丁亥”条，第501页；卷120“洪武十一年十月是月”条，第515~516页。朱元璋认为天地分祭，“于心未安”，因为人君是以天为父，以地为母，“父母天地，仰覆载生成之恩一也”，“人子事亲，曷敢异处”，虽然“分祀者礼之文也，其合祀者礼之情也”，“徒泥其文而情不安不可谓礼”，所以下令“今以春首合祀于南郊，永为定礼”。朱之蕃《金陵图咏》（序于天启四年）《天坛勒骑》：“在正阳门外三里，定鼎时郊天之所。”

［70］《大明一统志》卷6《坛庙》，第109页。《明太祖实录》卷39“洪武二年二月壬午”条，第224~225页；卷48“洪武三年正月甲

午”条，第 264~265 页；卷 49“洪武三年二月丙子”条，第 269 页；卷 55“洪武三年八月己卯”条，第 296 页。

[71] 贺业巨，《〈考工记〉营国制度研究》（北京：中国建筑出版社，1985），第 56 页。

[72]《明太祖实录》卷 30“洪武元年二月壬寅”条，第 155 页。

[73]《明太祖实录》卷 21“丙午年十二月己未”条，第 104 页。

[74] 茹竞华，《紫禁城位置及中轴线布局的探讨》，《紫禁营缮记》（北京：紫禁城出版社，1992），第 152~162 页。

[75]《明宫史》，第 5 页。

[76]《明太祖实录》卷 22“洪武二十五年八月癸酉”条，第 833 页。

明清的上层社会与宗教

李孝悌

一、明清的宗教论述

20世纪70年代以前，中外学者都认为宗教在中国社会的地位并不重要。中国学者如胡适、梁启超等或认为中国大体上没有宗教，或认为本土的道教是一大耻辱。[1]杨庆堃以自己开拓性的研究，打破了这种对中国传统社会的“迷思”，指出宗教在传统儒家社会中无所不在的渗透力量。

20世纪70年代以后，西方学者对中国近世社会史和文化史的研究，让我们对民间宗教在民众日常生活和社会动乱中扮演的角色，有了更深刻而系统性的了解。而统治阶层在“神道设教”上的积极努力，更使中国至少在宋以后，建立了一个相当牢固的，以儒家思想为主导的“文化霸权”。但让人感兴趣的是，统治阶层的“神道设教”难道只是一种“因缘说法”的权宜性统治手段吗？在从上而下的“教化”过程中，充满“怪力乱神”的民间信仰是否只是单方面的被上层社会利用，而不曾对精英文化的内涵产生冲击？或者，在所谓的士大夫文化中，原来也充斥着“非理性”“超自然”的色彩呢？

从陈弱水对中古时代士大夫心态的研究中，我们清楚地看出，所谓“不可知论”的儒家思想，从4世纪初到8世纪末，一直居于缘饰性的地位。在这个“外儒内道”与“外儒内佛”的思想形态中，中古士大夫的人生观和世界观基本上是受着道教和佛教的主宰。[2]换句话说，宗教是构成士大夫心灵世界和日常生活的基本要素。宋代理学的复兴，相当程度上改变了这种态势，儒家思想再度成为主导的意识形态。但我们感到好奇的是，在现世的、人本的、“理性的”儒家思想重新取得主导地位后，一度是士大夫文化重心的宗教，在官方认可的知识范畴之外，如何继续存在？或是根本成为官方认可的知识体系的一部分？在清末，特别是义和团之乱以后，在科学主义的影响下，一个新的论述典范出现，宗教从此成为一个不能登上文化大雅之堂的知识体系。但在此之前的士大夫文化，是否如五四以来的知识分子所诠释的，是一个以理性精神、不可知论为骨干的俗世文明呢？晚近的一些研究显示，连儒家思想本身，都存在着相当程度的宗教色彩，更不用说道、释二教及民间信仰共同对士大夫文化的影响了。

在我们对中国近世的民间信仰有了突破性的认识，在我们对以儒家的意识形态为主导的“文化霸权”和“神道设教”的教化措施有了基本的了解后，如何重新解析近世士大夫与宗教的复杂关系，无疑是不可避免的课题。要解析这个问题，文集和笔记小说当然是极其重要的资料。但笔记小说一向被认为是稗官野史，文集则属于比较个人和私密性的知识类别。士大夫选用这些非正式（或多少受到轻视）的知识类别、范畴来记载与宗教有关的神秘或琐碎的信息，本身就是一个饶有意味的课题，由这些文献中呈现出的宗教世界也必须分开处理。本文将以明清的一些官方文献和《皇明经世文编》《皇朝经世文编》中收集的奏章、议论为主，分析在官方的、正式的统治意理中，超自然的信仰所占的位置。

从这些“正式的”文献中，我们发现明清统治阶层的“宗教论述”呈光谱状的排列，在一端是充满“怪力乱神”的泛灵信仰，它们不仅为“愚夫愚妇”所奉持，也被统治阶层一体遵行。从古礼衍生出的五祀之祭（祭户神、灶神、土神、门神和井神）开始，神明几乎无所不在、无所不能。另一方面，我们则看到在儒家入世、外王的思想取向影响之下，神道如何与治道结合在一起，超自然的力量又如何被纳入人事的范畴中，为后者服务。在这个“宗教论述”光谱的另一端，则是对流行的宗教信仰、行为的批判。这些批判，有的固然是站在比较理性的立场，论证各种宗教崇拜的荒谬性；有的则是站在正统（儒家、国家）的角度，对异端竞争者（佛、道、民间信仰）的挑战大肆抨击。但值得注意的是，相当多的批判言论，其对象并不在超自然的信仰本身，而在信仰的操控者。所以即使是这些倾向儒家的士大夫的言论，也往往摆脱不了神怪的色彩。由于篇幅的限制，本文将只就士大夫挟正统以攻击异端的部分进行分析。

二、罢释道

明朝诸帝多半崇信佛道，寺观坛庙林立[3]，斋醮不时。这些宗教信仰一方面受到皇帝、官僚的积极赞助，一方面也招致廷臣的严厉攻击。宪宗朝的张宁认为三代虽无释道之教，却能做到“君主审考，世运灵长”；下至汉唐，其法浸盛，却是“衰乱相仍，年祚少永”。释道之无益，由此可见。只不过因为其“能以祸福轮回之空谈，警劝于人，可以化导愚昧”，所以历代君主才“姑将存之，以为治化外之一术”。[4]

这种用来“化导愚昧”的权宜措施，却被视为经制。由僧主导的斋醮，却由礼部尚书姚夔（1414—1473）出面，“于各衙门敛会财物，收办道炷香”，并“约以至期赴坛行礼”，更不幸的是这种“儒者自失其守”的行动，却赢得“通朝之人，靡然相从”。有趣的是，张宁所谓“儒者自失其守”的行径，并不是针对敬事鬼神而发，而是认为人臣不以进德修业劝诫君王，而诉诸僧道末术，是失其大体：“未闻有以祷祠得福，丹药致寿，假符瑞以永天命者。今乃不能尽所当为，徒以瓣香尺楮，列名其上，宣扬于佛老之神，相率而拜，曰为朝廷祈福祝寿。天地鬼神，山川河岳，昭布森列，可厚诬如是哉？”[5]对张宁来说，天地鬼神乃至山川河岳（之神）赫然存在，却不是僧道末流术数所能感通企及的。在孝宗、武宗两朝出任大学士，并一度贵为首揆的刘健（1433—1526），也对在宫闱中建立坛场，聚集僧道一事大肆挞伐。他认为皇帝为了取悦母亲、祈求福寿，只要能够“问安视膳，无间朝夕”，自能以“纯诚至孝，通于神明，自天降祥，有愿必遂”，“岂必假异端之术，干宫禁之制，然后为孝哉？”他要求皇帝降旨“将所建番坛，即时撤出。各寺胡僧尽行斥出，使宫闱清肃，政教修明”。[6]用孝道取代僧道法术，原本是要用简单可见的人伦日用之理取代幽不可测而耗费庞大的宗教仪式，所谓“纯诚至孝，通于神明，自天降祥，有愿必遂”，却将儒家现世的伦理规范也涂上了一层神秘的色彩。我们固然可以将刘健的说法看成是对笃信神佛的皇帝的“因缘说法”，但也未尝不反映出宗教论述的深入人心，以至以捍卫儒学正统自任的宰辅，也不得不以感应神通之说来加强日用人伦之理的说服力。

刘健一方面用“纯诚至孝，通于神明”的说法说服皇帝回归正统，一方面又对僧道异端的效力提出根本的质疑：“前代人主信佛者，无如梁武帝，而饿死台城，宗社倾覆。信道者，无如宋徽宗，而身被拘囚，毙于虏地。本欲求福，反以致祸。”这样的道术还可以凭恃吗？但偏偏统治者执迷不悟，仍然妄图以缥缈之道救燃眉之急：

> 今寺观相望，僧道成群，斋醮不时，赏赍无算，竭天下之财，疲天下之力，势穷理极，无以复加。夫以天纵圣明，洞见物理，乃空府藏而不惜，竭民膏而不恤者，盖谓其能祈福消灾，庇民护国者也。近年以来，灾异迭见，南畿浙江湖广陕西诸处大旱，人民失所。江西各府，盗贼纵横。……四川番夷，扰害边境，达贼在套，复图寇掠，祸患之多，难以枚举，不知其所祈者何福？所消者何灾？护国庇民，其功安在！[7]

刘健此处对皇帝“竭民膏而不恤”的指控是相当严厉的，一方面反映出儒臣对外王之道的终极关怀，一方面则反映出皇室在宗教事务上的奢靡。如果在承平时代，“官有余财，民有余力”，耗费巨资修造塔寺“虽终无益，亦未大损”。但现在“内库急缺段匹，太仓银数渐少，光禄寺行价累年赊欠，各边粮草，所在空虚，灾伤地方，饿死盈途，逃亡相继，赈济官员，束手无策，尤为窘急”。如果把动辄以数万计的塔寺之费移为赈济之用，“即可以活数百万生灵之命，岂非祈福延寿一大功德哉？”[8]显然对刘健来说，不仅儒家的内圣道德功夫是和佛道祈福延寿的仪式处于竞争的状态，在外王事功的层次，也要和佛道争取有限的资源。在政治日益窳败、社会问题日趋严峻的局势下，统治者不面对现实，反而诉诸缥缈昂贵的宗教手段，使得儒家入世、经世的基本关怀和佛道的矛盾格外尖锐。儒臣对异端邪教的抨击也格外严厉。

同一时期的大学士杨廷和（1459—1529）则用直接挑衅的口气，要求世宗停止斋醮。在世宗登基之初，杨廷和等为了防患于未然，将条奏慎始修德十二事写成牌匾，挂在宫殿的墙壁上，其中一事即是：“斋醮祈祷必须豫绝其端，不可轻信。”但嘉靖皇帝就像扶不起的阿斗，一即位就浸染在“异端邪说”之中。一开始，杨廷和问皇帝：“（只如）近日刘瑾建玄明宫，钱宁建石经山祠，张雄建大慧寺，张锐建寿昌寺，于经建碧云寺，张忠建隆恩宫，所费金银，不可胜计，其心本欲求福也，然皆被诛窜，家底败亡。”神佛与天尊的庇佑何在呢？[9]杨廷和使用上述刘健的逻辑，揭露出宦官大量兴筑寺庙、宫观的现象。这些社会位阶原本低下、教育程度不高的特殊群体，显然在明代上层社会的宗教狂热中扮演了推波助澜的角色。

杨廷和接着提出直接的抨击和挑战：

夫何谗邪小人，公肆眩惑。……至使宫闱之内，修建斋醮。万乘之尊，亲莅坛场。上惑宸聪，下诳愚俗。以为福田可种，利益可求，灾患可除，祥瑞可致。不知年来远近亢旱，风霾灾变。彼何不诵一经，不念一咒，以消弭之乎？南北直隶、山东、河南流贼往来，焚劫杀戮，彼何不驱神兵鬼将以扫平之乎？升下试以此验之，则其无益有损，不待辩矣。

如果僧道不足恃，何不将精力、钱财用于“正道”呢？杨廷和接着指出：

陛下亲莅坛场，行香拜箓，亦甚劳矣！何不移之以御讲筵？修设斋醮，靡费钱粮，亦甚多矣！何不移之以赈穷困？正道异端，不容并立，心既系于彼，则必不系于此，邪说既入，圣贤之经训自疏。[10]

杨廷和将儒释道截然对立，非此即彼的主张，显然和当时皇帝过于沉迷宗教活动有关。但在明清两朝，这种将正道和异端、人事和神道严格区分的见解，其实并不具代表性。在多数情况下，不管是皇帝还是臣僚，既讲求人事，也礼敬神明。从下面有关“依古礼行事”的议论中，我们也可以看出，所谓儒家正统中，其实已经蕴含了神怪的异端色彩。

三、遵古礼

唐初以后，孔庙的礼仪大致完备，从祀制度亦告确立。此后，国家祭孔就成为帝王扶腋、承续“道统”的重要象征。[11]但另一方面，在明清例行性的国家祀典之中，祭孔只是一小部分。天地山川、云雨风雷、岳镇海渎等自然现象的存在，因为其所具有的“超自然”力量而格外受到尊奉。从国家祭祀对象的选择和祭礼的规格来看，圣人的教化和神秘不驯的自然力量，圣道和神道，理性和非理性，同样具有神圣不可轻慢的地位。在我们泛泛地纳入儒家“礼”教传统的这个范畴内，其实蕴含了强烈的超自然的成分。换言之，在明清礼部所经管的祭祀仪典之中，既包括了纯粹仪式性的世俗之礼，也包括了具有神秘宗教意味的泛灵、多神崇拜。

但在同样的泛灵、多神崇拜之中，还是有所谓合不合“礼”的争辩。官僚学者们往往用不合古礼来批评某些地方性、民间性或由僧道主持的祭祀活动，虽然他们引经据典，大力提倡的古礼，在本质上往往和后者并没有根本的差异。

明孝宗弘治年间（1488—1505）有关北岳祀典的争执，让我们看到官僚士大夫如何为一个严肃的礼制问题进行争辩时，程度不等地透露出各自的宗教取向。

先是，弘治六年（1493），兵部尚书马文升要求朝廷将岁祭北岳恒山的地点从真定府的曲阳县移到大同府的浑源州。[12]接着，巡抚大同都御史胡来贡也题请改祀北岳于浑源州。礼部奉命对这项提议进行研究。主张迁祀浑源的官员的一个主要依据是，《浑源州志》内有关州南二十里古北岳庙的记载。根据这项记载，这座古北岳庙是陶唐氏所建："舜时北巡狩至于北岳，值大雪，遥祀之。忽飞一石，坠帝前，名曰安王石。乃建庙于大茂山。又五载再巡狩，其石又飞于曲阳，复建庙于曲阳。"洪武十二年（1379），重修古北岳庙碑文中也记载了这段"飞石东迁"的神话。胡来贡等即依据这些记载，要求将北岳祭祀地点从曲阳迁到更古的浑源。

礼部尚书沈鲤承命调查后，给皇帝上疏，请求将祭祀地点依旧定在曲阳。沈鲤承认胡来贡的请求，"固非无据"，但"载籍虽博，必折中于经传。典礼至重，难轻信乎传闻。"胡来贡等人引用的《虞书》的记载，虽提到祭于恒山，却未提到恒山在什么地方，而沈鲤所引用的典籍和历史，证明"曲阳之祀恒山，又非肇始于五代，盖历二千余年而明禋如一日。诚考据精确，非漫然沿袭也"。所以纯就双方所诉诸的经典权威而言，沈鲤显然认为自己的比对方的更精确。

沈鲤可以凭典籍证明过去一向是在曲阳祭北岳，主张恒山在浑源的人，却只能依靠地方的州志和碑文，而这些资料中有关"飞石"的传说，即使胡来贡亦"谓其不经"，怎么能够据以改祠？更何况曲阳恒山"孕灵已久"，实在不该轻易毁庙废碑。沈鲤等人最后的结论是："臣等再三酌议，北岳恒山之神，委应遵依宪典，仍祀于曲阳县。"[13]

在我看到的资料中，沈鲤等人有关北岳祭祀的议论其实是比较"理性"的。虽然祭祀背后反映的是对超自然能力的崇拜，但双方都程度不等地援用经典、历史的记载来支持各自论证的合理性。但另一方面，双方也都不忘用宗教性的信仰和词汇来加强自己的论据。胡来贡一方面引用怪力乱神的飞石传说，一方面自己也觉得这样的说法多少有些荒诞不经。尽管如此，他又以此作最重要的证据，显然是因为宗教论述在当时有相当的说服力。而沈鲤虽然指责对方荒诞不经，但措辞并不强烈。更重要的是自己在奏折中也使用了“孕灵已久”“北岳恒山之神”的语句。这些都说明，即使最上层的士大夫在国家的重要祀典和严肃的礼制争议中，也无法免除宗教的色彩。

而有关祈雨的讨论，则让我们更清楚地看出，所谓回归古礼的主张，根本问题不在僧道仪式的怪力乱神色彩，而是要用儒家古礼对抗所向披靡的僧道仪式。

清朝的王概对遵古礼求雨的理论和仪式细节，有很生动的描述。在《雩说》一文中，他首先借着与宾客的问答描述地方祈雨的始末：“今旱魃为虐，自春徂夏，不雨六十日矣。……即制府暨郡邑大夫，轸念斯民，禁屠沽，息讼狱，建醮坛，召方士，斋心祈请，亦复旬日，而亢阳愈骄，农禾交瘁。”碰到这样的情况要怎么办呢？王概认为，要是在古代，没有别的办法，就是祈祷。今天的人虽然也祈祷，但“非古之祈祷也！”接着他引用了《左传》的记载叙述古代的雩祭。秦汉时，虽然不再把雩祭当作常祭，但一旦碰到干旱，从天子到地方官，仍遵循一套复杂的求雨仪式。现代人不遵循这些礼法，草率行事，怎么可能求到雨呢？“今人不知雩礼，率听一二黄冠，妄挟符咒，驱使鬼神。彼黄冠者，有何神术，而能格昊天召风雨乎？”补救之道于：“必贤有司斋戒沐浴，极其虔诚，复行古礼。敬恭明神，俾无悔怒。或者天心可格，而甘霖可望也！”[14]

但雩祭废弃已久，而且历代祭法不同，所以王概依照自己的了解，折中古礼，设计出一套新的雩祭：

> 宜择水日建四通之坛于郡邑北门外。高广六尺，上植黑旗六，其神玄冥，祭以六黑狗。……道士六人，童子三十六人，皆斋三日，衣黑衣，手执皂旗而舞。道士教童子以云汉之诗，其声吁吁作呼号状。……有司则率其僚属及乡先生诸生，拜跪坛下。七日不雨，则索取境内祠庙大小远近诸神，聚于一坛而虔祀之。诗所谓靡神不举，靡爱斯牲。周礼所谓国有凶荒，则索鬼神而祭之也。[15]

王概一方面批评今人将祈雨之礼轻率地委诸一二黄冠，妄挟符咒；一方面在他折中出的古礼之中，仍然免不了洒狗血、请道士作法，可见所谓古礼和今俗在本质上并没有什么区别，但一旦有了《诗经》《周礼》的“背书”，礼的正统性、权威性似乎就得到了保障。

当然，也有人认为儒家传统中的鬼神，充满了浩然正气，不能和释道之术中的“邪鬼神”相提并论。潘德舆在《鬼神论》中，就对儒家传统和释道之术中鬼神气质的不同，大发议论。他认为三代以上，“其鬼先圣先贤高曾祖考而已，其神天地日月风雨山川社稷门户而已。人之心一，故鬼神之数简，鬼神之数简，故其诚立而幽明交，万物治，邪鬼不侵哲人，淫神不享圣世”。后世“公卿不知耻，闾阎不惜费，至是而鬼神之污辱甚矣”。在圣人之世，既无仙佛之说，也就没有“邪鬼神”，没有“生死轮回报应之邪说”。而后世因为有鬼神，所以“大壤风俗，丧忠孝，梗教化”。[16]这种拿三代和后世作对比的言论，当然是一种正统、异端之辨。但和上面的例子一样，是要从三代和圣人之道中找寻一个属于“儒家”的鬼神传统，以取代佛教和道教衍生出来的鬼神传统。在亟欲挣脱释道“魔”掌的努力中，清代士大夫回皈古礼、回皈三代的主张，反而强化了儒家传统的宗教色彩。

回皈古礼的另一个面相，其实还牵涉到士庶文化的差异。回皈古礼一方面要重拾礼的庄严和神圣性，另一方面要阻止“礼下于庶人”之后的庸俗化。因为一旦一般的僧道和庶民都可以施行“感通神明”的仪式，不仅会亵渎、触怒神明，更可能妖言惑众，对政权构成威胁。

但请僧道祈雨，在明清两代显然已普及到无法禁绝，所以不论是皇帝还是官员，基本上都对此采取包容的态度。只要不失控，地方官或“愚夫愚妇”，可以各本诚心，馨香祝祷。清徐文弼在他为地方官编辑的施政手册《吏治悬镜》中，详列了各种祈雨之法。这些祈雨之法，基本上是根据董仲舒《春秋繁露》中的相关记述加以演绎发挥而成。而辑录董氏祈雨法并加以整理、条注的则是明嘉靖年间（1522—1566）的吴廷举。他为此写了一篇序文，文中提到当时“大江以南，水旱之灾，十有八九。世之俗吏，每以祷雨之礼，付之僧道。设坛遣将，呼召风雷”。可见当时官员雇用僧道求雨的普遍性。[17]御史徐以升在乾隆七年（1742）写的一篇奏折中，则将僧道祈雨比诸古代的巫术：“至僧道讽经，考周礼巫师神巫而舞雩。故古有岁旱暴巫之说。然县子之对鲁穆公曰：天则不雨，而望之愚妇人。于以求之，不已疏乎？今僧道讽经求雨，是亦巫师之意也。其或各寺观有愿祈求者，亦听其自致虔心，不必从事坛挞。”[18]

即使这些主张对僧道法术宽容的官员，也要求在民间通行的信仰仪式外，另遵古礼，建立一套标准的官方祭礼。徐以升请求皇帝“敕下在廷礼臣，博求典故，详考制度，于京城之内，择地建立雩坛。仿古龙见而雩之礼，每年届期择日致祭一次。偶遇亢旱愆阳，雨泽稀少，即于望告岳镇海渎，及诸山川能出云雨者，以祈求雨泽。无庸于各宫观处祈祷”。[19]

徐文弼则认为董仲舒的祈雨法是本乎古代典籍的雩祭之法。《易经》中的“云行雨施”，《周礼》中的“天降时雨，山川出云”讲的都是“上下之交”的“神功”。吴廷举说俗吏付之僧道的祈雨术“无一验者”。徐文弼则强调董氏祈雨法的神效：“岁之戊午，关中秋旱。制台查公，抚台张公取其法，祷于西郊，雨立沛。越今夏复旱。如其法行之，雨亦立沛，盖祷而应者再矣！”[20]

徐文弼、吴廷举一方面认为通行的祈雨法没有效力，另一方面则大力推销他们遵古法炮制的神功，认为后者“非惟官司可行，而里社亦可行”。[21]显然他们是打算用一套从古礼衍生出的法术，全面取代通行于明清地方政府和民间，而由僧道主宰的祈雨术。但细按吴廷举从《春秋繁露》推衍出来的《春秋繁露祈雨秘诀各条》[22]，我们却发现这些“古法”的庸俗迷信程度，毫不逊于当时流行的法术。“择日期”项下的注解是：“择吉日祭风神于郊社，即风云雷雨坛。是日昭告城隍、土地、龙王三庙，各备祭文一道。”“龙前”一项的注解是：“各用水缸一只，水盛满，内放蜥蜴，上浮柳枝。”“神桌前”一项的注解是：“有水池，其浅深大小按时开挖。每龙头前用旗一杆，各按时制神棚，左右安大鼓一面，常令人擂鼓诵词。鼓后用老母猪，一闻鼓声，用火烧尾，不可伤生。红雄鸡一只，令其常鸣。”同时每个巷口也要放大鼓一面，老猪一头，令壮夫击鼓燔尾诵词。每家门口则要放水缸一个，供神牌一座，上写“水神到”。“坛内诵歌”项下注明：“即木郎神歌，儒士僧道，各按四季日期数目……用儒士者，儒教之祈法也。”“监坛者”项下则说：“坛内执事者儒士、僧道、巫医、阴阳礼生、壮夫啬夫、婴童人数，各按其时用之。”[23]

把《春秋繁露祈雨秘诀各条》与《春秋繁露·求雨》原文相对比，我们发现除了用火烧母猪尾巴犹有古意外，其他多为吴廷举根据后世的风俗信仰自己创造出来的规定。董仲舒原文说水缸里放五只蛤蟆，《春秋繁露祈雨秘诀各条》改成蜥蜴。其他如祭风神，昭告城隍、土地、龙王都不见于《春秋繁露·求雨》。而仪式由儒生掌控，杂以僧道、巫医、阴阳礼生，纯粹是吴廷举自己的主张。从这个角度看，前引潘德舆一文说三代以上“鬼神之数简”，而后世鬼神滋生[24]，并不是没有道理的。昭告城隍、土地、龙王的仪式，实际上是将明清流行的民间信仰纳入求雨的古礼之中。而用儒生领导僧道举行仪式的用心，更是昭然若揭。把一向由僧道主掌的仪轨纳入一套“儒教之祈法”中，比纯粹的批判或坐而不视，无疑是更务实而积极的做法。僧道之术既无法禁绝，那么将之变成儒“教”、儒“术”的一部分，无疑是两全其美的解决之道。在古礼与今礼、正统与异端的争辩过程中，《春秋繁露祈雨秘诀各条》所代表的，是一部分士大夫将儒家宗教化，以涵盖佛教、道教及民间宗教的努力。

从上述有关祈雨的议论中，我们看到古礼和僧道仪式的冲突、调和。在其他各种有关恢复古礼的言论中，我们则看到士大夫理想中的礼制，如何与现实生活中庸俗的民间仪式、信仰互相冲突的实况。知名的金石学家和礼学家武亿（1745—1799）就对五岳寝庙的陋习深表不满。根据他的看法，庙在古代是“接神之处，其处尊”，寝则是庙后堆放衣冠杂物的地方，“对庙为卑”。古代天子诸侯祭拜五岳，都在土坛上行之，并无庙寝之制。汉武帝行封禅礼，并巡游五岳时，在西岳华山上建立了宫殿。后世沿而不废，“乃益相与浸淫披靡。至于山林川泽四方百物诸祭，罔不从俗固陋，莫能改易”。

而在这些粗陋的习俗中，最媟慢不经的就是庙而有寝。在武亿参观过的西岳、南岳和中岳祭祀中，都是庙寝杂陈。“环列女侍床箦枕衾、椸架、盥嗽、盘浴，皆人世所需，至为凡猥贱亵之器，具列于室。”寝室旁是岳神卧像，俨然尸居寝榻中。“设妇人像，与岳神并坐，号曰岳帝之配。奔走村妪，横躯膜拜。如是岁凡数有，为道流之奸贪无赖者，踵相诬惑，愚瞽指为利薮。”[25]

武亿在这里对民间信仰的陋俗面有相当具体的指陈。事实上，对这种杂乱的庙寝制度，以前就有人批评过。像明代的御史陈祚，就请求趁着南岳衡山神庙岁久倾颓的机会，加以整顿。陈祚要求去除庙宇的塑像，依照古礼祭祀山川的制度，建立土坛、厨库、斋室，俾得“礼制合经，神祇不渎”。武亿认为卒然废庙恐不可行，但至少应该“先毁其寝，而诸所谓像设溷渎之具，一切废罢，庶于近古之制”。[26]

全祖望、李光地等知名的士绅官僚，也同样抱着遵古礼以整饬今俗的看法。全祖望认为现在人重社祀，“一府一州一县皆有之。而又有城隍之神，又有所谓府主之神，何其多欤？”但所有这些社祀都是“未考古之社礼而失之者也”。古代的社神，都是府州县的土神，从祠者则“必官于其土，而遗泽足以及民”。但现在的人把这些有功于地方的名宦乡贤别祀于学宫，另外随便找些“漫无干涉的古人”充当城隍府主境神，又“撰为降神之踪迹助以欺人”，实“不经之甚者也！”全祖望总结道：“大抵今世不奉天神，而信人鬼。故诸祠之香火，其视坛壝，奚翅什伯相过。无他，天神冥漠，苟非诚敬之至，无从昭假；而人鬼则有衣冠像设，足以为愚夫愚妇之所趋。”[27]

表面上看起来，全祖望和潘德舆、武亿等人一样，主张回皈比较简约的古礼。但进一步分析，这种回皈古礼的过程，其实也蕴含着强烈的“礼不下庶人”的意蕴。对一般“愚夫愚妇”而言，要他们放弃崇拜衣冠偶像，而改用虔敬肃穆之心冥想一个抽象的、冷漠的天神，当然是不容易的事。而要将从祀的对象，从漫无干涉、荒诞不经、以神迹欺人的古人，改为符合儒家“内圣外王”之旨的贤守令、贤士大夫，更明显地反映了全氏“贤士大夫”的观点乃至憧憬。这样一个简约肃穆的古礼，无疑是为士大夫阶级而设的。

李光地对五祀之礼的讨论，则一方面毫不遮掩地陈述礼有等差的观念，另一方面又和前面几个人不同，主张恢复比较繁复的礼仪。他开宗明义地表明五祀之礼在古代只有士大夫有权参与，“士庶盖不得而兼之也”。但今天“虽编氓之家，醮祭天地，祷祀河岳尊神，僭妄无所至致”。相反，对于古代只有士大夫才能参与的五祀之礼，这些僭妄之至的平民百姓“简嫚蝶亵，付之妇人奴婢而已”。“是古者必大夫而后得行之祀典，今则士庶人之所不屑。必拟夫古天子诸侯之祭，然后用之。俗之悖谬越礼，莫此为甚”。[28]

于是一方面有些食古不化，另一方面又懂得损益折中的李光地，“考之古义”，设计了一套下于庶人的五祀之礼：“五祀之祭，今世简略已极，考之古义，则必躬必亲，不可委之妇人婢仆，乃合礼意。惟灶神之祭，妇人可摄行之，而使厨者执事。门户、井神之祭，子弟可摄行之，而使司门者、汲水者执事。中溜[29]最尊，主人在家，则必身亲而使子弟执事可也。”李光地同时认为时人二月祭土神、八月祭灶神的习俗，不合五行的运转，所以主张依月令之文加以纠正：“令定依古礼：二月祭户，五月祭灶，六月祭土神，八月祭门，十一月祭井。”[30]在这样一个斟酌损益古礼，而把妇人、厨者、司门者、汲水者都慷慨地包括在内的复古计划中，“愚夫愚妇”原本忙碌复杂的宗教生活显然要变得更为纷乱了。

李光地对时人将五祀之礼“付之妇人奴婢”的批评，固然蕴含了男性／士大夫的双重偏见，但在新设计的全民敬神运动中，总算还为妇女和下等阶层的匠役预留了一席之地。相形之下，全祖望对妈祖信仰的批判，则毫不犹疑地披露出一个保守的士大夫对以女性为中心的民间信仰的双重歧视。而这样的歧视，又反映出一套僵化的儒家意识形态对全氏的影响。全氏并不全然反对对女性的崇祀，但其先决条件，是这些女性必须为儒家的圣贤而牺牲，或以圣贤从属的身份出现：

> 生为明圣，死为明神。故世之死而得祀者，必以其忠节贞孝而后尊。以巾帼言之，湘夫人之得祀也，以其从舜而死。女媭之得祀也，以其为弟屈原。曹娥之得祀也，以其孝。若夫流俗之妄，如蟂矶夫人祠，亦以讹传其殉汉而祀之。至于介山妒女之流，则所谓俚诞之不足深诘者也。

但天妃信仰，遍于江浙闽粤沿海，其祀非里巷祠宇所可比，所以全祖望要大加挞伐：

> 然何其漫然无稽也！夫妇人之为德也，其言不出于阃，其议不出于酒食之微，其步趋不出于屏厅之近。其不幸而嫠所支持，亦不出于门户之间，所保护亦不出于儿女之辈。若当其在室，则尤深自闷匿而一无所豫。林氏之女，即云生有异禀，其于海上楼船之夷险，商贾之往还，亦复何涉？而忽出位谋之，日接夫天吴紫凤之流，强作长鲸波汎之管勾，以要鲛人蜑户之崇奉，甚无谓也。

换言之，全氏认为女人只该在方寸之地做些细微的琐事。他完全不反对符合《礼记》“御大患，捍大灾”之标准者，可以加封进爵，受万民崇祀礼拜，他反对的只是像林默娘这样一个不受教化的偏僻之地的未婚村妇，竟然能够像男性神祇一样，有着非凡的御患捍灾的能力。“自有天地以来，即有此海；有此

明清士大夫中，有不少人热衷于宗教，而其“庸俗”程度，绝不下于他们深恶痛绝民间的种种斋醮、游神等活动。图为《主病鬼王五瘟使者众》，出自明成化年间（1465—1487）《水陆道场神鬼图像》

图为《起教大士面然鬼王等众》，出自《水陆道场神鬼图像》

海，即有神以司之”，但结果主掌这片辽阔海域的竟是一位女性而非男性，是一怪也。“天之配为地”，结果竟是一位“取于闽产”的神祇来司其事，门不当，户不对，是二怪也。第三怪就更牵强了：“林氏生前固处子耳，彼世有深居重闼之淑媛，媒妁之流突过而呼之曰妃、曰夫人、曰娘，则有赧其面，避之唯恐不速，而林氏受之，而不以为泰，是三怪也。”在全祖望的描述下，林默娘简直是“恬不知耻”了。而愚夫愚妇奔走相告，更是让人嗟叹：“此说者盖出于南方好鬼之人妄传其事，鲛人蜑户本无知识，展转相愚，造为灵迹以实之。……后人不知妄，求巾帼以实之。吾怜其愚也！”[31]

很显然，全祖望是从性别、阶级乃至经济、地域的角度批评流行的妈祖信仰。值得注意的是，全祖望在作这些批评时，虽然表现出比多半士大夫更僵固的意识形态的立场，但这并不表示他对神怪信仰的传说较其他大夫更正统或更理性。他为他住处附近的碧沚龙祠写的碑铭，就提供了极佳的佐证：“明道先生行状云：上元之茅山有龙池，其龙如蜥蜴而五色。祥符间，命中使取二龙。至中途，中使奏一龙飞空而去，自昔严奉，以为神物。先生尝捕而脯之，使人不惑。”全氏接着说明程颢以下的几位儒者对各种龙怪传说的质疑，但全氏自己不苟同这些先儒“理性”的态度：“虽然，龙之为灵昭昭也，其在经，则见于《易》；其在传，则见于《春秋繁露》诸书。作云施雨，不可以为诬妄。而造物之变化，亦有不容尽以儒言斥之者。”全氏进一步考之图谱，证明确有所谓旱魃的存在，既然相信魃能致旱，而认为“龙不能致云雨”，显然是一种顽固闭塞的看法。

全氏甚至以近乎强辩的逻辑，解释程颢吃龙并不说明龙不存在或不灵验："天下无不灵之龙，而未尝不为人所豢，故亦未尝不为人所醢，古有之矣！然因此而谓龙之非灵，则不可也。即以吾乡天井之龙言之，有求于山者，或得蛇，或得蜥蜴，或得蛙，皆能有验。顾前明太守林梦官祈得蛙，不雨，手刃之，而雨。"所以龙可以化身为蛇、蜥蜴、青蛙，但就是不能化身为人："顾予家在祠右，每入祠，见座中衣冠像设，殊为不根，天下亦岂有龙而人者？乃与里社诸公议，以木主代之，而为之铭。"[32]全祖望一方面指责愚夫愚妇崇信妈祖的愚妄，另一方面又力抗先儒先贤，为自己同样"荒诞不经"的龙蛇信仰作辩解。如果真要说一代大儒的全氏和愚夫愚妇有什么不同的话，大概是他还有一定的勇气和识见，将衣冠龙神改为木主吧！

四、结论

刘广京先生在讨论中国传统的国家正统时，强调这个正统在面对"超越世俗"的宗教（supra-mundane religion）时的弹性。在明清之际重新成为国家意识形态主干的"理学"虽然有着强烈的形而上与精神面相，但这个大体承续了汉代国家正统的思想体系，除了一套社会道德之外，同时包括了宗教性的宇宙论。[33]本文的讨论，一方面强调"超越世俗"的宗教在明清统治阶层中所占的重要地位，一方面也证明了明清官僚士绅在面对僧道、民间信仰等各种异端时，基本上确实采取了相当弹性的态度。

进一步分析，这种对异端信仰的弹性态度，表现在统治阶层对通行的宗教信仰、仪式采取的对策上。从上面的讨论中，我们可以看出在面对充满“怪力乱神”的民间宗教时，明清的精英阶层并不像1900年（或“五四”）以后的知识分子那样，用一套性质完全不同的“科学论述”来取代民间的“宗教论述”。由孔子所代表的儒家“理性”与入世的取向，固然对狂野的宗教信仰有一定的节制作用，但明清的士大夫很少有人能完全跳脱宗教的影响，从一个全新的典范批判旧有的典范。事实上，士大夫是用一套自己的宗教语言来对抗一套通行的宗教语言。两套论述既有交融重叠之处，也常常呈现紧张冲突的局面。这就如同异端信仰的驳杂多端，统治阶层对抗异端的“宗教论述”也呈光谱状的排列。从强力拒斥，到妥协、含摄，乃至建立自己的神怪仪式，统治阶层确实在对策上表现出相当的弹性。

大体而言，在明朝，由于几个皇帝过度沉溺在宗教活动中而致百政怠忽，所以引发了比较激烈的正统、异端之辩。但我们必须强调的是，由僧道掌控的宗教活动实际上也受到另一批士绅官僚的支持，乃至有“通朝之人，靡然相从”的感喟。而即使批判者，也有“天地鬼神，山川河岳，昭布森列”的说法。

本文所举“回皈古礼”的议论，多少可以印证周启荣有关清代礼学复兴的看法。不过正像他说的，清儒所遵奉的古典绝不是同质性的经籍。这些典籍包含了丰富的古代事例和见解，可以让后人作各种不同的解释，而各种对古典的研究解释，并没有为“神圣的过去”建构出一套一致的理论。[34]虽然在对流行的僧道仪式和民间信仰不能苟同这一点上，他们达到了最基本的一致性，但在批判的强度、面向和着重点上，都各自不同。而在一致性地从广义的儒家古礼中找寻批判、对抗的资料时，他们也各取所需、各尽所能地从对古礼的不同解释中，找出不同的整饬今俗的对策。但值得注意的是，不论他们看到的古礼是简约还是繁复，都有着共通的超自然的宗教色彩。在这些因为对抗流行的宗教活动而引发的回归古礼的尝试中，“不语怪力乱神”的传统却几乎成为空谷的足音了。

注　释

［1］C.K.Yang,*Religion in Chinese Society:A Study of Contemporary Social Functions of Religion and Some of Their Historical Factors.* Berkeley:University of California Press,1961,pp.3~6.

［2］陈弱水，《柳宗元与中唐儒家复兴》，载《新史学》第5卷第1期（1994年3月），第26~39页。

［3］明孝宗弘治朝的儒学名臣倪岳（1444—1501）就曾列举当时北京城内琳琅满目的各种“淫祠”，《青溪漫稿·正祀典疏》，收于贺长龄辑《皇明经世文编》（台北：台联国风出版社，1968）卷77，第253~275页。

［4］张宁，《斋醮进香：谏止进香》，《皇明经世文编》卷50，第744~745页。

［5］张宁，《斋醮进香：谏止进香》，《皇明经世文编》卷50，第746~747页。

［6］刘健，《论崇佛老疏》，《皇明经世文编》卷52，第1~3页。

［7］刘健，《谏造塔疏》，《皇明经世文编》卷32，第23~24页。

[8] 刘健，《谏造塔疏》，《皇明经世文编》卷 32，第 25~26 页。

[9] 杨廷和，《请慎选左右速停斋醮疏》，《皇明经世文编》卷 121，第 725 页。

[10] 杨廷和，《请慎选左右速停斋醮疏》，《皇明经世文编》卷 121，第 725~727 页。

[11] 参见黄进兴，《优入圣域：权力、信仰与正当性》（台北：允晨，1994），第 126~163 页。

[12]《明实录：孝宗实录》（台北，中研院史语所校订本，1996）卷 78，第 1506~1507 页。

[13] 沈鲤，《议改北岳疏》，《皇明经世文编》卷 417，第 605~612 页。

[14] 王概，《雩说》，《皇朝经世文编》卷 45，第 11 页。

[15] 王概，《雩说》，《皇朝经世文编》卷 45，第 11~12 页。

[16] 潘德舆，《鬼神论》，收于盛康辑《皇朝经世文编续编》卷 63，第 1~2 页。

[17] 贺长龄编的《皇朝经世文编》将这篇序文的作者误认为徐文弼。但比对《吏治悬镜》原书，《皇朝经世文编》中的《祈晴雨法》一文，实际上是将徐文弼写的序文及吴廷举的原序拼凑错杂而成。

[18] 徐以升，《请立雩坛疏》，《皇朝经世文编》卷 55，第 8 页。

[19] 徐以升，《请立雩坛疏》，《皇朝经世文编》卷 55，第 8 页。

[20] 引文分见徐文弼、吴廷举的序文，引自《吏治悬镜》（下）（台北：广文，1926）卷 7，第 837~840 页。

[21]《吏治悬镜》（下），第 839~840 页。

[22]《春秋繁露·求雨》讲春、夏、秋、冬四季求雨之法第。《春秋繁露·止雨》讲雨太多时的止雨之法。吴廷举根据《春秋繁露·求雨》

一章，衍生出春祈雨法、夏祈雨法、秋祈雨法、冬祈雨法，又别出心裁地归结出自己创造的《春秋繁露祈雨秘诀各条》。《春秋繁露》原文见台北中华书局版（1965）第16卷。根据《史记》的记载，董仲舒的“求雨法”确曾施行于江都国，而且可能很为当时人所信服，甚至仿效。后来官订之“雩祭”行事，大抵皆依董仲舒之法。详见林富士，《汉代的巫者》（台北：稻乡，1988），第70~71页。

[23]《吏治悬镜》（下），第843~846页。

[24] 潘德舆，《鬼神论》，第1~2页。

[25] 武亿，《毁五岳寝庙议》，《皇朝经世文编》卷68，第11页。

[26] 武亿，《毁五岳寝庙议》，《皇朝经世文编》卷68，第11页。

[27] 全祖望，《原社》，《皇朝经世文编》卷55，第13页。

[28] 李光地，《五祀礼略》，《皇朝经世文编》卷66，第1~2页。

[29]“中溜”指的是屋檐滴水之处，李光地有详尽的解释。他说，古人僻居野處，“凿其最中之处以通明，而雨亦溜焉，故曰中溜。以其最中，是以为一家之主，后代易以宫室，而仍袭中溜之号，不忘古也。其在于今，则当之者梁脊是已。居一家之中，为一家之主，其神属土”。见李光地《五祀礼略》，《皇朝经世文编》卷66，第1~2页。

[30] 李光地，《五祀礼略》，《皇朝经世文编》卷66，第1~2页。

[31] 全祖望，《天妃庙说》，清代席裕福纂《皇朝政典类纂》（台北：成文影印，1969）卷271，第5780~5781页。

[32]全祖望，《碧沚龙神庙碑铭》，《鲒埼亭集》（台北：华世，1977）卷24，第303~304页。

[33] Kwang-Ching Liu, “Socio ethics as Orthodoxy: A Perspective,” in Kwang-Ching Liu ed., *Orthodoxy in Late Imperial China*. Berkeley:

University of California Press, 1990. pp. 54、 64~65.

[34] Kai-wing Chow, The *Rise of Confucian Ritualism in Late Imperial China: Ethics, Classics, and Lineage Discourse.* Stanford: Stanford University Press, 1994. pp. 41, 227.

商业文化与明清地方文化

范金民

中国人从事商业活动的历史源远流长。司马迁在他的千古绝唱《史记》中，就记载了先秦时期的大商人范蠡、计然、子贡、白圭、猗顿、乌氏倮、寡妇清等人，并为他们专门立传，称为《货殖列传》。然而在明代以前，中国商人的经营活动多是单个的、分散的，从司马迁所记的大商人，直到元代的著名海商朱清、张瑄辈，类皆如此；或者是特殊族群，如元代的色目商人。宋元时期也只有某地商人某某，地域后必有人名，专指某商人。直到元代，还没有出现具有地域特色的商人群体，可谓有商而无帮。

明代后期，随着商品生产的发展，如蚕桑、棉花、茶叶、丝绸、棉织、陶瓷、玉石、刻书印书、造船、酿酒等生产；商品流通的扩大，明中期以前的商品流通主要是奢侈品或区域调剂式的流通，而其后则主要以人们日常需要的粮食、棉花、棉布、丝绸等大宗商品为主；商运线路的延伸和范围的扩大，隆庆时徽商黄汴的《天下水陆路程》一书，列出全国水陆路程 143 条，其中南京至全国各地的长途路程就有 11 条，尤其是南北水运通道大运河的商运量大为增加[1]；白银作为货币支付手段的提高；商品市场的繁盛，明万历年间，王士性就在他的《广志绎》中称，“天下马头，物所出所聚处。苏、杭之币，淮阴之粮，维扬之盐，临清、济宁之货，徐州之车赢，京师城隍、灯市之骨董，无锡之米，建阳之书，浮梁之瓷，宁、台之鲞，香山之番舶，广陵之姬，温州之漆器”。[2]这种“马头”，就是现在通常所说的都会之地。专业商品市场，甚至价值观念的转变等，所有这一切，促使着一个个地域性商帮在全国各地先后崛起。地域商后面没有了具体人名，如仅称“徽商”“新安商”“江右商”“粤商”“闽商”之类，某某商的称呼，成了地域商人集团的代名词。

何谓商帮？商帮开始出现在明后期，但对其加以定义解释是在清末。徐珂《清稗类钞》称：“客商之携货远行者，咸以同乡或同业之关系，结成团体，俗称客帮，有京帮、津帮、陕帮、山东帮、山西帮、宁帮、绍帮、广帮、川帮等称。”[3]这种“帮”，个别地方如厦门也称“郊”，在归绥称“社”。所谓“帮”，《（民国）佛山忠义乡志》解释说：“《六书故》：帮，裨贴也。省作帮，商家同行同省谓之帮，盖取友助之义。”[4]如此，则“帮”意指团结成体互相帮助，商帮就是商人集团。清末，日本驻华各地领事馆已在其报告中直接列有“商帮”名目。

1988年，各地学者在芜湖讨论撰写《中国十大商帮》，商定“商帮”的定义为：“是以地域为中心，以血缘、乡谊为纽带，以‘相亲相助’为宗旨，以会馆、公所为其在异乡的联络、计议之所的一种既‘亲密’而又松散的自发形成的商人群体。”也有人说，商帮来源于商纲，谓“商纲又称商帮，是承办盐运的基本单位，每个商纲都是合股经营的独立商号”。[5]民国初年人认为，商帮是地域观念浓厚的产物，盖因为“从前省界之见未除，各自分其圈限，布为自卫之策，于是有各省之帮数及各业行分之区别”。[6]

商帮是地域商人集团，但只是一个相对的概念，地域范围大小不拘，依经营地域远近、人数多少、势力大小、行业特色而定，域中有帮，业中有帮，帮中有帮。地域范围大者有数省的，如汉口包容上下两江的江南帮（江南会馆）、营口的三江公所、日本横滨的三江帮（三江公所）、山东聊城的山陕帮；一般以一省、一府或一府以上为地域范围，如广东帮、福建帮、江西帮、山东帮之类，或徽州帮、宁波帮、福州帮、漳州帮、济宁帮、胶东帮之类；也有不少以县为范围，如歙县帮、休宁帮、旌德帮、泾县帮、句容帮等；最小的如太湖中的洞庭商帮，只有几个乡的范围，形成于太湖中的洞庭东山和洞庭西山。

“帮”有时只是某个特定地域的泛称，如近代北京的票号，除了山西平遥、祁县、太谷三大帮，其他票号属南帮，南帮中又分为安徽人、云南人；有时又只是区别行业经营地域的泛称，如近代福州的木材经营，按木材销路，分为南帮和北帮。即使同一地域帮或行业帮，内部又按行业或地域分为不同的行业帮或地域帮。乾隆时（1736—1795），苏州的徽州商帮又有涝油帮、蜜枣帮、皮纸帮等。同治时（1862—1874），苏州的酱业有徽、苏、宁、绍四帮。同为山西票号，分为平遥、祁县、太谷三大帮。清代汉口的木材业，湖南帮势力最强，内部又分为五府十八帮。在大大小小的地域商帮中，著名的有徽州（新安）、山西、陕西、山东、江西（江右）、福建、广东、宁波、龙游、洞庭、宁国商帮等。所谓“十大商帮”是凑其整数而言，历史上并无“十大”之说。

不少商帮在明代中后期已广为人知，很有名气了。成化年间（1465—1487），刑部主事苏州人周瑄说，洞庭西山人到外地经商的很多，不到楚南，即到冀北，踪迹天下，常常数十年不归省。[7] 正德时（1506—1521），大学士李东阳说，洞庭人“散而商于四方，踪迹所至，殆遍天下”。[8] 天启时（1621—1627），小说家冯梦龙编辑的《醒世恒言》卷七《钱秀才错占凤凰俦》中载：“话说两山之人，善于货殖，八方四路，去为商为贾，所以江湖上有个口号，叫作‘钻天洞庭’。”嘉靖时（1522—1566），古文大家昆山人归有光说，天下都会所在，连屋列肆，乘坚策肥，被绮縠，拥赵女，鸣琴跕屣，大多是新安商。《（万历）歙志》卷三形容当时徽商的活跃程度称，“九州四海，尽皆歙客”。万历时（1573—1620），浙江龙游县，“贾挟资以出，守为恒业，即秦、晋、滇、蜀，万里视若比舍，□□‘遍地龙游’”。[9] 可见龙游商人数目之多、活跃范围之广。王士性说，云南地旷人稀，“非江右商贾侨居之则不成其地”[10]，说明江西商人在那里极为众多。当时社会上已有“钻天洞庭遍地徽”的谚语。由默默无名到江湖上有个口号，地方上形成谚语，要经过一段时间。可以说，到明后期，不少地域商帮已经初步形成了。

这些商帮的出现，既是全国社会经济发展到一定条件下的产物，也与商帮所在地的自然环境、特殊条件以及风俗人情、社会意识有关。总体而言，形成地域性商帮的地区，普遍人多田少，自然环境恶劣，经济条件低下，农业生产入不敷出。《（万历）歙志》说当地人之所以不能不外出经商，是因为“时也，势也，亦情也”。明末徽州人金声说，当地“能以生业着于地者，什不获一……其势不得不散而求食于四方。于是乎移民而出，非生而善贾也”。[11]特定的时代，特定的经济形势，使得不少地区的人不得不外出经营谋生。

各地对经商的态度、对商人的认识在促成商帮形成过程中也起了极为重要的作用。徽州方面，“徽州俗例，人到十六岁，就要出门学做生意”[12]，《（万历）歙志》称：当地“以商贾为第一等生业，科第反在次者”，“以俗业贾，日筹子母”，感觉上和行为上是“以贾代耕”。徽州甚至有谚语，“以贾为生意，不贾则无望”。徽州人自称，“吾乡左儒右贾，喜厚利而薄名高”。[13]甚至说：“前世不修，生在徽州，十二三岁，往外一丢。”洞庭人方面，清初当地人吴一蜚说明代即“以商贾为本计，而以读书为末务”。[14]山西方面，太谷人刘大鹏说，“近来吾乡风气大坏，视读书甚轻，视为商甚重，才华秀美之子弟，率皆出门为商，而读书者寥寥无几，甚且有既游庠序，竟弃儒而就商者。亦谓读书之士，多受饥寒，曷若为商之多得银钱，俾家道之丰裕也。当此之时，为商者十八九，读书者十一二。余见读书之士，往往羡慕商人”。[15]清雍正二年（1724），山西学正刘于义奏称：“山右积习，重利之念，甚于重名。子弟俊秀者多入贸易一途；其次宁为胥吏；至中材以下，方使之读书应试。”雍正批道：“朕所悉知。”[16]《四库全书》的总裁纪昀说：“山西人多商于外，十余岁即从人学贸易。”[17]陕西方面，隆庆、万历时人郭正域说：“秦俗以商贩为业，即士类不讳持筹。”[18]这些地方经商风气最盛，商帮最为有名，正与当地人重视商业重于他业有关。

各支地域商帮为了增强内部的凝聚力和对外的竞争力，都建有会馆，作为联络乡谊的聚会场所。客籍人士要在异乡托足，建立在地域乡邦基础上的扩大了的宗族姻亲势力是最可凭借和依赖的力量。而集结、联合、扩大这种力量，唯有通过叙乡谊、祀神祇的形式，以同宗同亲、同乡同风、共同的神灵崇拜和宗教信仰来维系和感召。会馆这一建筑物本身就是乡情亲情的表征。岁时令节，同乡之人，无论关系亲疏，熟识与否，营业异同，语同音，食同风，拜乡土神，演地方戏，亲不亲，故乡情，雍雍熙熙乐陶陶的气氛是会感染每一个人的，思亲之情，乡愁之苦，于此也可得到慰藉。平时的互通资讯，互相照应，或相周恤，互相支持，更会使异乡孤客随时随地感受到乡党的可亲可敬。会馆成为联络广大客籍人士强有力的纽带，同籍人士在客居地组成了一个个小社会。

会馆也是祀神祇的公共建筑，不同的地域商帮都崇奉固定的神祇。福建、广东这些航海商帮以及其他沿海商帮都崇奉蹈海救难、屡屡灵验、护佑航海的化身天妃（天后）。在各地，天妃宫往往就是这些商帮的会馆所在地。徽州商帮、宁国商帮、山陕商帮、江浙商帮、山东东齐商帮等崇奉忠义侠胆、正义伟力的象征关羽（关公、关帝），山陕会馆基本就是关帝庙。山东济宁商帮、江淮商帮崇奉宋末殉节、庇佑河运的生员谢绪为“金龙四大王”，各地的大王庙往往由这些商帮所建。江西商帮崇奉晋代旌阳令主许逊为许真君。这些神化了的忠义、力量的化身，经过历代渲染和敕封，都成了护佑一定地域或某些行业的功德神，已经超出了乡土神的范围。奉祀这些神祇，既祈求保佑平安吉利，又借以树立各地商帮特有的形象。祀奉主神的同时，各地商帮也配祀、配享一个或数个乡土神或乡先贤。徽州、宁国商帮在盛泽镇的徽宁会馆，正殿中供关羽，东供忠烈王，西供东平王，殿东行宫供奉朱文公朱熹。苏州的潮州会馆，始建时仅有天后阁，后增建观音阁，观音阁中建有昌黎祠，奉祀做过潮州刺史的唐代大文豪韩愈。苏州的两广会馆，奉祀在苏州做过官的乡贤，明代为应天巡抚广东人海瑞，清代为江苏巡抚广西人陈宏谋。苏州的嘉应会馆供奉关帝以外，旁祀四尊，内楼供奉南华六祖。上海的潮惠会馆前堂祀天妃，后堂祀关帝，左右祀财星、双忠。可以说，关圣天妃，财神土神，乡贤名宦，释祖先达，都可作为崇祀对象，反映了各地商帮的企求是相当宽泛和复杂的。

会馆要有持续有效的感召力，要使异地异业的众多同籍之人对会馆长久地保持向心力，光凭联乡谊与祀神祇是远远不够的。会馆大多公开声明将力行善举，也即把社会救济放在重要位置。加入会馆的商人，共同集资为会馆积累资金，或按经营规模负担会馆的主要开支。会馆对同籍人士的生养死葬予以资助，失业者予以救济，年老不能经营者资助返乡路费，或者因病延医供应汤药。有的会馆还为同籍或同业诵经超度，祭祀设忏。因此，就其实施的社会救济而言，会馆又是力行善举的社会组织。

客籍商帮为了在经营地站稳脚跟，自然也十分注重同乡同业的内部团结，讲求经营之道，谋求增加对外竞争的实力。说到底，会馆是权量物候，商议商务的组织。联谊祀神也好，力行善举也好，对商人来说，多半都是为商业活动打基础，为恢扩经营服务，而且这些活动本身就可视为商人活动的必要组成部分。因此，从商业发展着眼，会馆又是客籍人士广为联络，加强团结，自我保护，自谋发展，增强实力，开拓商务的乡邦团体。明中期起涌现出来的大大小小商帮，就是在会馆的旗帜下不断发展壮大的。

会馆既是地域商人在客籍地联络了大小商人自我管理、谋求发展的社会组织，也就成为地方政府加强治安管理，特别是对外来人口管理的重要辅助力量。

从地域商帮的实际活动来看，同一商帮的各地会馆之间保持着密切的联系，而同一地方的不同商帮的各个会馆之间殊少联系。说明一地的各支商帮之间只有竞争，而无联合。相反，通过会馆，各支地域商帮精心构织起一张张经营活动的网络，将商业触角伸到全国各地乃至海外。

各支地域商帮因其形成条件、从商环境、经营方式、崇尚理念的不同，其经营的商品或从事的行业也各有特色。徽商虽然号称“其货无所不居，其地无所不至，其时无所不鹜，其算无所不精，其利无所不专，其权无所不握”，但其侧重点在盐、茶、木、典四业，而且各县商人经营各有重点。盐是徽商的龙头行业，也是国家垄断的利润丰厚的行业。徽州盐商实力最雄。明代“新安大贾，鱼盐为业，藏镪有至百万者”[19]，清代总商，是盐业富商的代表。大盐商主要来自歙县。歙县人自豪地说：

> 两淮八总商，邑人恒占其四。各姓代兴，如江村之江、丰溪澄塘之吴、潭渡之黄、岑山之程、稠墅潜口之汪、傅溪之徐、郑村之郑、唐模之许、雄村之曹、上丰之宋、棠樾之鲍、兰田之叶，皆是也。[20]

清代徽州茶商几乎垄断了京师茶叶市场，近代上海的茶商也以徽商最有实力。如大名鼎鼎的红顶商人胡雪岩（即胡光墉），就是个大丝商兼茶商。茶商主要来自歙县、绩溪、祁门。木商主要是婺源人。江南各地的木材商，直到清中期，基本上都是徽商。南京的上新河，杭州的钱塘江岸，集中了徽州木商从长江中上游以至云贵深山老林的木材。南京的徽州灯是一大景观，就是由木商点缀的。万历二十四年（1596），徽州木商王天俊等贩运木材，据控告，逃税部分就多达16万根，其实力可以想见。典当业在明代几乎由徽商垄断。人们动辄以“徽州当”或“徽典”来形容典当，徽州当几乎成了典当铺的代名词，徽州朝奉成了典当铺掌柜的代名词。凌濛初的《拍案惊奇》中《卫朝奉狠心盘贵产；陈秀才巧计赚原房》一回，就有卫姓徽州朝奉在南京三年中将陈秀才家产盘剥精光的故事。徽典主要由休宁人开设。

晋商以粮食、皮毛、丝绸、棉布、盐、茶，后以钱庄、典当、账局，尤其是票号闻名天下。康熙三年（1664）全国有当铺20000多家，其中山西商人开办的有4659家。大约长江以北，典当是晋商天下。晋人也以放“印子钱”出名。纪昀《阅微草堂笔记》中有十几个山西商放债的例子，没有一个不是残忍的。晋商的“四扣”“三扣”债在乾隆后期逼死几个刚赴任的欠债官员。山西人在清后期最大的商业手笔是票号的创设及其势力。嘉庆、道光年间天津日升昌颜料铺改为专业的日升昌汇兑票号，票号从此产生。日升昌号内后院前檐双柱上至今仍挂有这样一副对联：“日丽中天万宝精华同耀彩，升临福地八方辐辏独居奇”。票号又称“票庄”“汇票庄”“汇兑庄”，是专门从事汇兑业务，兼营存放款业务的金融机构，西方人称为“山西银行”。到20世纪初，山西票号已发展到33家，分号400余处，广布全国各大中城市，并且远伸到日本的东京、大阪、神户，俄国的莫斯科，东南亚的新加坡等地，在各地的金融势力中最为突出。一个分号一年汇兑业务50万至120万两银两，存放款业务30余万两。清末，山西票号的358个分号一年中汇款多达8亿两银子。票号营利主要通过四个途径：一是通过存放款获得余息；二是通过汇兑获得汇费；三是通过折算各种银两的不同成色而获得平色余利；四是多算汇兑实际时间“吃空期”。

福建、广东商人以沿海贸易和海外贸易出名，也经营棉布、

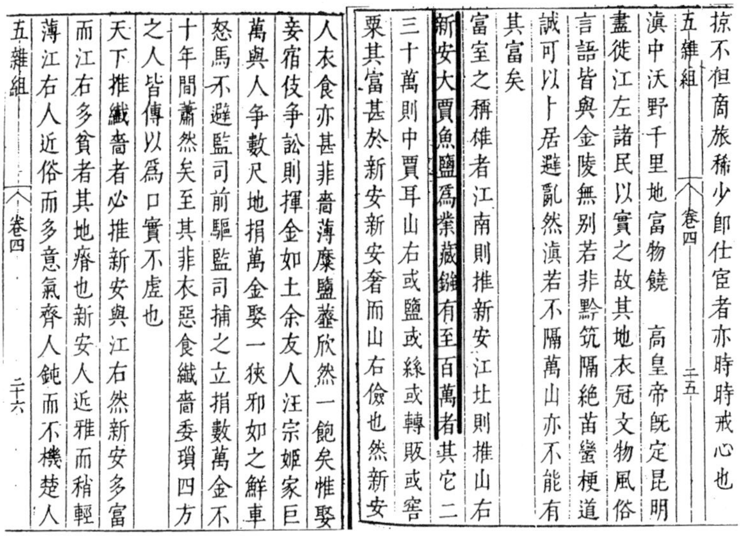
掠不但商旅稀少即仕宦者亦時時戒心也
五雜組　卷四　二十五
滇中沃野千里地富物饒　高皇帝既定昆明
盡徙江左諸民以實之故其地衣冠文物風俗
言語皆與金陵無別若非黔筑隔絕苗蠻梗道
誠可以卜居避亂然滇若不隔萬山亦不能有
其富矣
富室之稱雄者江南則推新安江北則推山右
新安大賈魚鹽爲業藏鏹有至百萬者其它二
三十萬則中賈耳山右或鹽或絲或轉販或窖
粟其富甚於新安新安奢而山右儉也然新安
人衣食亦甚非嗇薄靡鹽虀欣然一飽矣惟娶
妾宿妓爭訟則揮金如土余友人汪宗姬家巨
萬與人爭數尺地捐萬金娶一狹邪如之鮮車
怒馬不避監司前驅監司捕之立捐數萬金不
十年間蕭然矣至其菲衣惡食纖嗇委瑣四方
之人皆傳以爲口實不虛也
天下推纖嗇者必推新安與江右然新安多富
而江右多貧者其地瘠也新安人近雅而稍輕
薄江右人近俗而多意氣齊人鈍而不機楚人
五雜組　卷四　二十六

明清时期，全国各地均涌现出成功的商业集团，而其中较为引人注目的是徽州商人。明代谢肇淛在《五杂俎》中说，他们的资产数以百万两白银计

丝绸、蔗糖、果木、洋货等。在广州的行商，因其主要从事对外贸易，也颇有名气。广东商人在清后期的上海，买办势力也很有影响。洞庭商人以米粮、丝绸、棉布为主要商品，后以从事买办著称。东山席氏家族连其女婿前后出过14个买办，形成有名的买办世家，至今洞庭东山还有幽雅秀丽的席家花园。宁波商人以成衣、银楼、沙船、轮运、钱庄、买办业、民信业为主要行业。在清后期的上海，宁波买办势力后来居上，超过广东买办。民信业则在大清邮局产生前，基本上垄断了全国的民间通信业务。浙江衢州府的龙游商人以书籍、珠宝业居多。江西商人以粮食、瓷器、药材、麻、竹木、纸张、书籍、蓝靛等为骨干行业。山东商人主要从事华北与江南、东北之间的粮食、梨枣、棉花、茧绸等商品的经营。

各地域商帮活跃在不同的地域。大体而言，徽商、洞庭商主要活跃在江南、长江和运河沿线；宁波商活跃在各地通商口岸、长江沿岸及沿海地区；山西商人虽然全国多其踪迹，但以华北地区、北方边地为重点；陕西商人以四川、北方边地为重点；福建商人以江南、日本、东南亚等地为主；广东商人以江南、广西、东南亚为重点；江西商人以湖广、云贵地区为主。

各地域商帮其他方面也各有特色。与官府的关系，徽商、晋商为最紧密，所谓“乌纱帽”说的就是这种情形。凌濛初的《二刻拍案惊奇》的《韩侍郎婢作夫人；顾提控掾居郎署》称：“原来徽州人有个癖性，是乌纱帽，红绣鞋，一生只这两件，不争银子，其余诸事悭吝了。”乾隆时，两淮盐业总商江春，有着一品布政使头衔，与乾隆皇帝是至交，任两淮总商40年，捐输报效银千万两，以至有“以布衣交天子”的雅话流传下来。商人通过捐资，获得官位，或获得虚衔。在清代，可以捐官职，捐学位，捐虚衔，捐顶戴，捐缺分。商人以捐款获得职衔，以至有“五品天青褂，六味地黄丸”的抑揄对联。宁波商人、洞庭商人热衷洋务，最多买办。宁波商人善于开拓，尤其团结。同治十二年（1873）和光绪二十四年（1898），上海的四明公所为夺回被法国人侵占的义冢地，两次喋血，全市罢市，法人终于让步。山西商人思虑缜密，敏于任事。陕西商人刻苦耐劳。广东商人思维敏捷。福建商人勇于冒险。山东商人勤俭质朴。各地商人文化素质也有差异。总体而言，徽商最注重文化教育，最注意培养子弟，最热衷科考入仕，就是所谓“贾而好儒”，也最喜欢凭借实力、依靠关系与人涉讼公庭，不胜不已[21]，有着喜好诉讼的特点。

随着商品经济的发展，商帮实力的不断加强，商人的实际社会地位日益提高，商人的自我意识日益觉醒，商人的自我感觉愈来愈好，商人与士子名流的关系也日渐紧密。徽商“良贾何负宏儒”的高亢宣言，为商人一吐心声。嘉庆、道光时期的乌程人沈垚针对当时现状，偏激地说：

仕者既与小民争利，未仕者又必先有农桑之业方得给朝夕，以专事进取，于是货殖之事益急，商贾之势益重。非父兄先营事业于前，子弟即无由读书以致身通显。是故古者四民分，后世四民不分。古者士之子恒为士，后世商之子方能为士。此宋元明以来变迁之大较也。天下之士多出于商，则纤啬之风日益甚。然而睦姻

> 任恤之风往往难见于士大夫，而转见于商贾，何也？则以天下之势偏重在商，凡豪杰有智略之人多出焉。其业则商贾也，其人则豪杰也。为豪杰则洞悉天下之物情，故能为人所不为，不忍人所忍。是故为士者转益纤啬，为商者转敦古谊。此又世道风俗之大较也。[22]

这番言论，完全打破了长期以来奉行的士农工商四民等级序列，商人的地位被提高，甚至被认为是豪杰智略之士，品行、能力均高于士大夫。

最能体现这一变化的是当时士大夫与商人之关系。名士笔下的商人传，动辄称某商“乐与士大夫游”“乐与士人交”。这是站在士人的角度，羞羞答答，硬撑面子。站在商人角度，则是“士人乐与之游”了。清初湖州商人濮淙，不少士人“咸借诗篇为结纳资”。嘉靖时昆山人归有光就承认吴地的士大夫都喜欢与徽商往来。浸淫于金钱世界，以货利为急的士子名流，与商人觥筹交错，频繁往来，他们在收取一笔笔丰厚的润笔费的同时，更以商人为获得资助的对象。达官名士、文史大家如李东阳、归有光、何良俊、汪道昆、王世贞、王世懋、温纯、李维桢、焦竑、申时行、韩邦奇、茅坤、陈子龙、陈继儒、冯梦祯、钱谦益、吴伟业、顾炎武、归庄、汪琬、徐乾学、钱大昕、刘大櫆等，只要翻翻他们的文集，我们就可发现，他们都为商人或商人家属写过充斥了褒谀之辞的墓志铭或寿文。官至兵部侍郎的徽州人汪道昆，出身于商贾世家，也是个文坛大手笔，在他的《太函集》中，就有几百篇商人及其家属的墓志铭、寿文。他也曾因大商人潘汀州之请，抱病为另一个大商人阮弼作传。洞庭东山商人之子席启图编了部《畜德录》，大名鼎鼎的汪琬、陆陇其、王掞纷纷写序言。聂慎行更曾应邀与一帮文士赋诗为徽商胡某夺回戏子。洞庭东山商人葛符死，“四方之士或为位而哭于家，或斋沐而荐于寺，或千里束刍白马素车而至”[23]，众望所归的金陵俞仲茅、上海陈继儒、苏州钦叔阳为他撰写志碣行状，文章负重名近四十年的湖北京山人李维桢为其撰家传。金钱驱使着这些名士不顾身份甘为商人奔走效劳。袁秩、汪道昆、王世贞、董其昌、冯梦祯、李之芳、陈继儒、张溥、吴伟业、归庄以及万历年间做过吴县令的公安人袁宏道等，常以洞庭商人为居停主人，游览洞庭东西山胜景，兼旬连月，流连忘返。冯梦祯游洞庭东西山，住东山商人许怀耕家。洞庭东山商人翁彦升父子筑了“亭榭水石之胜甲吴下”的集贤圃，董其昌、陈继儒等著名文人咏哦其间，陈宗之为记，范景文赋诗。每当春秋佳日，江南名士的舟舆争集其门。崇祯六年（1633），复社的虎丘大会，“舟车填咽，巷陌为满”，这次盛大的文人聚会的活动经费出自于洞庭东山商人许德先之手。文章名望著天下的常熟钱谦益，崇祯末年曾帮古董书画商人歙县吴其贞考辨出几十幅元代书法作品的作者。著名诗人杭州人厉鹗三游镇江，由著名盐商马曰琯兄弟提供费用。号称“南朱”的一代诗宗秀水人朱彝尊著了部《经义考》，马曰琯在扬州将其刊刻出来。一代史学家鄞县人全祖望住在马曰琯的小玲珑山馆，得了恶疾，马曰琯出千金为他延请医师。翰林院编修仁和人杭世骏，应邀入住马曰琯家。常熟陈祖范主讲扬州安定书院，与马曰琯唱和成集。举博学鸿词的吴兴人姚世钰客死扬州，马曰琯为他料理后事。万历年间，社会各界名流与徽商方元素的文字往还，至今还有数百通保存在美国哈佛燕京图书馆。[24]

明清之际商人与名士的熟络关系，可以太仓王世贞与泾县詹景凤的有趣对话为典型。在南京瓦官寺，王世贞偶尔说："新安贾人见苏州文人如蝇聚一膻。"詹景凤反唇相讥道："苏州文人见新安贾人亦如蝇聚一膻。"王世贞笑而不语。才名之大、官位之崇、资产之厚如太仓王世贞也难避其嫌，为人诟言。而商人蝇聚文人，则"家业盖以丕振"。文人名高，商人多金。名士以商人为经济后盾，可以照样风雅，照样赋诗度曲；商人由名士捧场，奸贪说成义廉，俗物谀为雅士，生意越做越大，与民众的矛盾也得以缓和。一文一商，相得益彰。可见商人与文士，原是互相攀结、互相利用、水乳交融而又各得其所的关系。

注　释

[1] 黄汴著、杨正泰校注，《天下水陆路程》（太原：山西人民出版社，1992）。

[2] 王士性，《广志绎》（北京：中华书局，1981、1997），第5页。

[3] 徐珂，《清稗类钞》（北京：中华书局，1984）第五册《农商类・客帮》，第2286页。

[4] 汪宗准，《佛山忠义乡志》卷14《人物八・货殖・梁定荣》，载《中国地方志集成・乡镇志专辑》（上海：上海书店；南京：江苏古籍出版社，1992）第30册，第614页。

[5] 薛宗正，《清代前期的盐商》，《清史论丛》第4辑（1982），第

49~64 页。

[6]侯祖畬、吕寅东纂修，《（民国）夏口县志》（民国九年[1920]刻本）卷 12《商务志・商团组织》，载《中国地方志集成・湖北府县志辑》（南京：江苏古籍出版社；上海：上海书店；成都：巴蜀书社，2001）第 3 册，第 138 页。

[7]周瑄，《秦公祚墓碣铭》，载《（同治）洞庭秦氏宗谱》卷首上。

[8]李东阳，《怀麓堂集》卷 32《南隐楼记》，载文渊阁本《四库全书》（上海：上海古籍出版社，1987 影印）集部第 1250 册，第 338 页。

[9]万廷谦、曹闻礼等纂修，《（万历）龙游县志・风俗》（万历四十年[1612]刊本，美国国会图书馆摄制北平图书馆善本书胶片 *roll*420）卷 5《风俗》。

[10]王士性，《广志绎》卷 5《西南诸省》，第 122 页。

[11]金声，《金太史集・与徐按台》（崇祯刻本，乾隆己卯[1759]重辑，封面题"金正希先生文集"）。

[12]艾衲居士，《豆棚闲话》卷 3《朝奉郎挥金倡霸》，载《古本小说集成》（上海：上海古籍出版社，1990）第 341 册，第 67 页。

[13]汪道昆，《太函集》（万历刻本）卷 18《蒲江黄公七十序》，载续修四库全书编纂委员会编，《续修四库全书》（上海：上海古籍出版社 1995）第 1347 册，第 17 页。

[14]吴一蜚，《南村公墓志铭》，载《（乾隆）洞庭吴氏家谱》。

[15]刘大鹏遗著、乔志强标注，《退想斋日记》（太原：山西人民出版社，1990）"1893 年 1 月 2 日"条，第 17 页。

[16]中国第一历史档案馆编，《雍正朝汉文朱批奏折汇编》（南京：江苏古籍出版社，1989~1991）第 3 册，《山西学政刘于义奏陈考

试代州等地密访诸事折》（雍正二年五月初九日），第 25 页。

［17］纪昀，《阅微草堂笔记》卷 23《滦阳续录五》，载《续修四库全书》第 1269 册，第 371 页。

［18］郭正域，《合并黄离草》卷 24《大司马魏确庵墓志铭》，载四库禁毁书丛刊编纂委员会编，《四库禁毁书丛刊》（北京：北京出版社，2000）集部第 14 册，第 338 页。

［19］谢肇淛，《五杂俎》（万历四十四年［1616］刊本）卷 4，载《续修四库全书》第 1130 册，第 412 页。

［20］石国柱、许承尧等纂修，《（民国）歙县志》（民国二十六年［1937］铅印本）卷 1《舆地志·风土》，载《中国地方志集成·安徽府县志辑》第 51 册，第 41 页。

［21］王士性，《广志绎》卷 2《两都》，第 34 页。徽商“至于商贾在外，遇乡里之讼，不啻身尝之，醵金出死力，则又以众帮众，无非亦为己身地也”。

［22］沈垚，《落帆楼文集》卷 24《费席山先生七十双寿序》，载《续修四库全书》第 1525 册，第 664 页。

［23］葛一龙，《先府君行略》，载《民国洞庭东山葛氏宗谱》。

［24］参见陈智超，《美国哈佛大学燕京图书馆藏明代徽州方氏亲友手札七百通考释》（哈佛燕京图书馆书目丛刊第八种，合肥：安徽大学出版社，2001）。

明代社会转型之一
——以江浙为例

徐　泓

社会经济之转变，往往表现于“社会风气”之转变。所谓“社会风气”，是指在一定时期内，社会上一般人日常生活思想言行的普遍倾向。[1]诚如东汉末年应劭的《风俗通》所云：“为政之要，辩风正俗，最其上也。”[2]社会风气的厚薄美恶反映了政治的良否，要使“天下皆宁”，必须“移风易俗”，转移社会风气。[3]中国古代的政治家与思想家就非常注意对社会风气的调查，因而从《诗经·国风》以下，各种地方志以及正史《地理志》中，都列有“风俗”项目，留下大量的社会风气变迁史料，以便“官斯土与生斯土者得以推论变迁之所由，而徐图补救”。[4]

明代后期，社会风气起了相当大的变化，俭朴守礼的风气逐渐为奢靡僭越的风气所代替。一般人这种思想言行的普遍倾向，正是明末社会经济发展与政治局势变化的反映。本文试图以社会经济最发达的江、浙地区为例，根据该地区各种地方志的记载，说明在商品经济发展的冲击下，明末社会风气的变迁，并论其对当时经济、社会与政治的影响。

一、“俭朴淳厚”“贵贱有等”的明初社会

明朝建国之初，以儒生为主的士大夫，承继汉代以来的传统，规划出一套依据礼制建立的“贵贱有等”之社会秩序。他们认为只要人人遵守礼制所定的分位，“尊卑贵贱各安其位”，士农工商各安其生，则社会秩序井然，天下因此治平。[5]为确保这套社会秩序的延续，不但以法律规定各阶级的生活方式，而且颁布《教民榜文》，要求人民“孝顺父母、尊敬长上、和睦乡里、教训子孙、各安生理、毋作非为”，以教化的力量维系善良的社会风气。[6]在社会经济上采“重本抑末”政策，限制商品经济的发展，以安定的农村经济环境和物力的限制，来确保“敦尚素”的社会风气，防止“官民渐生奢侈，逾越定制”，“习以成风，有乖上下之分”。[7]洪武三年(1370)八月，在明太祖谕旨推动下，明政府制定了有关衣、住、行的规定：

> 上谕廷臣曰：“古昔帝王之治天下，必定礼制，以辨贵贱、明等威。是以汉高初兴，即有衣锦绣绮縠、操兵乘马之禁，历代皆然。近世风俗相承，流于僭侈，闾里之民，服食居处与公卿无异，而奴仆贱隶往往肆侈于乡曲。贵贱无等，僭礼败度，此元之失政也。中书其以房舍服色等第，明立禁条，颁布中外，俾各有所守。”于是省部定议：职官自一品至九品，房舍、车舆、器用、衣服各有等差。庶民房舍不过三间，不得用斗拱、彩色。其男女衣服不得用金绣锦绮纻丝绫罗，止用紬绢素纱；首

饰钏镯不得用金玉珠翠，止用银；靴不得裁制花样、金线装饰。违者罪之。[8]

明太祖认为，维护贵贱有等的阶级制度，遏制僭侈的社会风气，是关乎国家兴亡的大事，因此用铁腕手段来执行这些规定。当时“法尚严密，百姓或奢侈逾度犯科条，辄籍没其家”。[9]于是“民皆畏法，遵守弗违”。[10]而明初“百姓初脱乱离之苦”，社会经济尚待复兴，生活水平较低，“凡百用度取给而止，奢侈甚少”，也实在没有能力僭越礼制。[11]于是，明初居然在一定程度上实现了“望其服而知贵贱，睹其用而明等威；此上下辨而民志定”的理想社会。[12]

明代方志谈到明初社会风气时，没有不盛赞其“风俗淳美”的。《（洪武）苏州府志》云：“本朝尊卑贵贱悉有定制，奢僭之习为之顿革……岁月既久，风俗安得不愈淳美乎！”[13]《（隆庆）仪真县志》曰：

国初，民风质实朴约，室庐服食率卑隘菲恶，无大文饰，相与恭让诚信，惮讼而怀居，婚丧交际虽若鄙，而古意犹存。其君子矜名节，重清议，居官守礼畏法，恬于势利，下至布衣韦带之士，亦能摛章染翰，修行而慎业。[14]

宋元以来，社会经济较繁荣的长江下游，风气尚如此淳朴，其他较落后的地区，当然更是“俭朴淳厚”“贵贱有等”。《（嘉靖）

太平县志》云：

> 余闻之故老：国初，新离兵革，人少地空旷，上田率不过亩一金。……丈夫力耕稼，给繇役，衣不过细布土缣。仕非达官员领不得辄用纻丝。女子勤纺绩蚕桑……士人之妻受非封不得长衫束带，居室无厅事，高广惟式。[15]

二、“浑厚之风少衰”的明代中期社会

正统至正德年间，是明代中期。经过明初六十多年的“安养生息”，“民气渐舒，蒸然有治平之象”（《明史·宣宗本纪》）。尤甚长江下游，社会经济成长较速；如苏州地区，以丝织业为主的商品生产即所谓“绫绸之业”，“成弘而后”，日益发展和普及，不但城里的“郡人”“邑民”，就连村镇的“土人”，“亦有精其业者，相沿成俗……乃尽逐绫绸之利”。[16]商品生产发展的结果是，城镇人口增加，市面日见繁荣。成化时人莫旦说：苏州城“列巷通衢，华区锦肆，坊市棋列，桥梁栉比……货财所居，珍异所聚”。[17]在商品经济发展的冲击下，加以“英、武之际，内外多故”（《明史·循吏列传序》），政治纲纪已不如明初整饬，于是“俭朴淳厚”“贵贱有等”的社会风气，在部分地区开始维持不住了。

苏州府吴江县，社会上本来“尊卑有伦，贵贱有等”[18]，“迨天顺初……而俭朴之习因而渐移”[19]，据《（弘治）吴江志》云：

> 习俗奢靡，愈趋愈下。庶民之家，僭用命妇服饰，加以钑花银带，恬不知愧。[20]

社会经济的发展，使庶民之家物力渐增，生活水平提升，社会风气渐趋奢靡，于是僭越风气渐起，视为当然，“恬不知愧”，而“贵贱有等”的社会秩序渐难维持。常州府江阴县，据《（嘉靖）江阴县志》云：

> 国初时，民居尚俭朴，三间五架，制甚狭小；服布素，老者穿紫花布长衫、戴平头巾，少者出游于市，见一华衣，市人怪而哗之；燕会八簋，四人合坐为一席，折简不盈幅。成化以后，富室之居，僭侔公室，丽裾丰膳，日以过求。[21]

松江府华亭县，景泰、天顺年间以前，社会风气俭朴。衣饰和宴饮均严格遵守贵贱差等：“男子窄袖短躬衫，裾幅甚狭，虽士人亦然；妇女平髻、宽衫，制甚朴古；婚会以大衣（俗称‘长袄子’），领袖缘以圈金或挑线为上饰，其彩绣织金之类，非仕宦家绝不敢用。燕会果殽以四色至五色而止。”然而成化以后，乃“渐侈靡”。正德年间，侈靡“益甚”。[22]常熟县的社会风气，原来也“趋于淳质”，“迨天顺、成化之际，民益富庶，复崇侈尚靡，以襟度好事相高”。[23]

江北方面，扬州由于“当江淮之冲要，民俗喜商，不事农业，四方客旅杂寓其间，人物富盛”，商品经济相当发达[24]；到了正统、成化年间，据彭时说，扬州已是“俗尚侈靡”之地。[25]淮安府原来也是风气淳朴，“士崇学问，人尚廉耻，衣冠礼乐之美，甲于东南”；明代中朝，商品经济发展起来，“文、物之盛倍蓰于前”，“而浑厚之风亦少衰矣”。[26]《（正德）淮安府志》云：

> 细民弃本事末，豪右亦颇崇华黜素，竞势逐利，以财力侈靡相雄长，冠婚丧祭，盖有不能如古礼者。[27]

士大夫风气也是如此“士夫风俗，宣德、正统间近厚”，“儒生出入，长幼之序，斯须不紊，途中遇乡长，则让而避之”；成化以后，风气渐变，“童稚辄乘肩舆，行不让长，靡靡颓风，渐不复挽”。[28]

虽然长江下游地区，由于商品经济发展较快，早则天顺初年，迟则成化、弘治之际，社会风气率先转变。但是这种现象并不是全面的，不能过分强调。因为在这些社会经济与社会风气已在转变的地方，附近还有不少府县的情形犹如明初，改变不大。尤其在乡间，仍是小农制经济，男耕女织，生产所得除纳租赋外，以自给自足为主，只有少部分剩余产品投入市场。市场经济不发达，“货出无赢，而商贾鲜少”，自然受到外界风气感染的机会不多。[29]而一般农民安土重迁，习于农村自给自足的生活，很少进城，“有老死不识县官者”[30]，已在转变中的城市社会风气，对他们自然难以发生影响。甚至连一些府县城市，商品经济虽已发展，但还没有强大到可以带动全城的社会风气的转变，以至淳朴之风犹存。例如南京，“首被圣化”[31]，建为首都，但明太祖对南京的建设，注重于军事与政治方面，社会经济不是重点；因此明初南京的都市性格，是军政性高于经济性的，其繁荣是由政策决定的，而不是以商品经济的成熟为条件的。附郭南京的上元县，虽是天子脚下的首县，但在明太祖严厉的政法纲纪笼罩下，商品经济并不发达，社会上仍然“俗尚质朴”[32]，风气没太大转变，尤其永乐迁都北京之后，政策上将南京降为次要都城，人口因随政府北徙而锐减，“濒江官田久废没”，“坊市廊房既倾构”，社会经济“多积困”。[33]因此社会风气还相当淳朴，“弘正之间，彬彬乎进于古矣”。[34]又如杭州，宋代以来，就发展成一个极其繁荣的都市。[35]早于南宋嘉泰元年（1201），宁宗就批评杭州“风俗侈靡，日甚一日”[36]；元末丝织业发达，还出现“杼机四五具……工十余人”的手工工场[37]；元末明初，高启说，钱塘“有山川台榭之胜，鱼稻茶笋之饶”，“民习侈巧，廛屋繁丽”。[38]但是在元明之际的战乱后，情况改变，“细民服勤所业而事居积，就实还淳，雅非旧俗”[39]，“成化、弘治盛时，杭民有老死不识县官者，淳朴之风犹可想见”。[40]嘉兴府也是个“尺寸之土必垦，机杼之声不绝，不劝而耕”的地区，到弘治年间，社会经济“视他邑固易易”，但社会上仍然“风气敦庞”，转变不大。[41]《（光绪）石门县志》引《（崇祯）嘉兴县志》云：

> 农力耕耘，女勤蚕绩，作息自食，勤本贸迁，而丧祭婚姻率求合于礼，弘、正间犹有存。[42]

可见当地商品经济仍不发达，男耕女织，“作息自食”，自给自足，“勤本贸迁”，市场交易限于地方市场，社会变迁不大，风气淳朴，至明代中期犹然。

江北地区也有类似情况。扬州府虽是商品经济发达的地区，但明代中期以前，限在城市中，如江都“人物富盛为诸邑最”，然而“其乡沙土甚平旷，民皆务农为业”。[43]该府所属通州，明代中期商品经济还不发达，风气也还淳朴，据南通进士陈尧说：“吾乡之俗，远者不可睹已，弘德之间，犹有敦本务实之风。士大夫家居多素练衣、缁布冠，即诸生以文学名者亦白袍、素履，庶氓之家，夏葛冬布，价廉而质素。风俗俭薄如此。”[44]

社会经济较先进的长江下游地区，在社会风气已开始转变的地区，附近还夹杂一些社会风气未转变、商品经济尚不太发达的城乡。社会经济先进的地区尚且如此，何况那些较落后的地区？例如，浙东绍兴府新昌县，“地僻民稀，买卖亦少”，至成化九年始有较大的市集，邻境如嵊县人民也前来赶集，“以每月二、八日为准”，但所交易的仍是以农产品为主，“牛猪鸡鹅之外，或盐、或鲞，与夫枣栗之类而已，其溪鲜海错、异果珍羞不可得也”，不过是个地方市场，因此是个商品经济不发达的地方。[45]其社会风气甚为朴素，“成化以前，平民不论贫富，皆遵国制，顶平定巾，衣青直身，穿衣靴鞋，极俭素”。[46]成化间莫旦在《新昌县志》中也说：

> 士民皆平巾直身，朴素儒雅。……宦家公子，礼度雍容，不戴小帽，不尚美衣。[47]

至于一般宴飨则“俭薄”，“若请乡里亲戚，厚则五果、五案、五蔬，薄则四味而已”，“最厚者施于请官宾”，也不过是“肉味七事，果蔬各七事”，“稍薄者或六或五而已”；席间所重礼数，喝酒时，“在席人人序长幼进劝，否则非敬也，大抵立多坐少，礼多食少，劳多逸少”。[48]宁波府在成化以前，有“淳庞澄清之风”。据《（嘉靖）宁波府志》云：

> 慈溪。君子小人各安其所，然土薄民稠，货出无赢，而商贾鲜少。……富籍不过千亩，僮养不能过十人。成化、弘治以前，率尚约素，虽风气则然，亦物力有所制也。[49]

又据《（成化）四明郡志》载：

> 山崇浸巨，故民刚劲而直朴，利渔盐，务耕穑，乐于家居，而惮于远行，去家百里辄有难色。[50]

可见成化以前，宁波地区商品经济不发达，“货出无赢，商贾鲜少”，人民“乐于家居而惮于远行”，一般交易只限于地方市场。物力所限，贵贱等差易于维持，因此，“其俗质”，“服食菲朴薄，绮縠珍异不御，婚娶论良贱，而不论贫富”，社会秩序井然，其“民易治”。[51]

总之，明代中期，长江下游部分地区，商品经济发展先进，因而带动社会风气的转变；然而大多数地区，商品经济尚未充分发展，有的仍为“物力无所出”之地[52]，社会上，“淳风如旧”，“朴意犹存”。[53]全国只有部分地区“浑厚之风亦少衰矣”。[54]

三、“华侈相高”“僭越违式”的明末社会

明代中期，在部分商品经济发达的地区，社会风气日渐侈靡，但在大部分地区，由于商品经济不够发展，仍保持明初的淳厚之风。嘉靖以后，随着商品经济的发展与扩张，原来社会风气已有转变的地区，其奢靡僭越之风乃日甚一日；而大多数原来社会风气淳朴的地区，也渐趋奢靡。因此，明清方志谈到明末社会风气时，很少有不批评其“流风愈趋愈下，惯习骄吝，互尚荒佚”的。[55]

苏州府的社会经济水平，本来就是最先进的。苏州城在成化年间已是繁荣的大都市，其后商品经济不断发展，市场更加繁荣，“聚货招商”，不但“闾阛之内，望如锦绣”，而且“吴阊至枫桥，列市二十里”，“若枫桥之米豆，南濠之鱼盐、药材，东西汇之木簰，云委山积”。[56]商品经济扩散的结果，不但府城、县城，而且城郊村市也繁荣起来。吴江县城，弘治年间已经是“城内外接栋而居者，烟火万井”，“其城内及四门之外皆市廛阛阓，商贾辐辏，货物腾涌”。[57]后来连郊外的村落也发展成繁荣的市镇。由于丝织业的发展，震泽镇“成化中，至三四百家，嘉靖间倍之”。[58]嘉靖年间，这里已经成了“地方三里，居民千家”的工商市镇。[59]盛泽市原是个小农村，“明初……居民止五六十家，嘉靖间倍之，以绫绸为业”[60]，据明末冯梦龙《醒世恒言·施润泽滩阙遇友》的描述，由于“远近村坊织成绸匹，俱到此上市”，“那市上两

岸细丝牙行，约有千百余家”，成为一个“居民稠广”的市镇。吴江城外东南四十里的平望镇，“弘治以来尤盛”，嘉靖年间“地方三里，居民千家，百货贸易，如小邑然”。[61]吴江县城东南二十里的黎里镇，弘治年间，已是个“居民千百家”的城镇，嘉靖年间更加繁荣，“居民二千余家，货物贸易不减城市”。[62]县城东十六里的同里镇也有同样的发展，弘治年间“居民千百家，懋易犹盛”[63]，嘉靖年间居民增加至“二千余家”。[64]庉村市在弘治元年以前还是个“居民务农业渔”的小农村，嘉靖年间已发展成“居民数百家，铁工过半”的冶铁专业市镇，其后“居民稍增自成市井”。[65]檀丘市在弘治元年以前即发展铁冶业，“居民以铁冶为业”[66]，嘉靖年间，居民由原来的四五十家发展成“数百家，以工为业，凡铜铁木圬乐艺诸工皆备”。[67]

苏州府、吴江县手工业与商业的发展及城镇的繁荣，正是江南地区商品经济发展与扩散的典型。其结果使得城镇人口增加，除了从事农业与工业生产外，商业与服务业也是重要生业，“其地奢，则其民必易为生”，“有不耕寸土而口食膏粱，不操一杼而身衣文绣者”。[68]生活水平的普遍提高，奢侈之风已不限于城市与富商大贾、豪家巨族，城郊市镇及一般小民也群起仿效，“俭素之习因而渐移，迩年（嘉靖中）弥甚”，“万历以后，迄于天、崇，民贫世富，其奢侈乃日甚一日”。[69]《（嘉靖）吴江县志》曰：

由今观之，吴下号为繁盛，四郊无旷土，其俗多奢少俭，有海陆之饶，商贾并辏。精饮馔，鲜衣服，丽栋宇；婚丧嫁娶下至燕集，务以华缛相高；女工织作，雕镂涂漆，必殚精巧。[70]

社会风气变迁愈演愈烈，人们养成“厌故常而喜新说”之习，而“国初（明初）淳庞之气鲜有存者矣”。[71]“习俗奢靡，故多僭越”[72]，于是明代中期以来开始动摇的“贵贱有等”的社会秩序，便更加难以维持。《（乾隆）吴江县志》载：

> 邑在明初，风尚诚朴，非世家不架高堂，衣饰器皿不敢奢侈。若小民咸以茅为屋，裙布荆钗而已。即中产之家，前房必土墙茅盖，后房始用砖瓦，恐官府见之以为殷富也；其嫁娶止以银为饰，外衣亦止用绢。至嘉靖中，庶人之妻多用命服，富民之室亦缀兽头，循分者叹其不能顿革。[73]

僭越之风“纵肆无忌”，不但富商大贾、中产庶民之家如此，“而隶卒尤甚”。[74]昆山县有类似情形，嘉靖年间已“多奢少俭……比年以来，习尚稍异，黔素崇华”，“邸第从御之美，服饰珍羞之盛”，“今又非昔比矣”；“甚至仆隶卖佣亦泰然以侈靡相雄长，往往僭礼逾分焉”。[75]可见由于社会经济的繁荣，生活水平的普遍提高，连下层社会的“仆隶卖佣”也有能力享受过去只有上层社会才能享受的生活。据《（嘉靖）常熟县志》，常熟县在成化、天顺之际已“崇侈尚靡”，“其迨于今，崇栋宇，丰庖厨，溺歌舞，嫁娶丧葬，任情而逾礼”。[76]社会风气之侈靡与逾礼，日甚一日。

苏州府的社会经济发展与社会风气的变迁，是明代中期已开始转变地区的典型，松江府、常州府、扬州府、淮安府都有类似的发展。松江府“素称奢淫……嘉隆以来，豪门贵室，道奢道淫”，城市更加繁荣。[77]风气较前更为奢侈僭越，“右族以侈靡争雄长，燕穷水陆，宇尽雕镂；臧获多至千指，厮养舆服至陵轹士类”而“市井轻佻，十五为群，家无担石，华衣鲜履”。[78]由于明末江南地区丝织业的发达，罗、绮等高级衣料，因大量生产而价格降低，原来是缙绅士大夫专用的衣服，一般市井小民，甚至仆隶倡优也穿得起。明末清初人叶梦珠《阅世编》就说：

夏日细葛、纱罗，士大夫之家常服之，下而婢女不轻服也。崇祯年间，妇婢出使服之矣，良家居恒亦服之矣。自明末迄今，市井之妇，居常无不服罗绮，娼优贱婢以为常服，莫之怪也。[79]

江北的扬州府，明代中期已俗尚侈靡，万历年间更日甚一日，据《（万历）江都县志》云：

其在今日……盖以四方商贾陈肆其间，易操什一起富；富者辄饰宫室，蓄姬媵，盛仆御，饮食佩服与王者埒。……妇人无事，居恒修冶容，斗巧妆，镂金玉为首饰，杂以明珠翠羽，被服绮绣，袒衣皆纯彩，其侈丽极矣。此皆什九商贾之家，闾右轻薄子弟率起效之。[80]

侈靡之风，不但商贾之家，下层阶级闾左之民也群起仿效。淮安府，明代中期“浑厚之风亦少衰矣”，演变至天启年间更为奢侈僭越，《（天启）淮安府志》云：

> 挽近，衣饰云锦，豪富绮靡，至于巾裾奢侈异制，闺阁丽华炫耀，佣流优隶混与文儒衣冠相杂，无分贵贱。且宴会，室庐、衣帽，今皆违式，奢侈无忌。[81]

以上所举例证，为明代中期社会风气已经转变地区，嘉靖以后，由于商品经济的发展与扩散的冲击，原来淳朴守礼的风气开始转变。如宜兴县，正统年间，其民“不事浮华，少为商贾，耕稼自给……男子不远游，妇女不交易，士夫不衣文绣，不乘舆马”。[82]但到了万历年间，“则渐入浇漓，冠盖舆卫以非分而交骋，庖俎珍丽以侈富而相高”。[83]嘉定县由于棉纺织业非常发达，万历年间，其产品贩运“近自杭、歙、清、济，远至蓟、辽、山、陕……利亦至饶”。[84]商品经济发达的结果，使县境内“市镇星罗”，如新泾镇、罗店镇、高桥镇等，均在明末成为“物力之所嬴，舟车之所辏，远近赖焉”的巨镇。[85]风气之奢侈，不但富室，即使中人之家“亦慕效之”，皆“以饮馔相高，水陆之珍，常至方丈……一会之费，常耗数月之食”。[86]争逐物质享受的结果，混乱了旧有的社会价值标准。《（万历）嘉定县志》云：

> 数十年前，后辈见前辈，必严重之；有行义者，奉以为楷模。迩者渐成侮老之习，即不得不貌敬者，背复

姗笑之。[87]

南京在永乐迁都之后，发展受挫，但到明代后期，由于手工业与商业的发展，而成为一个“衣履天下，南北商贾争赴”的大都市。[88]城内“自三山街西至斗门桥”一带：果子行在三山街西，是“诸果聚处”；武定桥西为“竹木所聚”；川广杂货、米豆行，“俱在上新河”。[89]商业愈来愈发达，外地来的富商也愈来愈多，例如“典当铺，在正德前皆本京人开”，万历年间，“与绸缎铺，盐店皆为外郡，外省富民所据”。[90]市区繁荣，店铺增加，“生齿渐蕃，居民日密，稍稍侵官道为廛肆”，出现了违章建筑。[91]商业发展与都市繁荣影响下，社会风气不再如明代中期那样“彬彬乎进于古”，“以廉俭相先”，万历年间已趋向“以富侈为尚”，社会风气“不无少变焉”。[92]万历初年，王丹丘著《建业风俗记》，“大较慕正、嘉以前之庞厚，而伤后之渐以浇薄也”，所举多为越礼犯分之事例，如“嘉靖十年以前，富厚之家多谨礼法，居室不敢淫，饮食不敢过，后遂肆然无忌，服饰器用、宫室车马，僭拟不可言”，其中居室一项，“正德已前，房屋矮小，厅堂多在后面，或有好事者画以罗木，皆朴素浑坚不淫；嘉靖末年，士大夫家不必言，至于百姓有三间客厅费千金者，金碧辉煌，高耸过倍，往往重檐兽脊如官衙然；园囿僭拟公侯，下至勾阑之中，亦多画屋矣”。[93]除了服舍违式僭越之外，长幼有序、尊卑有等的社会规范也受到挑战。顾起元引述王丹丘云：

嘉靖中年以前，犹循礼法，见尊长多执年幼礼；近来（万历初）荡然，或与先辈抗衡，甚至有遇尊长乘骑不下者。[94]

甚至一些以前只有士大夫才能拥有的身份表征，也下移于下层阶级的身上。顾起元又说：

正德中，士大夫有号者，十有四五，虽有号，然多呼字。嘉靖年来，束发时即有号；末年，奴仆、舆隶、俳优，无不有之。[95]

这些转变趋向，继续发展，至万历四十余年，“则又日异而月不同矣”！[96]

江南如此，江北亦然。扬州府辖下的通州，明代中期仍不发展，“弘德之间，犹有淳本务实之风”，嘉靖年间，风气转变，据嘉靖十四年进士陈尧说：明代中期，士大夫、庶民衣服俭朴，到嘉靖时却是以下的情形：

今者，里中子弟谓罗绮不足珍，及求远方吴绌、宋绵、云缣、驼褐价高而美丽者以为衣，下逮袴袜，亦皆纯采；其所制衣，长裙、阔领、宽腰、细折，倏忽变易，号为时样，此所谓服妖也。故有不衣文采而赴乡人之会，则乡人窃笑之，不置之上座。向所谓羊肠葛、本色布者，久不鬻于市，以其无人服之也。至于驵会庸流么么贱品，亦带方头巾，莫知禁厉，其俳优隶卒穷居负贩之徒，蹑云头履行道上者踵相接，而人不以为异。[97]

总之服饰“以靡丽相高”，而且下层人民也能穿用。[98]至于宴饮，陈尧说：

吾乡先辈，岁时讌会，一席而宾主四人共之，宾多不能容，则主人坐于宾之侧；以一磁杯行酒，手自斟酌，互相传递肴果，取具临时，酒酤于市；惟其土风，不求丰腆，相同醉饱而别，以为常。庶氓之家，终岁不讌客，有故则盂羹豆肉相招一饭，人不以为简也；贵家巨族，非有大故，不张筵，不设彩，不用歌舞戏，间有一焉，用歌舞戏，则里中子弟皆往观之，谈说数日，不能休。今乡里之人，无故讌客者，一月凡几；客必专席，否则耦席，未有一席而三四人共之者也；肴果无算，皆取诸远方珍贵之品，稍贱则惧其渎客，不敢以荐。每用歌舞戏，优人不能给，则从他氏所袭而夺之，以得者为豪雄。[99]

一般乡里人民，由于经济情况改善，物力丰盈，有能力追求较高生活享受，使过去只有上层社会可以享用的，普及于下层社会。影响所及，一般人民不但要求物质生活享受等级平等，更进一步追求文雅，要求称谓形式的平等。陈尧说：

号也者，弟子所以施于先生，乡里后生所以施于长者，盖重其人，不敢举其字，故号以别之，明有尊也。……

> 今之人，不达其故，辄欲称号，如王公贵人勿论已，即米盐商贾刀锥吏胥江湖星卜游手负担之徒，莫不有号，至篆刻图书，用之不忌。故不知其号，则故旧不通书，儒生不撰文字，宾主相对，噤不吐一语，盖不敢尔汝之也。此其事殆盛于嘉靖之中叶乎！即如吾通，往时大贤君子不为少矣，今皆不举其号，即有号者，仅数人焉。……今则无人不号矣。向也，余自粤中归，一友人来会，余曰："公居何处？"答曰："我屋毁于倭夷，今僦居于双涧耳。"余曰："双涧何人？"则愕然不应，盖知其号而不知其姓名，余为一笑。其后闻之，乃一鼓刀之夫也。又官府文书，亦以号行，其人罪至大辟而莫之易也，故部使者恤刑疏中，称囚之号。夫鄙至于屠酤，恶至于大辟，亦以号称，号岂足重乎！[100]

江北地区与通州的情况类似。兴化县"弘正以前……民俗淳简朴"，"近来侈靡，杯盘罗列，堆积满案"，"人多轻薄之习，乡无长幼之序"。[101]高邮州"亲友常谯，旧惟肴羞四豆"，隆庆年间"则辄罗珍异，以丰侈为款厚，积豆盈尺，饮尚五加皮酒；先辈俭素之风，委弃而不可返矣。至于私人皂隶，尤越礼犯分，披服轻煖，厌饫浓鲜"。[102]泰州原来也是"民朴而鲜儇巧"，崇祯年间，也"渐以奢侈相尚，谯会服饰比于三吴"。[103]连位于江苏北部经济落后的沛县，到嘉靖年间也"日渐奢侈，颇尚势力"。[104]

浙西地区，在嘉靖以后商品经济也大为发展。杭州是"东南一大都会”，但嘉靖初年，“市井委巷，有草深尺余者，城东西地僻，有狐兔为群者”，万历初年，都市发展甚为繁华。陈善说：“今居民栉比，鸡犬相闻，极为繁庶……生齿既众，贸易日多。”[105]又说：“内外衢巷绵亘数十里，四通五达，冠盖相属，即诸下邑，亦襟联袂接，络绎不绝，民萌繁庶，物产浩穰，征于斯矣。所谓车毂击，人肩摩者，非耶！”[106]其繁庶如此，遂使风气变迁。《（万历）杭州府志》云：

五十年前（嘉靖初年），杭人有积资巨万而矮屋数椽，终身布素者；今服舍僭侈，拟于王公。[107]

湖州府是个蚕桑业中心，商品经济发达，成化以前风气俭朴，明末据王道隆《菰城文献》说：

今则市廛以质当相先，宴席以华侈相尚。……拥资则富屋宅，买爵则盛舆服，钲鼓鸣笳用为常乐；盖有僭逾之风焉。[108]

嘉兴府弘治年间还是“风气敦庞”，据万历八年（1580）进士沈尧中说：

然而冠裳济济，堂廉肃如，余犹及见，后生小子途遇长老，逡巡揖让，无少惰容。挽近世，当事偶露威棱，稍抑闾右，于是群小无赖恣睢横行，凌及上官，几丛厉阶，甚至讥刺恢谑，好为蜚语。[109]

则万历年间社会风气已趋浇漓。嘉兴府属安吉州也有类似转变，嘉靖三十二年（1553）进士江一麟，在嘉靖三十六年（1557）刊印的《安吉州志》中说：

余闻诸老言，往时人皆悛悛，朴鲁谨畏，至或老死不识城市，亦绝无椎埋胠箧之夫。乃今视数十年前，其时变儇靡何如矣！[110]

则安吉州风气在明代中期尚朴鲁，嘉靖年间已变得轻薄奢侈。浙东地区，明代后期，商品经济也大有发展，绍兴府的茶、酒、醋、纸张、笋干、纺织品“风行天下”，不限于地方市场。[111]社会因此富庶，风气因此转变。《（万历）绍兴府志》云：

黠佃者逋主者之租，又从而驾祸以胁之。丝布不服，鱼蛤蔬菜不食，而务穷四方绮丽，极水陆珍味。妇女皆竞华饰，或至拟王家，不可望于数十年前之越郡。[112]

物质享受之追求，已非当地物产所能满足，而追求远方高级品；社会秩序也受到冲击，明初规定必须以少事长之礼相对待的地主佃户关系，有了转变，佃户不但欠租、抗租，甚至敢于威胁地主。绍兴府新昌县，成化年间还尚俭薄守礼，迨万历年间，宴饮“渐奢”，“士风渐坏”。[113]余姚在成弘年间，“古道犹存”，然而迨万历年间“未百年”，而风气“浸以敝”。[114]《（万历）新修余姚县志》云：

> 四乡小民……食粗衣恶，仅以卒岁；邑井则户无贵贱，率方巾长服。近且趋奇炫诡，巾必骇众而饰以玉，服必耀俗而缘以彩。……至于妇女服饰，岁变月新，务穷珍异，诚不知其所终也，饮食者流，惟取属厌，无论穷海极陆，八珍四膳之奢。[115]

“世风递趋递降”，不但日趋奢靡，而且影响人际关系，例如，学者有“遇先辈不屑罄折”者，“甚或好生羽毛，恶成疮痏，抑又舞其管而为鼠雀帜：阛阓子燥发而学操觚，嘤咿效一二语……举国若狂”。[116]会稽县自正德年间以后，“质漓文胜，丧易俗奢”；万历初年，《（万历）会稽县志》云：“所甘所美其在食，且服者穷江之南北、山之东西，竞其绮丽，罄其方之所输，其多不可以指数。”[117]同书《人物论》亦云：“以余观于乡之尚、士与庶之风：昔以朴，今渐以华；昔以俭，今渐以侈。夫华与侈相乘，故志日滥而节易隳。”[118]宁波府在成化以前，为“物力有所制”，“其俗质而民易治”；嘉靖年间，风气转变。《（嘉靖）宁波府志》云：

> 比年以来，精华日漓而渐，竞文饰，侈声华……其甚者务雕镂，侈崇大，竞绮縠珠玉，薄布素摈之，宾筵珍美，至割衣食……其又甚，则入无甑石之储，出衣华

> 绣之服……少不逊长，而舆盖交于途，亲戚相暴，邻里相盗……乃其士人亦有罢诵读而甘佚游，耻恶衣而不耻枵腹，至侮先生长者，以为无闻知。回视昔日之质行，何如哉！[119]

宁波府辖下慈溪、奉化、定海、象山、鄞县五邑，大同小异，也都因“生养蕃庶……而习尚侈靡，士庶效尤”，“旧风为之一衰”[120]，温州府也“世风日偷，不能无敝”，至万历间，原来“俗之美者”多已陵替。[121]《（万历）温州府志》云：

> 服：旧时男女俱尚布衣，今富家子弟多以服饰炫耀，逮舆隶亦穿紬缎，侈靡甚矣。……食：人家罕食麦面，殽则水族居多；今召客悉穷水陆，俗称靡矣。[122]

社会风气不但侈靡，而且贵贱不分。台州府黄岩县，弘治年间“民皆质真愿悫，以耕菑刍荛为生”[123]；迨万历年间，“升平既久……而奢侈竞起，民庶丈夫辄衣文绮履丝策肥，妇女饰以金翠珠琲”，“涂巷居设，厅事高广倍式；宴饮珍器盈席，竟夕鼓吹。俭者则嗤其悋，贫者自以为惭”。[124]

两浙大部分地区，嘉靖以后，在商品经济发展的刺激下，社会风气日趋奢靡僭越，即使号称“两浙风俗之淳，惟严为最”的严州府，万历后期也“俗入偷薄”。[125]仅有少数地区，因地处僻远，自然条件差，商品经济难以发展，社会风气难有转变。如沿海的处州府宣平县，“山多田少，地瘠民贫”，嘉靖年间，“故俗务俭啬，尚朴素”。[126]景宁县也是“居万山之中，山峻水急，土瘠民贫”，“仅给衣食”，至万历年间，仍是“俗尚质野”。[127]宁波府镇海县，嘉靖年间，“其地薄，故室无再世之富，其民贫，乡鲜绮丽之竞”。[128]绍兴府上虞县也因“不乐商贾”，商品经济不发达，“以故富籍无千金之产”，风气俭啬淳朴，至万历年间仍然，是以“内外之辨甚严，贵贱之分不躐”，旧有的社会秩序未遭破坏。[129]内陆严州府淳安县也因“环万山以为邑”，“山多地瘠”，至嘉靖年间仍“民贫而啬”。[130]

江苏地区由于商品经济发展最为先进，社会风气转变最早，也较全面，鲜有不变之地，只有江北极少数的例外。如海州，“田野不辟，米粟不丰，小民不出境事商贾，不习工艺……故民多贫”，社会经济水平不高；因此到明末隆庆年间，社会风气仍然是“尚朴实，无声色臭味之欲”，“孅俭而不事奢华”。[131]州属海门县亦然，嘉靖年间也还是“习朴实”。[132]

总之，嘉靖以后，随着商品经济发展程度的升高，江浙大部分地区的社会风气发生较大的变迁，只有极少数偏远土瘠的地区没有变动，比起明代中期只有部分地区“浑厚之风亦少衰”，明代后期的转变是既深且广的，“华侈相尚”“僭越违式”的现象十分普遍。由于商品经济的发达，社会财富增加，生活水平提高，尤其是缙绅士大夫、富家大户群起追求物质生活的享受，“彼大贾射厚利，用饶度侈，被绮縠，烹羔歌舞为长夜饮，逐酿成奢风”。[133]流风所及，一般庶民及下层社会的隶仆也莫不以“奢靡相尚”了。

四、明末社会风气变迁的意义与影响

明末“奢靡相尚”的社会风气，表现于衣食住行等日常生活方面。在宴饮方面，不但量较以前多，由过去的五碟菜和五六巡酒，增加为八碟、十二碟，甚至十六碟，而且质量较以前讲究得多，“肴果无算，皆取诸远方珍贵之品”；还“每用歌舞戏”助兴；一夜宴会所费至于什佰。[134]服饰方面，不但衣料上追求罗绮紬缎等高级品，而且在式样上追求新花样，“务穷珍异”，“岁变月新”。妇女更是以金玉、明珠、翠羽为首饰，修治面容，比赛化妆。住屋方面，则在面积和装潢上均肆意僭越，“金碧辉煌，高耸过倍，往往重檐兽脊”。[135]

追求奢靡风尚，必须物力丰盈，否则“虽日挞而责其奢靡佚游，不可得已”。[136]物力丰盈来自财富，尤其是从商品交易所得，司马迁《史记·货殖列传》早有名言：“夫用贫求富，农不如工，工不如商，刺绣文不如倚市门。”是以明末社会，尤以江、浙地区，不分上下，竞以从事商品经济为业。本来四品以上官员与公侯伯之家是不准经商的，然而明末“冠盖之家公然为商贾之行”[137]，嘉隆间任宰辅的徐阶，在其华亭县的家里便“多蓄织妇，岁计所积，与市为贾”。[138]吴中缙绅士大夫也“多以货殖为急……开行债典，兴贩盐酤，其术倍克于齐民”。[139]社会风气的流行是“上行下效”的，在缙绅士大夫的倡导下，诚如《吴兴掌故集》所云：

> 今天下风俗，惟江之南靡而尚华侈，人情乖薄，视本实者竞嗤鄙之。[140]

人们更进一步认识到，“农事之获利倍而劳最，愚懦之民为之；工之获利二而劳多，雕巧之民为之；商贾之获利三而劳轻，心计之民为之”。[141]改变了社会上向来以农为本、以工商为末的观念，如赵南星所说：

> 士之以天下国家为事也，非自任也，犹农之服田，工之饬材，商贾之牵车牛而四方，其本业然也。[142]

因此张又渠在《课子随笔》中，劝诫子孙：“男子要以治生为急，农商工贾之间，务执一业。”[143]观念的改变，使更多的人从事商品生产与贸易，促使明末商品经济更加发达。商品经济的发展，刺激社会奢靡之风，改变一般人以工商为末业的观念，使更多的人从事商品经济活动，反过来促进商品经济的发展。松江人陆楫可能是因为生长在商品经济先进地区，在明代后期就认识到奢侈的社会风气，鼓励消费，对社会经济的发展是有利的；当大家都在叹责奢靡之风时，他首先提出“俗奢市易之利特因而济之”的主张，反对“徒欲禁奢”的政策。他说：

> 予每博观天下之势，大抵其地奢，则其民必易为生；其地俭，则其民必不易为生者也。何者？势使然也。今天下财赋在吴越，吴越之奢，莫盛于苏杭之民，有不耕寸土而口食膏粱，不操一杼而身衣文绣者，不知其几。何也？盖俗奢而逐末者众也。……所谓奢者，不过富商大贾豪家巨族自侈其宫室、车、马、饮食、衣服之奉而已。彼

以粱肉奢，则耕者、庖者分其利；彼以纨绮奢，则鬻者、织者分其利；正孟子所谓“通功易事，羡补不足”者也，上之人胡为而禁之！若今宁、绍、金、衢之俗，最号为俭；俭则宜其民之富也，而彼诸郡之民至不能自给，半游食于四方；凡以其俗俭而民不能以相济也。要之，先富而后奢，先贫而后俭；奢侈之风，起于俗之贫富，虽圣王复起，欲禁吴越之奢，难矣。或曰：不然，苏杭之境，为天下南北之要冲，四方辐辏，百货毕集；故其民赖以市易为生，非其俗之故也。噫！是有见于市易之利，而不知所以市易者，正起于奢；使其相率而为俭，则逐末者归农矣，宁复以市易相高耶？且自吾海邑言之，吾邑僻处海滨，四方之舟车，不一经其地，谚号为“小苏州”；游贾之仰给于邑中者，无虑数十万人，特以俗尚甚奢，其民颇易为生尔。然则吴越之易为生者，其大要在俗奢，市易之利特因而济之耳，固不专恃乎此也。长民者因俗以为治，则上不劳而下不扰；欲徒禁奢，可乎？呜呼！此可与智者道也。[144]

他发现社会风气的形成，是不以人的主观意志所能转移的，所以只能“因俗以为治”。如此则当政者不劳，而被治者的生活也不为其所扰。奢侈的社会风气，正是经济富庶的产物，所以说“先富后奢”。奢风形成之后，又助长经济发展；因为能过奢侈生活的，主要是缙绅士夫、富商大贾，他们追求享受而挥霍消费，其所消费的物品，是一般人民为他们生产贩运的；由此一般人民的

随着商品经济的发展，明初贵贱有等的社会秩序迅速崩坏，士大夫对于当时“奢侈”“奢靡”风气的谴责，正好反映出明朝商品经济之蓬勃。图为《北关夜市图》之局部，可见明朝商品经济发展之地区，不仅日市繁荣，夜市也同样热闹

衣食可以有所取给。侈靡消费作为需要，作为动机和目的，然后人民进行商品生产与贸易。陆楫虽然不是中国历史上第一位提出这个主张的人，早在战国与汉初之际，《管子·侈靡》已论述过这个道理，但在“重农抑商”为主的传统下，“富者靡之，贫者为之”，鼓励消费以提供工作机会的主张，一直未被重视。[145]明末商品经济的发展，提供了当代学者观察论证这个理论的机会，也说明了明末奢靡的社会风气与社会经济发展的关系。明初淳朴的风气，正是当时社会经济衰退，“物力有所制”的缘故，其后江南的苏、松等地，商品经济率先发展，社会风气首先转变，“先富而后奢”，而那些较落后的贫穷地区，因“先贫而后俭”，仍维持俭朴的“古风”。随着商品经济的发展与扩大，社会风气转变的地区扩大，而且奢侈日甚一日，越奢侈的地区，也因消费所提供的工作机会与商品贸迁的机会增多，人民生活水准普遍提

《皇都积胜图》（局部）

高，商品经济更显繁荣。换句话说，社会风气的转变与社会经济的发展是互为因果的，明末商品经济的发展促成社会风气的奢靡，社会风气的奢靡刺激了消费，增加对商品生产的需求。

明末“奢靡相尚”的社会风气，又冲击了原来“贵贱有等”的社会秩序。明初为维持“贵有常尊，贱有等威”的社会阶级制度，继承汉初以来的制度，“以房舍服色等第，明立禁约”，订立生活消费必须与社会地位相称的礼法。由于商品经济的发达，从事工商致富者日多，他们具备了享用高级消费品的能力。随着商品经济的发展，社会上对于财富的观念发生了改变，决定一个人的社会地位的不再只有仕宦功名，社会风气日趋“奢靡相高”，则财富这个标准就日益重要，终于向“贵贱有等”“安分守礼”的社会秩序挑战。而且由于商品生产的发达，产品的种类与数量大为增加，不少奢侈品变成民生日用品，不再难于取得，在奢靡虚荣的风气影响下，“布袍乃儒家常服，迩年鄙为寒酸”，即使是贫民，也“必用细绢色衣，谓之薄华丽”；甚至“从典肆中觅旧缎、旧服，翻改新制，与豪华公子列座”。[146]于是没有功名的富商地主与庶民隶仆倡优，在华侈相尚的风气影响下，共同向礼法的约束挑战，造成“僭越违式”的风气，破坏贵贱差等的社会秩序。服饰方面，据《明会典》规定，庶民只许用细绢素纱为衣料，不许僭用锦绮纻丝绫罗等高级衣料，金绣闪色衣服之禁更严，商贾之家只许用绢布；明末则“市井之服居常无不服罗绮”，甚至“娼优贱婢以为常服”。[147]至于“织金妆花本王府仕宦人家品服，以别贵贱，今则商贾工农之家一概穿着，已为僭分”。[148]衣服颜色，《明会典》规定，民间妇女的袍衫只用紫、绿、桃红及诸浅淡颜色，不许用大红、鸦青、黄色；“寖淫至于明末，担石之家非绣衣大红不服，婢女出使非大红绣衣不华”。[149]首饰的使用也表示社会地位的等级，明初规定，只有命妇才能以金珠翠玉为饰，一般平民“首饰钏镯不得用金玉珠翠，止用银”[150]；然而到了明末，“有余之家，必选赤色精金及大白圆珠为首饰，寒素者宁淡装无饰而银花珠翠竟不屑用”。[151]据张瀚说，万历年间，“男子服锦绮，女子饰金珠，是皆僭拟无涯”，社会上“人皆志于尊崇富侈，不复知有明禁，群相蹈之”。服饰的社会等级表征，已被社会上“侈丽相尚”的风尚所打破。[152]居室方面，明初规定“庶民房舍不过三间，不得用斗拱、彩色”[153]；瓦兽也只限公侯、品官之家使用[154]；家具则官民人等均不得僭用朱红金饰的桌椅木器，即使官员的床面、屏风、槅子，也只许用杂色漆饰，不得用金饰珠漆，亦不得雕刻龙凤[155]；民间酒具不许用金，只许用锡、银或瓷器、漆器。[156]但明末社会上，不但士大夫，连百姓庶民之家也“屋有厅事，高广倍常，率仿效品官第宅”[157]，早已超过礼法规定。房舍制度表现于外，常人经过便可一目了然，尚且如此公然僭越，而家具、器皿陈设室内，难于稽查，则更无所顾忌了。

在奢靡相尚的社会风气影响下，诚如《（天启）淮安府志》所云:“宴会、室庐、衣帽，今皆违式，奢侈无忌。”[158]违式僭越，则导致“佣流优隶混与文儒衣冠相杂，无分贵贱”，而一般人视为当然，“恬不知愧”，“莫之怪也”。[159]只要经济能力负担得起，“拥资则富屋宅，买爵则盛舆服”，甚至“始以创起为奇，后以过前为丽，得之者不以为僭而以为荣，不得者不以为安而以为耻”。[160]“奢侈竞起”的风尚，肯定了财富对决定个人社会地位的重要性。万历年间的伍袁萃说：

> 令甲倡优隶卒之子，不许入学；迩来法纪荡废，胶序之间，济济斌斌，多奴隶子，而吴之苏、松、常，浙之杭、嘉、湖为最。甚至有登甲第、入翰苑、猎取清华秩者。[161]

只要经济力量够，不但可以奢侈违式，达到无分贵贱，追求身份平等的理想，甚至可以用金钱购买功名官爵。例如监生即可捐纳取得[162]；又如万历年间，京师巨商李元祥“身拥雄资，列肆连阛”，不但为自己买得文思院副使一职，其子李伟也“买爵鸿胪”。[163]以奢靡相高的社会风气对社会等级制度的冲击，进而造成既有社会秩序的一些混乱现象。例如，婚姻习俗在不少地方注重钱财，“嫁索厚礼，娶责丰资”[164]，“良贱不及计，配偶不及择”。[165]又如师生关系上出现怠慢师长的现象，“所称门生者亦如路人，过门而不入者多矣”。此外，尊老敬贤风气也发生变化，“或与先辈抗衡，甚至有遇尊长乘骑不下者”。[166]这些人可说是目无纲纪，不认为社会上应有长幼、尊卑、贵贱之别，人人是平等的，一切不平等的制度均可用金钱财富打破。这种要求平等的共同心理倾向，与嘉靖以后王阳明、王艮及其后学所主张良知平等之义、布教平民的做法相呼应，一为以财富破坏社会等级制度，一为以良知向社会等级制度挑战。[167]不少平民因而自认与士大夫地位平等，而采用一些过去专属士大夫身份的表征，例如，字、号原是只有尊长与儒生、士大夫才有的称谓，但嘉靖以后下延及奴仆与俳优甚至乞丐、囚犯。总而言之，奢靡相高的社会风气，冲击“贵贱有别，尊卑有等，长幼有序”的社会秩序，无怪乎晚明学者对当代社会要兴“纪纲凌夷”“天崩地解”之叹。这就是明末社会风气变迁对当代社会的影响，也是明末社会风气变迁在社会史上的意义。

社会风气日以奢靡相高，追求豪华的生活享受，因此刺激了人们对钱财的需求。尤其仕宦人家，明朝的俸禄本来就很低，光靠薪俸难以度日，如今处在一个奢靡相高、以俭贫为耻的社会，收支更是无法平衡，于是搜括榨取，想尽办法聚敛财货，政治风气乃日趋贪墨。正德、嘉靖年间人何塘《论民财空虚疏》云：

> 国家之败，由官邪也；官之失德，笼赂彰也。……今承平既久，风俗日侈，起自贵近之臣，延及富豪之民；一切以奢侈相尚，上下之分荡然。不知风俗既成，民心迷惑，至使婚姻、丧葬、谶会、赙赠之礼，竭力营办，甚至称贷为之。官府习于见闻，通无禁约，殊不知风俗奢侈，不止耗民之财，且可乱民之志。盖风俗既以奢侈相夸，则官吏俸禄之所入，小民农商之所获，各亦不多，岂能足用？故官吏务为贪饕，小民则务为欺夺。[168]

万历五年（1577）进士冯琦《肃官常疏》亦云：

> 夫官常吏治皆士人为之，士犹处子也，处为贞女，始嫁为贞妇，女乏幽静之德，而欲其尽妇道，难矣。乃士

习之坏于今特甚。民间之物力日耗，士人之风尚日奢，鄙淡素为固陋，矜华丽为豪爽；游闲公子，竞高富贵之容；铅椠儒生，亦侈衣冠之美。甚而服多不衷，巾多异式，冠而缀玉，舄且拖珠；通都大邑比比皆然，即穷僻之乡且寖淫成俗矣，幸而云霄得路，遂谓富贵逼人，车马甚都，服食俱侈，不急之应酬一日多于一日，无名之浮费一科甚于一科；一月赁房价有至四五两者，一日张宴费有至二三两者，骛为观美，争相征逐。纵有质素之士，竟不欲为，而习尚已成，转难立异；于是不费亦习于费，不奢亦化为奢；本以寒素，何从办此！今日取债，明日赔偿；今日如此侈靡，异日岂能廉静！则有盛供张，侈驺从，以明得意；则有饬厨传，厚馈遗，以猎名声；则有广田宅，美居室，以保身家。盖侈固惰之媒，而贪之根也。[169]

何塘与冯琦把社会风气对政治的影响分析得很清楚。明初社会淳朴守分，“民淳俗富，吏易为治”。《明史·循吏列传》所“略举”的129位循吏中，正统以前占了114人之多，景泰至正德占10人，嘉靖以后仅5人，其中一人还是起于弘治、终于嘉靖的。洪武至正统有81年，景泰至正德71年，嘉靖至崇祯122年，则明代后期，时间最长，循吏能举出的代表最少，政风之衰由此可见，而明代从初期迄末年的政治风气变迁，从循良趋于贪贿，正与社会风气从淳朴趋于奢靡相配合。嘉靖以前，社会风气在小部分地区发生“浑厚之风亦少衰”的现象，但大多数地区仍然淳朴；政治风气不受奢靡的影响，循良之风容易维持。万历二十六年（1598）进士陈邦瞻说：

嘉隆以前，士大夫敦尚名节，游宦来归，客或询其囊橐，必唾斥之。[170]

《（万历）新会县志》也说：

正、嘉以前，仕之空囊而归者，闾里相慰劳，啧啧高之，反是则不相过。[171]

嘉靖之后，在奢靡相高的风气影响下，政治风气大坏，贪贿成风，恬不以为怪。陈邦瞻又说：

今天下自大吏至于百僚，商较有无，公然形之齿颊。受铨天曹（吏部），得膻地则更相庆，得瘠地则更相吊。宦成之日，或垂囊而返，则群相姗笑，以为无能。士当齿学之初，问以读书何为？皆以博科第、肥妻子而已。及始进胶序，则所称师儒者，未闻有诲道之事，但较修脯之多寡以示之贪。至于一行作吏，所以受知于上者，非贿赂不为功，而相与文之以美名曰礼。嗟夫！……惟心没于利，是故利之所在，虽盗贼而可从也；害之所在，虽君父而可背也。以此心为官，必无竭忠营职之思；以此心为民，必无亲上急公之谊。[172]

《（万历）新修余姚县志》也说：

父兄之教其子弟，专事决科求仕，荣名重利。仕者，前此，类洁廉自完，或以墨败官，荐绅之老于乡者耻伍之。近稍忻羡其黩货者，俗以此究利，喜芜文，忘本实，渐不可长。[173]

《（万历）新会县志》又说：

嘉隆以后，仕之归也，不问人品，第问怀金多寡为重轻，相与姗笑为痴物者，必其清白无长物者也。[174]

纳贿贪污已被视为官吏正常收入，不再加以掩饰，“交收不假他人，茶话无非此物”。[175]贪贿所得，则用于竞营侈靡消费，营居室，筑园亭，侈饮食，备仆从，甚至养优伶，蓄姬妾，召妓女，事博弈。则明末社会风气之奢靡，不但影响政治风气趋于贪黩，而且贪黩的风气，又反过来助长奢华之风。[176]这就是奢靡的社会风气对明末政治的影响。

五、结语

总而言之，由于商品经济的发展与扩大，嘉靖以后，社会风气侈靡，日甚一日。侈靡之风盛行，消费增加，提供人民更多就业机会，尤其商品的贸迁与量的增加，更促进商品经济的发达。侈靡之风盛行，又影响明末社会秩序的安定，僭礼犯分之风流行，对“贵贱、长幼、尊卑”均有差等的传统社会等级制度冲击甚大。侈靡之风刺激了人们的欲望，为求满足私欲，人们乃以贪污纳贿为手段，破坏嘉靖以前淳厚的政治风气，使贪贿成风，恬不以为怪，而贪黩之风，又反过来刺激社会风气，使其更趋奢靡。

注 释

［1］严昌洪，《关于社会风俗史的研究》，载《江汉论丛》1984年第2期，第70~71页。

［2］类似看法相当普遍，例如“夫移风易俗，长民责也”，载刘大櫆、张佩芳纂修，《（乾隆）歙县志》（乾隆三十六年［1771］刊本，中国方志丛书·华中地方232，台北：成文出版社，1975）卷1《风土》，第123页。

［3］（元）陈澔，《礼记集说》（台北：世界书局，1969）卷7《乐记第十九》，第213页。

［4］严昌洪，《关于社会风俗史的研究》，载《江汉论丛》1984年第2期，第68页。

［5］李晋华，《明代敕撰书考》（北平：哈佛燕京学社，1932），第22页。

［6］姚鸣鸾等纂修，《（嘉靖）淳安县志》（嘉靖三年［1524］刊本，天一阁藏明代方志选刊16，上海：上海古籍书店，1981）卷1。

［7］中央研究院历史语言研究所校勘，《明太祖实录》（台北：“中央研究院历史语言研究所”1984据“中央研究院历史语言研究所”民国五十一年［1962］本缩编）卷81“洪武六年四月癸巳”条，第392页。

［8］《明太祖实录》卷55“洪武三年八月庚申”条，第295页。有

关的详细规定，参见黄彰健《明代律例汇编》（“中央研究院历史语言研究所”专刊75，台北：“中央研究院历史语言研究所”，1979）《礼律二·仪制·服舍违式》，第600~608页。又参阅瞿同祖，《中国法律与中国社会》（台北：里仁书局重排本，1982）第三章《阶级》，第177~260页。

［9］叶良佩、曾才汉等纂修，《（嘉靖）太平县志》（嘉靖十九年［1540］修，天一阁藏明代方志选刊17）卷2。

［10］卢熊纂修，《（洪武）苏州府志》（洪武十二年［1379］刊本，中国方志丛书·华中地方432，台北：成文出版社，1983）卷16，第626页。

［11］李廷材、吕克孝等纂修，《（万历）如皋县志》（万历四十六年［1618］刊本，美国国会图书馆摄制北平图书馆善本书胶片*roll*391）卷8。

［12］张瀚，《松窗梦语》（历代史料笔记丛刊·元明史料笔记，北京：中华书局，1985），第76页。

［13］《（洪武）苏州府志》卷16，第626页。

［14］申嘉瑞、李文、陈国光等纂修，《（隆庆）仪真县志》（隆庆元年［1567］修，光绪十八年［1892］钞本，天一阁藏明代方志选刊15）卷11。

［15］《（嘉靖）太平县志》卷2。

［16］陈和志、倪师孟等纂修，《（乾隆）震泽县志》（乾隆十一年［1746］修，光绪十九年［1893］重刊本，中国方志丛书·华中地方第20号，台北：成文出版社，1970）卷25《生业》，第946页。

［17］莫旦，《苏州赋》，引自氏纂修，《（弘治）吴江志》（弘治元年［1488］刊本，中国史学丛书三编44，台北：台湾学生书局，1987）

《附录》，第937页。

［18］《（弘治）吴江志》卷5，第220页。

［19］曹一麟、徐师曾等纂修，《（嘉靖）吴江县志》（嘉靖三十七年［1558］刊本，中国史学丛书三编50）卷13，第684页。

［20］《（弘治）吴江志》卷5，第238页。

［21］赵锦、张衮纂修，《（嘉靖）江阴县志》（嘉靖二十七年［1548］刊本，天一阁藏明代方志选刊13）卷4。

［22］聂豹、沈锡纂修，《（正德）华亭县志》（正德十六年［1521］刊本，美国国会图书馆摄制北平图书馆善本书胶片roll373）卷3。

［23］冯汝弼、邓韨纂修，《（嘉靖）常熟县志》（嘉靖十七年［1538］刊本）卷4，载北京图书馆古籍出版编辑组编，《北京图书馆古籍珍本丛刊》（北京：书目文献出版社，1988）第27册，第1051页。

［24］朱怀乾、盛仪等纂修，《（嘉靖）维扬志》（嘉靖二十一年［1542］刊本，天一阁藏明代方志选刊12）卷11，引《洪武志》。

［25］《（嘉靖）维扬志》卷11，引彭时《学记》。

［26］宋祖舜、方尚祖纂修，《（天启）淮安府志》（天启年间刊，顺治五年［1648］印本，美国国会图书馆摄制北平图书馆善本书胶片*roll*348）卷2，引“旧志”。

［27］陈艮山等纂修，《（正德）淮安府志》（正德十三年［1518］刊本，美国国会图书馆摄制北平图书馆善本书胶片*roll*336）卷4。

［28］《（天启）淮安府志》卷2。

［29］周希哲、张时彻纂修，《（嘉靖）宁波府志》（嘉靖三十九年［1560］刊本，美国国会图书馆摄制北平图书馆善本书胶片*roll*395~396）卷4。

[30] 刘伯缙、陈善纂修，《（万历）杭州府志》（万历七年[1579]刊本，东京：宫内厅书陵部制作，番号402.79，高桥写真摄制所摄影，1959）。

[31] 程三省、李登纂修，《（万历）上元县志》（万历二十二年[1594]刊本，美国国会图书馆摄制北平图书馆善本书胶片 *roll*322）卷3。

[32] 《（万历）上元县志》卷3。

[33] 陈作霖，《金陵通纪》（光绪三十三年[1907]刊本，中国方志丛书·华中地方第37号，台北：成文出版社，1970）卷10，第421页。

[34] 《（万历）上元县志》卷3。

[35] 详见徐益棠，《南宋杭州之都市的发展》，《中国文化研究汇刊》（中华全国图书馆文献缩微中心摄制）卷4（1944），第231~287页。

[36] 李榕、龚嘉儁纂修，《（光绪）杭州府志》（光绪二十一年[1895]修，民国十一年[1922]铅印本，中国方志丛书·华中地方第199号，台北：成文出版社，1974）卷74，第1500页。

[37] 徐一夔，《始丰稿》卷1《织工对》，载文渊阁本《四库全书》（上海：上海古籍出版社，1987影印）第1229册，第142页。

[38] 高启，《高太史凫藻集》（四部丛刊初编本，台北：台湾商务印书馆，1967）卷2《送顾倅序》。

[39] 《（光绪）杭州府志》卷74，第1500页。

[40] 《（万历）杭州府志》卷19。

[41] 江峰青、顾福仁等纂修，《（光绪）嘉善县志》（光绪十八年[1892]刊本，中国方志丛书·华中地方第59号，台北：成文出版社，1970）卷8，引《弘治志》及《万历志》，第183页。

[42] 余丽元等纂修，《（光绪）石门县志》（光绪五年[1879]刊本，中国方志丛书·华中地方第185号，台北：成文出版社，1975）卷11，第

1844页。

［43］《（嘉靖）维扬志》卷11，引《洪武志》。

［44］尹会一、程梦星等纂修，《（雍正）扬州府志》（雍正十一年［1733］刊本，中国方志丛书·华中地方第146号，台北：成文出版社，1975）卷10，第111页。

［45］莫旦纂修，《（成化）新昌县志》（正德十六年［1521］刊本，美国国会图书馆摄制北平图书馆善本书胶片*roll*412）卷4《做市》。

［46］田琯纂修，《（万历）新昌县志》（万历七年［1579］修，万历四十六年［1618］重刊，天一阁藏明代方志选刊19）卷4《服饰》。

［47］《（成化）新昌县志》卷4《服饰》。

［48］《（成化）新昌县志》卷4《宴飨》。

［49］《（嘉靖）宁波府志》卷4。

［50］转引自陈汉章、李洣纂修，《（民国）象山县志》（民国十五年［1926］铅印本）卷16，载《中国地方志集成·浙江府县志辑》（上海：上海书店，南京：江苏古籍出版社，成都：巴蜀书社，1993），第493页。

［51］《（嘉靖）宁波府志》卷4。

［52］余之祯等纂修，《（万历）吉安府志》（万历十三年［1585］刊本，日本藏中国罕见地方志丛刊，北京：书目文献出版社，1991）卷11，第172页。

［53］曾显纂修，《（弘治）宿州志》（弘治十二年［1499］刊本，美国国会图书馆摄制北平图书馆善本书胶片*roll*392）上卷；张凤翼、徐日葵纂修，《（天启）江山县志》（天启三年［1623］刊本，美国国会图书馆摄制北平图书馆善本书胶片*roll*495）卷1。

[54]《(天启)淮安府志》卷2，引“旧志”。

[55]《博平县志》卷4《人道六·民风解》，转引自吴晗，《金瓶梅的著作时代及其社会背景》，《文学季刊》第1期(1934)，收入吴晗、郑振铎著，胡文彬、张庆善选编，《论金瓶梅》(北京：文化艺术出版社，1984)，第44~45页。

[56]陈梦雷等纂修，《古今图书集成》(中华书局本，台北：文星书店，1964)《方舆汇编·职方典》卷676《苏州府部》，第24页。

[57]《(弘治)吴江志》卷2，第80~81页。

[58]陈𫄧、丁元正、倪师孟、沈彤等纂修，《(乾隆)吴江县志》(乾隆十二年[1747]刊本，中国方志丛书·华中地方第163号，台北：成文出版社，1975)卷4，第123页。

[59]《(嘉靖)吴江县志》卷1，第96页。

[60]《(乾隆)吴江县志》卷4，第123页。

[61]《(嘉靖)吴江县志》卷1，第97页。

[62]《(嘉靖)吴江县志》卷1，第97页。

[63]《(弘治)吴江志》卷2，第82页。

[64]《(嘉靖)吴江县志》卷1，第98页。

[65]《(弘治)吴江志》卷2，第84页；《(嘉靖)吴江县志》卷1，第100页；曹焯，《庉村志》(甲戌丛编本)《沿革》，载《中国地方志集成·乡镇志专辑》(南京：江苏古籍出版社，1992)第11册，第691页。

[66]《(弘治)吴江志》卷2，第84页。

[67]《(嘉靖)吴江县志》卷1，第99~100页。

[68]陆楫，《蒹葭堂杂著摘抄》，载《丛书集成初编》(上海：商

务印书馆，1937）第 2920 册，第 3 页。

［69］《（嘉靖）吴江县志》卷 13，第 684 页；《（乾隆）吴江县志》卷 38，第 1120 页。

［70］《（嘉靖）吴江县志》卷 13，第 681~682 页。

［71］《（乾隆）吴江县志》卷 38。

［72］《（嘉靖）吴江县志》卷 13。

［73］《（乾隆）吴江县志》卷 38。

［74］《（嘉靖）吴江县志》卷 13。

［75］周世昌纂修，《（万历）重修昆山县志》（万历四年［1576］刊本，中国方志丛书·华中地方第 433 号，台北：成文出版社，1983）卷 1，第 43、49 页。

［76］《（嘉靖）常熟县志》卷 4，第 1051 页。

［77］范濂，《云间据目抄》卷 2，载《笔记小说大观》（上海进步书局石印本，扬州：广陵古籍刻印社，1983 影印）第 13 册，第 110 页。

［78］俞樾、应宝时纂修，《（同治）上海县志》（同治十一年［1872］刊本，中国方志丛书·华中地方第 169 号，台北：成文出版社，1975）卷 1，引《（嘉靖）上海县志》，第 135 页。

［79］叶梦珠，《阅世编》（明清笔记丛书，上海：上海古籍出版社，1981）卷 8《内装》，第 180~181 页。

［80］张宁、陆君弼纂修，《（万历）江都县志·提封志·谣俗》，载四库全书存目丛书编纂委员会编，《四库全书存目丛书》（台南：庄严文化事业有限公司，1996）史部第 202 册，第 81 页。

［81］《（天启）淮安府志》卷 2《服饰》。

［82］陈遴玮、王升纂修，《（万历）宜兴县志》（万历十八年［1590］

刊本，美国国会图书馆摄制北平图书馆善本书胶片 *roll*381）卷 1，引正统年间“旧志”。按：“旧志”系正统年间邹旦、危山纂修，参见朱士嘉，《中国地方志综录》（台北：新文丰出版公司影印民国二十四年［1935］刊本，1975），第 9 页。

［83］《（万历）宜兴县志》卷 1。

［84］韩浚、张应武等纂修，《（万历）嘉定县志》（万历三十五年［1607］刊本）卷 6，载《四库全书存目丛书》史部第 208 册，第 776 页。

［85］《（万历）嘉定县志》卷 1。

［86］《（万历）嘉定县志》卷 2。

［87］《（万历）嘉定县志》卷 2。

［88］张瀚，《松窗梦语》卷 4《商贾纪》，第 83 页。

［89］顾起元，《客坐赘语》（历代史料笔记丛刊·元明史料笔记，北京：中华书局，1987、1997）卷 1《市井》，第 23 页；周诗、李登等纂修，《（万历）江宁县志》（万历二十六年［1598］刊本，美国国会图书馆摄制北平图书馆善本书胶片 *roll*352），卷 2。

［90］顾起元，《客坐赘语》卷 2《民利》，第 67 页。

［91］谢肇淛，《五杂组》（万历四十四年［1616］刊本）卷 3，载《四库禁毁书丛刊》（北京：北京出版社，2000）子部第 37 册，第 402 页。

［92］《（万历）上元县志》卷 3。

［93］顾起元，《客坐赘语》卷 5《建业风俗记》，第 169、170 页。

［94］顾起元，《客坐赘语》卷 5《建业风俗记》，第 169~170 页。

［95］顾起元，《客坐赘语》卷 5《建业风俗记》，第 170 页。

［96］顾起元，《客坐赘语》卷 5《建业风俗记》，第 170 页。

［97］林云程、沈明臣纂修，《（万历）通州志》（万历五年［1577］

刊本，天一阁明代方志选刊 10）卷 2。按：“淳”原文如此，当为“敦”之误。

［98］《（万历）通州志》卷 2。

［99］《（万历）通州志》卷 2。

［100］《（万历）通州志》卷 2。

［101］欧阳东凤、严锜纂修，《（万历）兴化县志》（万历十九年［1591］刊本，美国国会图书馆摄制北平图书馆善本书胶片 *roll*341）卷 4。

［102］范惟恭、王应元纂修，《（隆庆）高邮州志》（隆庆六年［1572］刊本，美国国会图书馆摄制北平图书馆善本书胶片 *roll*370）卷 3《俗变》。

［103］王有庆、陈世镕等纂修，《（道光）泰州志》（光绪三十四年［1908］刊本）卷 5，引《崇祯泰州志》，载《中国地方志集成·江苏府县志辑》第 50 册，第 38 页。

［104］于书云、赵锡蕃纂修，《（民国）沛县志》（民国九年［1920］刊本，中国方志丛书·华中地方 164，台北：成文出版社，1975）卷 3，引“旧志”，第 136 页。

［105］《（万历）杭州府志》卷 19。

［106］《（万历）杭州府志》卷 34。

［107］《（万历）杭州府志》卷 19。

［108］宗源瀚、周学浚等纂修，《（同治）湖州府志》（同治十一年［1873］刊本，中国方志丛书·华中地方 54，台北：成文出版社，1970）卷 29，第 566 页。

［109］刘应钶重修、沈尧中编纂，《（万历）嘉兴府志》（万历二十八年［1600］刊本，美国国会图书馆摄制北平图书馆善本书胶片 *roll*410~411）卷 1。

［110］江一麟纂修，《（嘉靖）安吉州志》（嘉靖三十六年［1557］刊本，天一阁藏明代方志选刊续编 28）卷 3。

［111］张元忭、孙鑛纂修，《（万历）绍兴府志》（万历十四年［1586］刊本，美国国会图书馆摄制北平图书馆善本书胶片 *roll*397~398）卷 11。

［112］《（万历）绍兴府志》卷 12。

［113］《（万历）新昌县志》卷 4《宴饮》《士风》。

［114］史树德、沈应文纂修，《（万历）新修余姚县志》（万历年间刊本，美国国会图书馆摄制北平图书馆善本书胶片 *roll*419）卷 5。

［115］《（万历）新修余姚县志》卷 5。

［116］《（万历）新修余姚县志》卷 5。

［117］杨维新修，《（万历）会稽县志》（万历三年［1575］刊本，天一阁藏明代方志选刊续编 28）卷 3。

［118］《（万历）会稽县志》卷 12。

［119］《（嘉靖）宁波府志》卷 4。

［120］《（嘉靖）宁波府志》卷 4。

［121］汤日昭、王光蕴纂修，《（万历）温州府志》（万历三十二年［1604］刊本）卷 2，载《四库全书存目丛书》史部第 210 册，第 515 页。

［122］《（万历）温州府志》卷 2，载《四库全书存目丛书》史部第 210 册，第 516 页。

［123］陈相、谢铎纂修，《（弘治）赤城新志》（弘治十年［1497］修、嘉靖天启递修本）卷 4，载《四库全书存目丛书》史部第 177 册，第 230 页；袁应祺修，《（万历）黄岩县志》（万历七年［1579］刊本，天一阁明代方志选刊 18）卷 1。

［124］《（万历）黄岩县志》卷 1。

［125］杨守仁、徐楚纂修，吕昌期、俞炳然等续修，《（万历）续修严州府志》（万历四十二年［1614］刊、清顺治间修补本）卷2，载《四库全书存目丛书》史部第209册，第287页。

［126］萧彦重修、郑禧校修，《（嘉靖）宣平县志》（嘉靖二十五年［1546］刊本，美国国会图书馆摄制北平图书馆善本书胶片*roll*423）卷2。

［127］赖汝霖汇修、桂联辉同修，《（万历）景宁县志》（万历十六年［1588］刊本，美国国会图书馆摄制北平图书馆善本书胶片*roll*432）卷1。

［128］于万川、俞樾纂修，《（光绪）镇海县志》（光绪五年［1879］刊本）卷3，引《（嘉靖）镇海县志》，载续修四库全书编纂委员会编，《续修四库全书》（上海：上海古籍出版社，1995）第707册，第36页。

［129］储家藻、徐致靖纂修，《（光绪）上虞县志》（光绪十七年［1891］刊本，中国方志丛书·华中地方第63号）卷38，引《（万历）上虞县志》，第783页。

［130］《（嘉靖）淳安县志》卷1。

［131］张峰纂修、裴天祐校正，《（隆庆）海州志》（隆庆刊本，天一阁藏明代方志选刊14）卷2。

［132］崔桐辑，《（嘉靖）海门县志》（嘉靖十六年［1537］刊本，天一阁藏明代方志选刊18）卷2。

［133］杨其善、潘日新纂修，《（万历）霍邱县志》（万历二十四年［1596］刊本，美国国会图书馆摄制北平图书馆善本书胶片*roll*348~349）卷2。

［134］《（万历）通州志》卷2。

［135］叶梦珠，《阅世编》（明清笔记丛书，上海：上海古籍出

版社，1981）卷 8《内装》，第 178~182 页；顾起元，《客坐赘语》卷 5《建业风俗记》，第 170 页。

［136］《（嘉靖）太平县志》卷 2。

［137］谈自省、杜华先纂修，《（万历）冠县志》（万历三十七年［1609］刊本，美国国会图书馆摄制北平图书馆善本书胶片 *roll*388~389）卷 1。

［138］于慎行，《谷山笔麈》（历代史料笔记丛刊·元明史料笔记）卷 4《相鉴》，第 39 页。

［139］黄省曾，《吴风录》（百陵学山本），载《续修四库全书》第 733 册，第 791 页。

［140］徐献忠，《（嘉靖）吴兴掌故集》（嘉靖三十九年［1560］刊本）卷 12，载《四库全书存目丛书》史部第 188 册，第 843 页。

［141］顾炎武，《天下郡国利病书》（四部丛刊影印昆山图书馆藏稿本）原编第四册《苏上》引耿橘《平洋策》，载《四库全书存目丛书》史部第 171~172 册，第 190 页。

［142］赵南星，《赵忠毅公文集》（崇祯十一年［1638］刊本）卷 10《贺李汝立应科举序》，载《四库禁毁书丛刊》集部第 68 册，第 265 页。

［143］张师载辑，《课子随笔》（有福读书堂丛刻本）卷 2，载《四库未收书辑刊》（北京：北京出版社，2000）第 5 辑第 9 册，第 70 页。

［144］《兼葭堂杂著摘抄》，第 3~4 页。

［145］参见郭沫若，《侈靡篇的研究》，《历史研究》1954 年第 3 期，第 27~62 页；巫宝三，《侈靡篇的经济思想和写作时代》，《中国社会科学院经济研究所集刊》卷 1（1979 年 7 月），第 123~150 页；

町田三郎，《管子侈靡篇》，《东洋史研究》第 44 卷第 4 期（1986 年 3 月），第 68~88 页；Lien-ShengYang（杨联升），“Economic justification for spending”, in *Studies in Chinese Institutional History*（Cambridge: Harvard University Press, 1961）,pp.58~74。

［146］《云间据目抄》卷 2《笔记小说大观》，第 110 页。

［147］《明太祖实录》卷 55“洪武三年八月庚申”条，第 295 页；申时行等修，《大明会典》（万历十五年［1587］司礼监刊本，扬州：广陵古籍刻印社，1989）卷 61《士庶巾服 · 士庶妻冠服》，第 1071 页；黄彰健,《明代律例汇编》卷 12《礼律二·仪制·服舍违式·续例附考》, 第 601 页；叶梦珠，《阅世编》卷 8，第 180~181 页。

［148］吕坤，《实政录》（万历二十六年［1598］刻本）卷 3《民务 · 禁约风俗》，载《四库全书存目丛书》子部第 164 册，第 424 页。

［149］叶梦珠，《阅世编》卷 8《内装》，第 180 页。

［150］《明太祖实录》卷 55“洪武三年八月庚申”条，第 295 页。

［151］叶梦珠，《阅世编》卷 8《内装》，第 180 页。

［152］张瀚，《松梦窗语》卷 7《风俗纪》，第 140 页。

［153］《明太祖实录》卷 55“洪武三年八月庚申”条，第 295 页。

［154］《大明会典》卷 62《房屋器用等第》，第 1073~1075 页。

［155］《大明会典》卷 62《房屋器用等第》，第 1073~1075 页。

［156］黄彰健，《明代律例汇编》卷 12《礼律二 · 仪制 · 服舍违式 · 续例附考》，第 601 页。

［157］《（嘉靖）太平县志》卷 2。

［158］《（天启）淮安府志》卷 2。

［159］《（天启）淮安府志》卷 2。

[160] 叶梦珠，《阅世编》卷 8，第 178 页。

[161] 伍袁萃，《林居漫录》（万历刊，清钞本）卷 2，载《四库全书存目丛书》子部第 242 册，总页 439。参阅韩大成，《明代商品经济的发展与资本主义的萌芽》，载中国人民大学中国历史教研室编，《明清社会经济形态的研究》（上海：上海人民出版社，1957），第 86 页。

[162] 有关以捐监提升社会地位之问题，请参阅 Ping-ti Ho（何炳棣）,*The Ladder of Success in Imperial China*（New York: Columbia University Press，1959），pp.33~34,47；林丽月，《明代监生的上升社会流动》，载氏著，《明代的监生》（台北：中国学术著作奖助委员会，1978），第 98~109 页。

[163]《明神宗实录》卷 354“万历二十八年十二月癸未”条，第 11859~11860 页。

[164]《（万历）黄岩县志》卷 1。

[165] 龚炜，《巢林笔谈》（乾隆三十年［1765］刊本）卷 3，载《续修四库全书》第 1177 册，第 309 页；参阅刘志琴，《晚明城市风尚初探》,《中国文化研究集刊》(上海: 复旦大学出版社)1984 年第 1 期，第 203 页。

[166]《客坐赘语》卷 5《建业风俗记》，第 170 页。

[167] 参阅萧公权，《中国政治思想史》（下）（台北：中华文化出版事业委员会，1954）第 17 章《王守仁与李贽》，第 570~603 页。

[168]《（万历）如县志》卷 8。

[169] 王家宾、钟羽正纂修，《（万历）青州府志》（万历四十三年［1615］刊，康熙十二年［1673］增刊本，美国国会图书馆摄制北平图书馆善本书胶片 *roll*374~375）卷 18。

［170］陈邦瞻，《陈岩野先生全集》（嘉庆十年［1805］重镌听松阁藏版）卷1《中兴政要书·励俗篇第四·奖廉让》。

［171］王命璿、黄淳、李以龙纂修，《（万历）新会县志》（万历三十七年［1609］刊本，美国国会图书馆摄制北平图书馆善本书胶片 *roll*416~417）卷2。

［172］陈邦瞻，《陈岩野先生全集》卷1《中兴政要书·励俗篇第四·奖廉让》。

［173］《（万历）新修余姚县志》卷5。

［174］《（万历）新会县志》卷2。

［175］参阅李文治，《晚明官僚一笔贪污账》，《历史教学》1952年第7期，第17~19页。

［176］参阅吴晗，《晚明仕宦阶级的生活》，《大公报·史地周刊》（1935年4月19日），收入《吴晗文集》（北京：北京出版社，1988），第178~186页。

明代社会转型之二
——以明清之际潮州为例

陈春声

一、引言

明代后期，在中国东南沿海地区出现了以“倭寇”或“海盗”等一系列事件为中心的长时间的地方动乱；清代初期，同一地区则经历了严厉的“迁海”措施。过往的研究，均把抗击“倭乱”和实行“迁海”视为明、清两个王朝的政治军事行动。作者以为，如果把研究的视角从朝廷的军事措施转移到地方社会具体的历史场景，那么，就有理由把明清之际东南沿海地方社会的动乱与“转型”视为一个连续的过程，对从“倭乱”到“迁海”的社会历史背景也就有重新检讨的必要。本文试图通过对东南沿海一个富于典型意义的地区的分析，说明这一时期社会转型过程中，王朝体制与地域社会之间复杂互动关系的一个侧面。

本文讨论的地域在广东省的最东部，隋朝以来该地区一直被称为“潮州”。以明末清初“潮州府”的行政区划而言，包括了韩江中下游的大部分地区，计有海阳、潮阳、揭阳、程乡、平远、饶平、惠来、大埔、澄海、普宁、镇平等县。从秦朝开始，这一地区就与整个岭南地区一起，归属中原王朝的政治“版图”，但是，王朝教化与地域社会之间的契合，经历了长期的互动过程，这就是从明中业“倭乱”到清初“迁海”的漫长历史过程。

二、“无一而非海寇之人也”：地方动乱与“民”“盗”界限的模糊

关于明代嘉靖以后东南沿海以倭寇、海盗活动为中心的地方动乱，已有许多出色的研究。论者往往将“倭寇”视为明王朝“海禁”政策所引致的结果，因为粤、闽、浙诸省百姓从汉唐以来就一直进行海上贸易，且获利颇丰。嘉靖以后该地区商品货币关系空前发展，商人和地方势家力量增强。而明政府“寸板不许下海，寸货不许入番”的规定，以严刑峻法禁止私人海上贸易活动的政策，严重损害地方利益，引发了地方社会的急剧动荡。[1]研究明末清初潮州地方历史的学者，也大多从这一模式来理解当时地方社会的种种变化。

然而，仔细阅读方志、文集等地方文献，就会发现实际的情形要比以上的解释复杂许多。实际上，明代潮州地方社会的动乱，在嘉靖年间“倭寇”“海盗”等问题出现之前很久就已经开始了。这里不妨先举夏岭和东里这两个地区为例。

原属潮州府揭阳县的夏岭等二十四村庄，在天顺年间（1457—1464）爆发了大规模动乱。《（嘉靖）广东通志》记其事曰：

> （天顺三年［1459］）海寇黄于一、林乌铁等作乱，潮州知府周宣讨平之。……周宣以奇计陷乌铁而诛之。于一等益肆乱，烧劫揭阳县治而下。夏岭等二十四村皆被胁从。当道檄宣捕贼，宣亲督兵……擒杀渠魁，余贼不敢出。宣……乃出榜令乡儒陈骥等入贼中张挂，而自诣贼营抚谕。各贼皆释甲罗拜乞降……因遍历各村，放回被掳男妇五十三名口，拘收大海船一百五十艘，抚过从良民一千二百三十七户。[2]

该事件中，受抚的有二十四村一千二百多户。同年，二十四村盗乱再起，围攻县城，结果仍然由周宣抚平："各贼驾船百艘来……投戈释甲……归被掳男妇七百余人"。[3]从乱的二十四村除夏岭外，还有"西陇、赤窖、乌合、浮陇、华坞、大家井等村"[4]，如此大的地域范围同为"贼巢"，可知这一带"盗贼"与民众关系之密切，夏岭村民可能从来就没有真正成为政府的"编户齐民"。周宣招抚后，这一带仍然"大集无赖，攻城剽邑，肆为杀戮。海、揭二邑，受害尤甚"。[5]到天顺八年（1464），朝廷终于派大军征剿夏岭，被屠戮者"不计其数"，被安置于别处者也有"三千余"，夏岭至西陇、赤窖一带的"贼巢"成为无人地带。[6]嘉靖四十二年（1563），明朝政府才设立澄海县，夏岭、西陇、赤窖、乌合、浮陇、华坞、大家井等村大多归属澄海。澄海设县，主要是出于加强对地方动乱的行政控制的理由。然而，澄海设县以后，县治由于盗乱迟迟不能确定，即使后来确定设县治于辟望司，数十年间仍是"县官率侨居府城，不肯一至县，盖惧寇也”。[7]

这种“盗”与“民”难分、官府衙门几无立足之地的情形，绝不仅限于夏岭或澄海一地，在当时的潮州是十分普遍的。例如饶平县的东南部的信宁都、宣化都一带，即俗称“东里”之地区，“居民接济番舶，劫掠行舟……尝拒敌官军”。[8]这种现象可以追溯至宣德元年（1426），当时，“倭舟入泊于港湾”，而各村则与之贸易。[9]嘉靖二十四至二十六年间任潮州知府的郭春震编修的《潮州府志》，也记述了饶平东里一带“暹罗诸倭及海寇常泊巨舟为患”的情况。[10]而林大春在其《论海寇必诛状》中，更以“无一而非海寇之人”来形容潮州：

> 海寇固未易绝也。彼其延蔓既久，枝干日繁。一邑九乡，半为贼薮。是沿海之乡，无一而非海寇之人也。党与既众，分布日广。自州郡以至监司，一有举动，必先知之。是州郡监司之左右胥役，无一而非海寇之人也；舟楫往来，皆经给票，商旅货物，尽为抽分，是沿海之舟楫商旅，无一而非海寇之人也；夺人之粮，剽吏之金，辄赈给贫民，贫民莫不乐而争赴之，是沿海贫民，无一而非海寇之人也。[11]

十六七世纪潮州士大夫的文集中，保留了许多类似的记述。在这些记述中，乡民或者直接发动叛乱，或者以接济“盗贼”为己任，或者因与“海盗”贸易而获利，在许多地方基本上是“民”“盗”难分，甚至“民”“盗”一体。

更有甚者，官府软弱，无力御盗庇民，使抗盗之民反而激变为盗。隆庆元年（1567），林道乾攻打鮀浦、溪东二寨，付出重大伤亡的代价后，始将之攻破。溪东寨乡民百余人逃入县城，林道乾为求报复，要求官府交出这百余人，官府居然屈从，命令这百余人离开县城。这百余人悲愤莫名，“遂戟剑而出，散入山中为群盗，号‘白哨’云。”[12]有意思的是，各类潮州地方文献记载这一事件时，都有意无意地回避了这群溪东乡民“散入山中为群盗”的事实，而把他们塑造为一群英雄，并谴责官府因惧怕盗贼而出卖良民。

只有真正了解当时潮州地方社会这种民盗难分甚至民盗“合一”的情势，才可能深刻理解自明代中期开始的乡村军事化过程，及同时发生的一系列社会变革的性质和意义。

三、“四面皆敌，民何以立，官何以理！”：“抚民”与“抚贼”

鉴于“民”“盗”难分，加之“官府苦于地方多事，兵力不暇”[13]，地方官府往往“招抚”盗贼。所谓“招抚”，就是不再追究为首者和协从者的法律责任，甚至对为首者封官赐爵，而最重要的一点是，在沿海地区指定适当地点“安插”这些“抚民”，使之成为王朝的“编户齐民”。即使官兵采取“围剿”的办法对付“盗贼”，官兵获胜，贼首伏法之后，也还是存在安插“胁从”民众的难题。如嘉靖四十一年（1562）平定张链之乱，在“生擒张链磔于市”，又“斩级六千六百余颗”之后，仍然要“招降安插男妇一万五千一百余名口”。[14]

这是一个极为艰难、充满矛盾的过程，成千上万的海盗和山贼武装集团，进入正在迅速开垦、地方社会秩序开始形成的韩江三角洲，势必与当地社会产生严重的矛盾与冲突。成为“抚民”的盗贼，与已经定居的“编户齐民”之间，对各种自然、社会和文化资源的争夺，一定会加剧地方社会的动荡与不安。政府希望将盗贼招安，成为“抚民”，但并无足够的政治、军事和经济资源使盗贼就范。结果，“抚民”往往继续保持亦民亦盗的生活方式，还常再次反叛为盗。地方文献中将受抚的“盗贼”称为“抚贼”或“抚盗”的记载很多。这里不妨以许朝光、曾一本、林道乾、魏朝义、朱良宝、许瑞等六大盗匪集团接受招抚的过程为例子。

许朝光为海阳县下外莆都东湖人［嘉靖四十二年（1563）设澄海县后，其地归澄海］，本姓谢，被饶平县人、大海盗许栋收为养子后改姓许。嘉靖三十二年（1553）许朝光杀许栋而尽领其众[15]，“分据潮阳牛田洋，算舟征赋……沿海焚劫日炽”。[16]嘉靖四十二年（1563），许朝光终于接受招抚，且把受降仪式变成扬威耀武的巡游庆典：

> 嘉靖四十二年（1563）本府捕馆始倡招安策，朝光听招。欲召之入见……（许朝光）乃驾船数十艘溯流上，旌旗蔽空，甲光耀日。舣舟老鸦洲，跨高马，佩长剑，其党数百人翼之入城，受宴出。于是，朝光知官司之莫谁何也……乃内徙筑寨东湖。朝光虽听招，仍四出剽掠无虚日。……盘问船只，不问大小，俱勒纳银，然后给与

票照，方敢来往生理，名曰“报水”。[17]

这些“海盗”接受招抚后，继续拥有自己的武装组织，自由选择定居之所，不但剽劫抢掠依旧，且由于已经接受招安，其强盗行径还多了一层合法外衣。这样的“招抚”，对于“海盗”集团有百利而无一弊。嘉靖四十一年（1562）总兵张显与俞大猷、戚继光等破据守福建平海卫的倭寇时，曾得到许的帮助：“平海倭欲遁，为把总许朝光所邀败，乃尽焚其舟，退还旧屯”（《明史》卷212《刘显传》），可知许被招抚后，就得到了“把总”职衔。嘉靖四十三年（1564）该集团内讧，许被手下头目莫应敷杀害[18]，而潮州府官员居然要“为文祭之”[19]，俨然把许当成朝廷大员，赠以哀荣。

曾一本原为海阳县薛陇乡人，早年追随大海盗吴平，嘉靖末年吴平在南澳的城寨被官军攻破，吴平逃到海外，曾集其残部，先侵寇广东西部的高州和雷州一带，扩张势力后回到潮州沿海，“四出剽掠，潮、揭受祸最酷”。其招安过程曲折而短暂。隆庆元年（1567）七月，曾主动向潮州府衙门提出愿意接受招安，但条件是要求一名文官作为人质。潮州府衙门左右为难，曾则老实不客气绑架了澄海知县张璿达三个月之久，其间，他和他的部队算是成为“抚民”，被“安插”于潮阳下浍。但曾随即“复叛，之南澳，据吴平旧窠，杀掳参将缪印等官兵数多，屡年不能平”。[20]此事终于惊动朝廷，两年以后，在广东、福建两省会剿之下，曾蹈海死。其舅许瑞继续统领其残部，以后再次被招抚。

林道乾，“鮀浦都月浦人，为潮州府吏，有罪亡命海上为盗”，与曾一本互为犄角，隆庆元年（1567）攻破溪东寨后，“诸寨风靡。于是拟饮马鳄溪，心窥府城。海、潮、揭、澄诸村落，皆其啖肉饮血区矣”。[21]其时官军正忙于围剿曾一本，无力应付林道乾，故一开始就姑息招安，冀图“以贼制贼”。隆庆元年至二年，总兵郭成和潮阳知县陈王道打算安插林道乾于潮阳县的招收都下尾（一名“华美”）地方，遭到潮阳士绅的强烈反对，他们把林道乾形容为“附背之痈”[22]，控诉林道乾对本地社会秩序的危害。而另一方面，林道乾也公然行王者之事，终于为官府所不容，万历元年（1573）朝廷发大兵进剿其“安插”之地，林道乾逃往海外，“后为其党所杀”。[23]有意思的是，大兵围剿之时，原来一直反对安插海盗的潮阳本地士绅，又积极采取行动防止官兵过分杀戮，以免“玉石俱焚”。

隆庆初年潮阳士绅力争制止朝廷安插林道乾集团，未能成功。几年以后，他们却成功地防止了另一帮“海盗”上岸定居，这就是许瑞集团。许瑞是曾一本的舅父，曾一本死后，许瑞统领其残部，继续活跃于广州和惠州沿海，其时广州海面尚有林雄、许德之、程光诸股盗贼活动，官兵屡剿屡败，“乃招瑞杀贼立功，瑞邀击诸贼，大破灭之，无一生脱者。军门嘉赏瑞，遣回潮听招”，事在隆庆四年（1570）前后。初欲安插许瑞于潮阳白土地方，结果“士夫、百姓控于其令，极言不便。其令为白道、府，遂罢”。当事者又议改安插许瑞于澄海县的夏岭地方，即天顺年间二十四村作乱之处。澄海知县蔡楠亦上书痛陈利害，表示反对：

……澄（海）方里不能六十，莫应敷虎咆于东，朱良宝鸱张于北，魏朝义蝮螫于西，仅空南之一方耳。复插许瑞夏岭，则四面皆敌，民何以立，官何以理？

结果，“夏岭之议亦寝”。[24]许瑞屯舟于牛田洋，等待官府安排安插地，由于久候不决，遂强行入居曾于嘉靖末年被林道乾攻破的溪东寨。溪东寨迫近另一“海盗”首领魏朝义的安插之地大井，结果两个“海盗”集团“争海利，相仇杀”，最后以许瑞的败亡而告终。蔡楠上书中“莫应敷虎咆于东，朱良宝鸱张于北，魏朝义蝮螫于西”一句，确为其时澄海县城周边之实际情形。前面已经讲到，莫应敷所统为许朝光旧部，所据之东湖寨在澄海县城东面。而魏朝义、朱良宝两班人马也是嘉靖、隆庆年间招抚“安插”的。

魏朝义是鮀浦都大井村人，与林道乾是同乡。魏为盗后就在本村筑寨与官兵抗争，“焚烧屠戮，所至如洗”。后被招安，就地安插。招安后，除上述与许瑞一党火拼事外，据说对官府颇为效顺：“道府常檄使捕盗，捕无不获，获无不真，未尝枉一平民，公论归美。”[25]

而朱良宝的下场就大不一样了。朱良宝原为澄海县南洋乡人，先从乡人王伯宣为盗，伯宣死，辅助其子王若鲁以叛。后惧官兵围剿，缚若鲁献以赎罪，因告招安，结寨南洋。招安后“报水杀人如故，民甚苦之”，与林道乾并称“林朱”。[26]隆庆五年（1571）官兵进攻南洋寨，半路为朱良宝截击，“杀之几尽”。[27]万历元年（1573）朱良宝率军进攻广东西部沿海的阳江县，被官兵击退，又回守南洋寨。万历二年（1574）官兵再次进剿朱良宝，在付出惨重代价后终于攻下南洋，朱良宝死于刃下，其部下“无一降者，尽皆髡首死殉”，据称被“俘斩一千二百五十名”。[28]

综上所述，从嘉靖四十二年至隆庆四年的短短八年时间里，在以鮀浦及牛田洋为核心，潮阳、澄海二县方圆不足百里的地域范围内，先后招抚“安插”过许朝光、曾一本、林道乾、魏朝义、朱良宝、许瑞等六大“海盗”集团。加上官府安插的其他较小的“盗贼”团伙和参加海盗后被官府零散“给票回籍”定居的人，当时潮州沿海几乎到处可见这些所谓“法外之民”。[29]

长远而言，不管其间经历多少曲折，大多数“抚贼”最终仍然变成了民户。许多大“海盗”集团在其首领死后几年，所谓“贼众”往往“不知所终”。当然不排除他们投靠别的“海盗”集团的可能性，但一个更大的可能就是定居下来，成为“编户齐民”。只是，从“抚贼”“抚民”到一般民户的过程十分曲折而艰难，一方面是“海盗”或“山寇”变成“抚民”后，可能对安插地原有的社会秩序和权力结构造成重大冲击；另一方面，有许多民户因为种种原因又不断沦为“盗贼”。到明清王朝更替，政治“正统性”模糊之时，这个过程就变得更加复杂了。

四、“联防设险，建寨御侮”：筑城建寨与乡村聚落形态的变化

既然“海盗”“山贼”不断侵扰，“抚民”“抚贼”到处可见，官员懦弱，官兵无能，政府没有足够能力在一个迅速转型的社会中维持安定和起码的秩序，一般的村民就只好自己高筑寨墙，架设

炮位，聚族合村以求自保了。结果，明代嘉靖以后，潮州沿海地区的聚落形态发生了很大变化，许多散居的小村落消失了，出现了一座座墙高濠深的军事城寨。

不管是政府还是士绅，都赞成筑城建寨。嘉靖《广东通志》讲述了嘉靖三十八年（1559）倭寇从福建进逼饶平县，有司“通行各县，谕令小民归并大村起集，父子、丁夫互相防守，其附郭人民俱移入城内”事。[30]万历、天启年间两度乡居的海阳县著名士大夫林熙春在《澄海县修溪东寨记》中也提到：

> 戊午倭夷在此登陆，辄破蓬州守御，而蹂躏我土者数年。当事始下令各村以自为守。溪东凿土得石，累石为城，环城皆水，形胜与各村异。[31]

倭寇破溪东，事在嘉靖三十七年戊午（1558），可推测林熙春所言“当事始下令各村以自为守”，与嘉靖《广东通志》所载“谕令小民归并大村起集”可能为同一事件。由此可知官府公开地提倡各村乡民筑城建寨，应该是从嘉靖三十八年（1559）开始的。不过，实际上民间自发的建设城寨的举措在天顺年间就已开始，至明末仍然发挥作用。以凤山寨为例，林大春《南野陈公保障凤山序》谓：

> 凤山，其上盖有古寨云。天顺中，夏岭为寇，乡人陈千山公尝倡义，劫（却）贼数万众，自是贼无敢东向以窥凤山者。……嘉靖庚申，又有倭夷入寇之事。而千

山公之孙南野公复以保障有功，称于当时云。[32]

庚申年即嘉靖三十九年（1560）。据隆庆《潮阳县志》，此次抗倭得胜之后，凤山寨“见重诸乡，乡人争往依之者以万计”。尽管嘉靖四十二年（1563）该寨终于被倭寇攻破，至隆庆时“山寨仅存，人烟稀旷”[33]，但明末清初，凤山寨仍然发挥作用。李介丞1936年编撰之《明季岭东山寨记》，即提及隆庆以后直至南明永历年间，凤山寨仍多次击退来犯的盗贼。该寨“明季有张、郭、李、陈、庄、郑六族聚居”[34]，说明到明末时凤山寨已成为数族合居的大村。连凤山寨在内，《明季岭东山寨记》共记录了明末清初潮州地区124座城寨，这些城寨有“寨”“堡”“围”等不同的名称，多为百姓常年居住的有军事设施的聚落。

1981年8月在文物普查的过程中，澄海县樟林村发现了一批从明代嘉靖年间到清代嘉庆年间本村历史档案的抄本[35]，其中有一部分为与樟林城寨建设有关的档案资料，以下我们根据这批文献，以樟林城寨为个案展开讨论。

明嘉靖二十六年（1567）所修的《潮州府志》，已记载饶平县苏湾都江北堡有“樟林村”，但从新发现的这批文献看，当时的“樟林”还不是一个聚落。从元初至明中叶，所谓的“樟林村”是由散居在今樟林北面莲花山麓的陆厝围、周厝围、蔡厝围、程厝围、小陇、大陇等小乡里组成的。[36]这些山边小村的居民主要是渔户或疍户，负担军役和渔课，归设于附近的东陇渔泊所管辖。嘉靖三十五年（1556）三月，为了防御日益严重的海盗、倭寇的侵扰，这些小村落开始在山下埔地合建一个大的聚落，同年十月樟林排年户共15姓户丁上呈潮州知府，请求在这个新建的聚落设防自卫：

> 具呈文人饶平县苏湾都樟林排年蓝徐翁户丁蓝城居、徐荣生、翁标选，程林马户丁程学礼、林冒州、马良德，姚陆张户丁姚乃文、陆景、张景叶，朱陈宋户丁朱家珍、陈国文、宋惟殷，王李施户丁王玉、李叶春、施中林，为恳恩批勘建防，以御海寇，以安万万黎庶事。缘居等海滨蚁民命乖运蹇，居址莲胜荒丘，三五成室，七八共居。……前属海阳，今隶饶平……寇倭猖獗……无可御堵……哀救无门。……今遗余苏，商度计阻，必合聚筑稍能存生。故本年三月合集众村，移会南面官埔创住。但斯地樟林樌楠丛什，可为屋具，四面沟湖深曼，可为备防。然又众庶激奋，欢愿捐资筑防。第忖乃樟滨涯弹址，非邑非州，恐干律令所禁。又思民为邦本，本固邦宁，樟虽滨涯，亦民也，徒不筑防，终无安止……[37]

这个呈文很快得到潮州知府的批准："有利民，准筑。"[38]于是发出《筑寨牌文》，并报经"宪台"准照，于寨墙上设置炮柜和炮窗，指定村民"具呈举奖"之"保寨约长"蓝端明"协督报效"，又"令保长蓝端明同寨众推立防谏一人，相为辅理"。[39]据称，樟林城寨建成后，寨墙共长"八百丈零五尺"[40]，有炮柜、城门、环寨马路、护寨河沟等各种防御设施。[41]

樟林寨是由莲花山麓多个散居的小村庄"合聚"而成的。这些小村的民户至迟从明初起已经编入里甲排年，分属里甲制下五个不同的“户”，早就是政府管辖之下的“编户齐民”。这些村民“合集众村移会南面官埔创住”事在嘉靖三十五年（1556）三月，这时并没有呈报官府。至当年十月“捐资筑防”，则须呈报官府，因为担心有“干律令所禁”之虞。可见官府并不介意合村居住，却高度关注军事设施的建设。事实上，合村者是否已经“编户”，“筑防”有否呈报，是区分“民”与“盗”行为的两条最重要的标准，已“编户”者经呈报而建寨当然属“民”之所为，假如非编户齐民又私自“筑防”，则恐怕会被视为“贼寨”了。

樟林建寨之后，周围的小村村民纷纷移居入住，城寨从开始时“一村之中，尚犹未满百灶也”[42]，发展为占地约600亩的大聚落。[43]嘉靖四十二年（1563）置澄海县，樟林划归澄海。隆庆五年（1571）县城落成之前，樟林寨成为知县经常住跸之所。[44]

经过约一百年的“筑城建寨运动”，明末潮州地区乡村的聚落形态已经与以前大不相同，现在所见潮州农村主要的“大乡里”（大村），几乎都在嘉靖至崇祯年间有过一次重新整合并“筑城设防”的过程。以澄海县为例，至明末该县重要的居民点，几乎全部成了军事堡垒：

> 在下外为冠陇寨，在上外为莿林寨；在中外为渡头寨；在苏湾为程洋冈寨，为南湾寨，为樟林寨；在蓬州为歧山上寨，为歧山下寨，为下埔寨，为鸥汀背寨，为外沙上、中、下寨；在鳗浦为水吼桥寨，为湖头市寨，为厚陇寨，为月浦上、中、下寨，为长子桥寨；在鮀江为

> 蛇浦寨，为莲塘寨，为大场寨。以上诸寨百姓因寇盗充斥，置寨防御，自为战守。[45]

在饶平县樟林寨的个案中，“捐资筑防”和后来被官府指派负责实际防务建设的，没有一个是具备科举功名的乡绅。这在当时潮州地区是普遍现象。明嘉靖以后，潮州地区虽然诞生了薛侃、翁万达、林大春、林大钦、唐伯元、林熙春等著名的本土士大夫，士大夫的政治权威和文化影响力虽然比前代大大增强。但是，当时乡村社会正处于激烈的动荡和重新整合的过程之中，“乡下人”能得到功名的仍为数不多，我们注意到的这些被称为“寨”或者“堡”的村子往往带有明显的军事性质，因此，“豪强”可能比通过科举取得功名的人有更大的影响力。

尽管如此，从明嘉靖至清康熙的一百多年间，乡绅阶层逐渐控制潮州乡村社会。乡绅在水利、公益、治安、刑讼等事务中的作用越来越明显。以海阳县的乡居士大夫刘子兴为例[46]，嘉靖三十七年（1558），《塘湖刘公御倭保障碑记》就反映出他对于城寨建设和防御盗贼的积极参与：

> 海阳隆津之市镇曰塘湖……实衍沃奥区……靡有崇墉巨障、坚甲利刃为防御之具……岁在嘉靖丁巳（1557）之秋，盗起邻境，聚党侵陷揭阳。凡密迩本镇村落，咸被荼毒……（刘子兴）目击时事若恫瘝。乃身谋诸乡耆，建堡立甲，置栅设堠，鼓以义勇，申严约束相率捍御，民赖以宁居。无何，值戊午（1558）首春，倭寇突至，屯

> 垒揭阳之鲩江……凡大井、鲩浦、蓬州、庵头等处，悉被残破……祸乱之惨，近古所无……先生虑桑梓之将及祸，义不容诿。乃与乡人约，视产高下，敛九则之金，以为防守之费……相要害之处，重设栅闸，度可乘之隙，高筑战栅。率其丁壮，各分信地，更番防守……以故倭寇之肆掠于邻近村落者，警报日至，独于是镇迄不敢犯。[47]

刘子兴在塘湖建寨立甲时采用“与乡人约，视产高下，敛九则之金，以为防守之费”的方法，大概也是其时大多数城寨建立时所谓的“捐资”方式。刘子兴所作所为，是“正常的”传统中国乡村社会中一般的乡绅都会做的，以后潮州地方有力量这样做的乡绅也越来越多。

五、“各处乡兵自足供各地方之用”：乡兵之组织与乡村军事化

前引有关刘子兴主持塘湖乡筑寨的《塘湖刘公御倭保障碑记》，名为“御倭”，但细读碑记全文，就会注意到实际上倭寇从未到过塘湖。而且读者不难发现，其实城寨的功能主要的不是“御倭”，而是为了“防兵”。刘子兴曾官至广西左布政使，他在乡里被一再称颂的功业，除了领众建寨之外，就是保护乡民，免受官兵欺压。碑文就记载了他为乡民出头，追究长乐兵、程乡兵、东莞兵侵害乡民行为的四个例子。[48]结果，“邻乡之民闻先生之风，以塘湖为晏土，扶老携幼以就，籍其余庇者，且数十百家”。[49]

这说明当时潮州普遍出现的合村聚居、筑城建寨的举措，也包含了防御官军“劫夺”的动机。

《塘湖刘公御倭保障碑记》提及，经过海阳的兵夫有“长乐兵”“程乡兵”“东莞兵”等名目，其实当时在潮州围剿海盗的官军大多是外来的“客兵”，包括来自广西土司的所谓“狼兵”。之所以出现这种情况，是因为明初建立的军卫制度到这时已逐步瓦解，不足以应付东南沿海社会秩序急剧变动的局面。明初实行卫所制度，洪武二年（1369）设潮州卫，在潮州府城建立左、右、中、前、后五个千户所，至洪武二十七年（1394），又先后在沿海地方设立了大城、达濠、海门、靖海等四个“守御千户所”[50]，兵士平时屯田，遇变则参战。但是，到嘉靖时，卫所制度已分崩离析。当时的舆论普遍认为，由于卫所军官私役士兵，士兵不堪剥削，纷纷逃亡。军屯制度瓦解，卫所制度也随之瓦解。明末屯田制度的瓦解有其更深刻的理由，这里无法深究。总之，既然屯田之法“尽坏”，卫所士兵自然要另谋生计，最普遍的出路就是逃亡。结果军籍锐减，后人根据《筹海图编》等史料统计，嘉靖年间广东军额平均每卫1168人，仅及原额的23%。[51]于是，官府只好出钱雇募民户充当兵夫，如大城守御千户所，嘉靖初年已经要“连年官府雇募黄芒等处兵夫三百名，协同官军驾船屯聚”，严重增加饶平县衙门的财政负担。

卫所吃地方的财政饭，但卫所官兵对于当地百姓是一大危害，轻则见死不救，重则杀良冒功。如隆庆元年（1567）林道乾围攻溪东寨时，“假守遣兵号两千救溪东，兵环寨袖手观，以故寨遂破，杀掳男妇千余口”。[52]大城所西门内，至今仍树立着万历二十六年（1598）广东著名士大夫黄佐所撰《海上事略碑记》，记录是年五月在潮州与惠州交界海面上发生的一桩官兵诬良为盗、残害商民事件：

> 有闽商五舟，往吴川买米归，至碣石海面，被贼追之。各商奔赴官兵求援，官兵遂擒五十五人为盗。游击顾臬拷讯诬服，以奇功报。（任）可容阅文移与昔报异……心疑之，行惠州海防邱同知鞫审详解，与将官初审矛盾。可容誓神复审……讵意与当事者枘凿，相见谈及，声色俱厉，谓为姑息纵盗。可容力辩，声泪俱下，径忤而出……逮制台戴公耀廉知其冤，可容招详多命，竟将释。生还尽五十人，而五人已毙囹圄矣。[53]

碑中所谓“可容”者，为时任惠潮备兵副使之任可容。任可容因海上破倭功及地方上诸多善政，后来得以入祀名宦祠。包庇诬良为盗的卫所官兵之“当事者”，姓名已不可考，但既然能够对惠潮备兵副使“声色俱厉”，当为省一级官员。卫所军制败坏至此，难怪老百姓把“兵”和“盗”视为一丘之貉。嘉靖年间当地的两段民谣，生动地描述了当时人对“民”“兵”“盗”三者关系的理解：

> 嘉靖末倭寇入境……民不聊生，作为谣言曰：“人难做，难做人，不遭官府亦遭兵；兵好做，好做兵，多支钱粮不出征。”贼亦谣言曰：“打劫得金银，分些与

总兵。谁人敢厮杀，冠带送来迎。可惜痴呆汉，不来从我们。”[54]

至于爆发于嘉靖四十三年（1564）的“柘林兵变”，则更是震惊朝野的大事。驻守柘林的官兵在谭允传的带领下，公然武装叛变，由海路直犯广州城下，广州城为之戒严，结果提督吴桂芳调动汤克宽、俞大猷等名将，才将之扑灭。[55]

由于潮州本地卫所官兵不足以应付动乱的局面，朝廷只好从广西、福建、江浙和本省的长乐、程乡、东莞等地征调所谓“客兵”来潮州增援。一方面是潮州卫军士每年都要被借调往三千里外的广西，另一方面是从各地征调的“客兵”又络绎而至，只是“往来兵夫犒劳之需”一律要取给于民户，对久罹兵祸的百姓来说，无疑是雪上加霜。而且，“客兵”对于潮州百姓的危害，往往不下于盗贼和本地的卫所官兵，而“客兵”中的“狼兵”，军纪更加败坏。嘉靖三十七年，倭寇从闽南侵扰揭阳，朝廷“调集汉达狼兵，并募广州新会、顺德打手”以御之[56]；嘉靖四十一年（1562），为应付张链之乱，朝廷“调土汉官兵七万六千有奇，会同江、闽二省官兵，分五大哨”进剿[57]；嘉靖四十三年，因倭寇在潮州沿海屯驻，号称万人之众，朝廷“前后动调狼土劲兵四万五千，福兵一万五千”围剿。[58]这三次军事行动的主力都是所谓“狼土劲兵”（即“狼兵”）。“狼兵”本是广西等地少数民族土司的军队，不属于正常的军队系统，将领难于驾驭，军纪更为败坏。例如平息张链之乱一役，“乡夫之功居多。狼兵沿途恣肆，官目不能制御，徒张声势而已”。[59]

在这样的情形之下，地方社会只能组织自己的武装，以求自保，这就导致了明末潮州“乡兵”的普遍出现。林大春在有名的《论海寇必诛状》中，就直指“客兵不宜于地方”，倡议由官府出面募集乡兵：

各处乡兵自足供各地方之用……且如近者，潮阳之围，未曾借兵于异处也。以负海数百之兵，犹足以固守一隅，屡战而屡却之……今如责令州县正官听其便宜选募……或令各处地方各推境内有笃行忠信，无问士民，但义能倡率父兄豪杰者，得自为战守。果有全城破敌之功，许以事闻，不得泯没。所在当有募义而起者矣。曰：然则募兵、养兵之费，将何如处也？曰：以其所需于客兵者，而移之以选募乡兵，宜无不足矣。又各道团练及各县民壮、新夫、打手工食，岁费不下数千金。倘可议革，剂量以为兵费，亦或一助也。[60]

以上议论对乡兵的组织、奖叙和经费来源等均有所规划，期望殷殷，溢于言表。其时潮州士大夫的记述中，基本上都把御寇保家的希望，寄托于组织“乡兵”上。泰昌元年（1620）林熙春上《请蠲畿辅加派并练乡兵疏》，甚至引用家乡潮州乡兵抗御寇贼故事，建议在近畿州县组织乡兵以捍卫京城：

臣忆嘉靖末寇入潮阳，赖乡兵巷战出堵。臣外祖黄良曾以乡兵而抗倭，臣族人林尾曾以乡兵而抗吴平，臣邻乡溪东、岐山二堡曾以乡兵而抗林道乾。[61]

林熙春奏折中提到“嘉靖末寇入潮阳，赖乡兵巷战出堵”和林大春所言凭借乡兵解“潮阳之围”二事，分别发生于嘉靖三十九年（1560）和嘉靖四十二年（1563），是为在地方社会震动一时的“乡兵”御寇取胜的两个例子。嘉靖三十九年潮阳乡兵巷战驱赶贼寇一事，林大春《潮州通判翁公平寇碑记》有详细记载：

> 一日忽有贼迤逦从西北来，自号为兵，盖漳寇云……乃夜縋城上，鼓噪而入……贼因环啸城上……公乃部署吏士分布诸要路，而调守备军于郊……时有上书言便宜行事者，其略曰：“……今贼拥二千之众，负曾城之险，而我以兵制其下……为今计莫若速出号令，号召四乡之兵，使皆毕集城下。且四乡负海之兵，轻敌而敢战，皆天下之所谓勇悍精兵者也……夫收天下之精兵以与贼战于城上，又以游兵薄城下，是贼进退无所据，破之必矣。”公得书，遂从其计。于是益调诸路援兵。兵自远近至，盖数千人。其时家君亦从城中收子弟兵，得六十人，克城西路，却敌先登，捕虏一人……而邑人刘应望等皆以诸生起兵属公，城中军威大振，斩首二十三级，捕虏一十三人。贼已穷蹙，悔入城不得去。会天大雨，贼兵愈益溃乱，自相蹂踏……[62]

最后，“贼兵”在乡兵内外夹击下终于败退。上引记述中之所谓“翁公”者，为时任潮州府通判的翁梦鲤，事发当日正好因督兵居于潮阳县城。嘉靖四十二年（1563）募集“乡兵”解潮阳县城之围事，载于林大春编撰之《（隆庆）潮阳县志》：

> 初，海贼吴平等勾引倭奴入寇，往来潮、海之间，所过村里，屠灭不可胜计，潮人苦之久矣。及是年正月，复至海阳……时予适家居，因与乡缙绅先生计曰：“贼势如欲东，道必经潮揭古渡。吾共募精兵一枝于渡口戍守之，贼必不能飞渡大江明矣。”众然之……于是，邑博刘君绂者首率诸生刘应望等，告诸当道，谓余宜以义倡募兵城守，辞不获，而郭侯梦得复力赞之。乃作书遣应望赴踏头埔募得壮士五百人，而庄淑礼、胡世和皆在军中。其时倭寇已至城下三日矣……[63]

于是，这五百名来自踏头埔的乡兵，以铁镖、藤牌、鸟铳、佛朗机等各种冷热兵器，保卫潮阳城达五旬之久，其间取得了五次重大胜利，最后“巡视海道副使刘存德以家兵来援潮阳”[64]，终于把“倭奴”赶走。而官兵则竟然从头到尾一直没有出现！

在上述两次事变中，受官员或乡绅招募、击退盗贼的乡兵，主要来自招收都的踏头埔村，该村似乎一直以善战出名。林大春事后记其事曰：

> 招收之村……曰踏头埔。按此地负海，故产精兵。其人轻敌而敢战，贼无敢窥其垒者。余作翁别驾平寇碑，尝

言之矣。其后倭奴作难，城中被围者五旬，复得此地之兵以却贼，语在事纪及灵威庙记。盖壮乡也。[65]

除了潮阳县城外，潮州府还有多个县城曾受到“盗乱”的威胁，乡兵几乎成了县级官员在危急时唯一可以借助的力量。例如，崇祯年间，揭阳县城就两次受到“乱贼”威胁，也是在乡兵救援下，才得以解围。事见《（雍正）揭阳县志》：

（崇祯三年）三月二十四日（1630年5月6日），流贼自长乐入境，时丰政贼魁叶阿婆、张文斌等乘势并入，劫掠蓝、霖诸乡村，逼县。乡翰林郭之奇捐资募壮士，躬先救御，知县冯元飙率官乡兵继往，逐至蓝田之上洋，入长乐界，克之。

七年甲戌二月十九日（1634年3月18日），衙寇据城焚杀为乱，乡都司黄梦选平之。“先是……衙蠹遂率其众隶反，更纠集无赖千余，树旗排阵，杀人放火，劫库纵囚，合邑鼎沸。为首者杨乾参、杨则征、曾清扬等，绰号‘三将军’……是时承平日久，邑久无守兵……选率家兵夜逾金城而入……乃伏兵后衙而单身从正堂出，贼见骇愕。黄佯以美言抚之……黄出其不意，大奋膂力，立斩三渠，帅麾伏兵冲出。贼措手不及，队伍散乱。乘势击之……贼暨就擒戮。”[66]

其后不久，饶平县城也陷于危机之中，知县赖以解围的仍然是乡兵：

> 十六年（1643）九月，漳州盗余五姊陷黄岗城，进攻饶平县。知县万邦俊督民兵击之，贼退。[67]

上述皆乡兵收复或捍卫县城之重大军事行动记录。至于在相对较小的冲突事件中借助乡兵的资料，则更是不胜枚举。当时乡村的聚落大多已经是军事性的城寨，也就大多拥有自己的武装，所谓“乡兵”的存在一定十分普遍。

但是，率领朝廷大军到潮州地区“平倭”“剿匪”的高级将领如俞大猷等人，则不但怀疑乡兵的战斗力，更加怀疑乡兵的忠诚度。可以想见，明末潮州乡村存在着一个一个的城寨，这些城寨大多拥有自己的武装组织力量。如果某城寨的士绅或其他首领与官府合作，则城寨中的百姓就被视为“良民”，其武装力量也就是“乡兵”；如果城寨的首领不与官府合作，那么，该城寨就会被视为“贼寨”，其武装力量也就成了“贼兵”。问题在于，所谓与官府“合作”与否常常是因时因事而异的，结果“民寨”与“贼寨”、“乡兵”与“贼兵”的界限也就变得富于变化而模糊了。此外，各个城寨和各支武装力量之间时常发生冲突，某个城寨与官府关系密切，与之冲突的其他城寨就可能被官府视为“贼寨”，结果，在这种特定的历史空间中，做“良民”还是当“盗贼”，有时是由不得自己选择的。

明末潮州乡村的军事化趋势，影响深远。但我们不能将这种趋势简单地理解为“海盗”上岸或“良民”拥兵自保的过程。明清之际，由于王朝更替，“国家”在政治上的“正统性”处于反复变化之中，潮州乡村的军事化过程虽继续发展，但与“正统性”相联系的“民”与“盗”的界限，也就变得更为复杂了。

六、“遂有抛犊而为兵，遂有弃锄而入盗”：清初政局混乱与乡民之“自保”

清代最初的近四十年里，潮州地方继续动荡不安，由于王朝交替时期政局变幻无常，政治认同上的“正统性”失去客观依凭，官、民、兵、盗之间的界限变得更加不确定，乡村社会只能依赖明末以来形成的军事化传统和村际联系，村自为战，力求自保。

清初四十年间，潮州地区一直处于战乱状态。顺治元年（1644）清兵入关之际，潮州数县正忙于应付来自福建的姜世英和阎王老两股盗贼的侵扰。特别是姜世英部号称2万人，从正月至十月，先后寇掠饶平、普宁、海阳、惠来、揭阳等县，一度威胁府城。其时潮州仍然在南明政权的控制之下，至1646年仍然奉隆武正朔。由于京城政权更迭，地方上盗贼蜂起，著名的揭阳“九军”于1645年形成，僭号“后汉”，纪元“大升”（详本章后半部）。顺治三年（1646）十一月，清兵在佟养甲、李成栋率领之下攻入潮州，是为清朝统治潮州之始。同年又有潮州山寨私自拥立明朝赵王之事件发生。其时郑成功驻扎于南澳，继续奉南明隆武和永历正朔，传檄勤王。以后郑氏军队以南澳为据点，多次进攻潮州沿海各地。次年再有海兵于揭阳拥明宗室朱由榛为监国之短暂事件。顺治五年（1648）广东巡抚佟养甲、提督李成栋在广州叛清复明，潮州再奉永历正朔，并选送生员参加永历政权的科举考试。时潮州镇总兵车任重杀李成栋任命之惠潮道李光垣和潮州知府凌犀渠，据潮州以叛，称“红头党”。李成栋又派部将郝尚久率兵抵达潮州，自任潮州镇总兵。顺治七年（1650）清兵在尚可喜等率领下攻陷广州，郝尚久又叛明降清。以后三年间，潮州的战事主要在郑成功与郝尚久两支军队之间进行。但至顺治十年（1653），郝尚久再

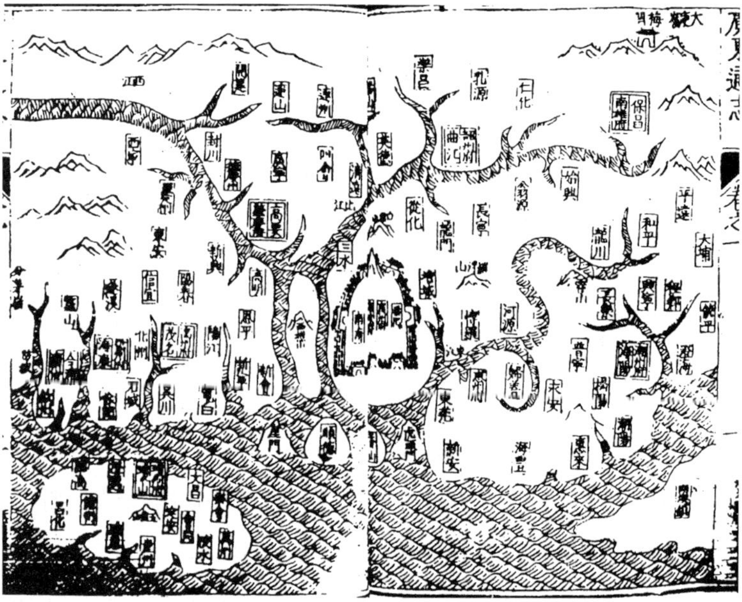

明朝的潮州府，辖海阳、潮阳、揭阳、程乡、饶平、惠来、镇平、大埔、平远、普宁、澄海等十一县；清朝的潮州府，则辖海阳、丰顺、潮阳、揭阳、饶平、惠来、大埔、澄海、普宁、南澳厅等一厅九县。图为郭棐《（万历）广东通志》的广东省地图（虚线为编者所加）。这里的潮州部分并无镇平县，因为镇平县是在崇祯六年（1633）才从平远县分拆出来的。就行政规划而言，潮州地区历明、清两朝似无甚改变，但在社会结构上，在国家和社会关系上经历了巨变，过程充满了血和火

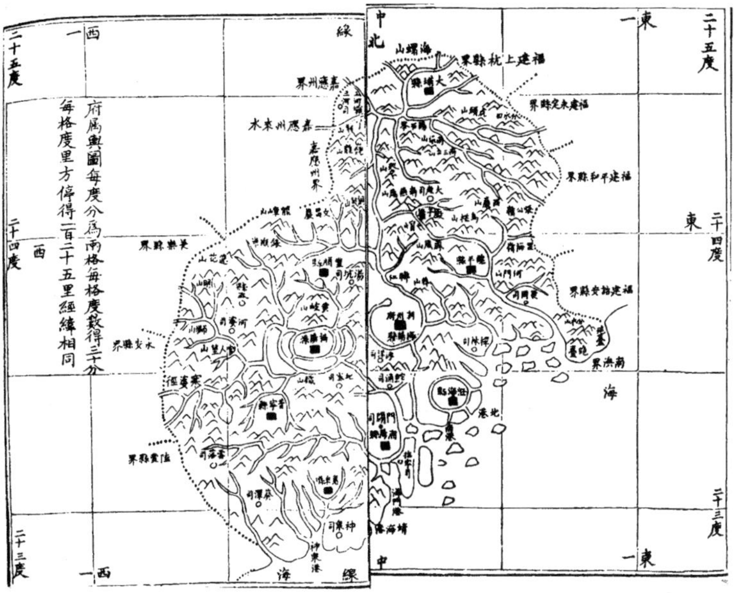

阮元《（道光）广东通志》潮州府地图

次易帜，宣布反清复明，并与郑成功率领的“闽军”联手进攻潮阳、澄海等地。半年之后，清兵再陷潮州，郝尚久败死。顺治十四年（1657）郑成功拥立的明鲁王自金门幸南澳，以后直至顺治十六年（1659），南澳为其主要的住跸之地。其间郑氏军队进攻并占据了饶平、揭阳、普宁、澄海、海阳的大片地方，揭阳、普宁、澄海等县城曾先后失守。“闽军”与清兵在潮州地区进行了长达九年的惨烈的拉锯战，直至康熙元年（1662）守据南澳的郑军将领陈豹向清朝投降。康熙元年至八年间（1662—1669），潮州沿海人民奉命“迁界”，生灵涂炭。其间“盗乱”不止，而潮阳沿海“界外”的达濠地方仍为与台湾明郑政权有密切关系的邱辉所占据，邱辉军队连年进攻沿海各县。康熙十二年（1673）“三藩之乱”开始，次年潮州镇总兵刘进忠投降福建之耿精忠，再归附台湾的郑经，潮州又奉永历正朔。以后台湾明郑军队多次来潮增援刘进忠，刘进忠势力最大时控制了潮州、惠州和福建漳州的大片地方。康熙十六年（1677），刘进忠因与郑经的矛盾，又投降清朝。康熙十九年（1680）清兵攻克达濠寨，邱辉逃往台湾。至是，清王朝对潮州的统治终于得以稳固下来，地方社会秩序渐趋稳定。[68]

就这样，潮州地方在“不清不明”状态下经历了长达四十年的战乱。潮州地方社会实际上已经失去判断各种势力的“正统性”的客观依据。各色军队或“盗匪”，不管其旗号如何，既然在潮州路过、驻扎和征战，其粮饷、兵备自然就无一不取自潮民，能够在县城委任官吏的，大多采用征调的方法，而占山为王或攻占不了县城的，就只好抢掠乡村。“南北各贼大破乡寨，肆行焚劫，自此之后四十余年间，劫掠乡寨，时时不断，百无一免者”。[69]其时正好乡居揭阳，亲历“九军之乱”的南明詹事府詹事郭之奇，于顺治六年（1649）上奏，痛斥南明的潮州官吏、将领及所谓“勤王”队伍大多招摇撞骗、腐败无能，不是接受招安的盗贼，就是用钱购买军衔的投机分子，“鬻札、招盗二者而已”，“非望门而食，即择地而噬”，结果“民之畏兵甚于敌”。但是，不管是南明政权还是清王朝，在当时的情势下，都只能依赖这些政治态度变幻无常但操有实际兵权的将领，士大夫阶层所重视的朝廷法度、君臣之义、道德文章等，在这个“天崩地裂”的时代，一时间显得有些不合时宜。风雨飘摇中的南明政权，深知把印绶授予那些“狗尾羊头，招摇闾里”之徒，极不得体，也深知“请缨受钺者”，“非牡贾庸流，即纨绔竖子”，但除此权宜之计外，其实也无法可施。[70]

政局变幻不定，“华”“夷”之辨模糊，政治和文化的“正统性”荡然，加之四十年间潮州地方的科举考试近乎停顿，结果，从明代中叶开始影响力日渐显著的潮州士大夫阶层在清初几十年间受到严重打击，士大夫集团内部也因为政治上的“效忠”问题产生了分化。于是，在这四十年间取代士大夫阶层、主导潮州地方社会的，往往是一些没有功名但有权势的豪强。这些没有受过传统儒学洗礼的人物，在这个动荡不安的年代，采取的大多是“有奶便是娘”的处世原则。兹以澄海县埭头寨著名的豪强黄海如为例：

黄海如，苏湾埭头人。与兄汉日俱给事郡邑为吏，寻投南澳帅授游击衔。甲申（1644）闻都城失守，遂招亡命，图谋不轨……乙酉（1645）南都又失，乘机称乱……抵（澄海县）城下，其党陈斌等内应开门，劫库放囚，比屋抄掠，杀举人戴星、贡生郭云龙、生员十余人……拆毁县治，仅留中堂。闰六月率众犯府城……辜乡绅夫人谢氏自捐千金雇民夫守城，时参府刘远征民兵婴城固守，十日始退。七月复至，会丰顺营吴六奇、金城营把总萧钦统乡兵到，海如惊遁。九月往闽就抚。十一月移哨故里埭头村。丙戌（1646）十一月率众投诚制府佟养甲，许其统兵随征遣，分海如镇雷州。己丑（1649）夏，海如杀雷州知府赵最，叛归，复横行征虐。潮镇郝尚久发兵剿之，海如遁。庚寅（1650）六月勾引闽寇数万犯府城，五旬不解。官兵从漳州来援，解围去。寻以有异志，为闽寇所戮。[71]

黄海如先是衙门的胥吏，以后投奔南澳的郑氏父子，所谓“授游击衔”，大概也如郭之奇所指的，“归于鬻札、招盗二者而已”。顺治元年，黄海如知道天下大乱，开始招兵买马。次年，黄海如即背叛明朝而作乱。在进攻潮州府城失败后，却到福建投降仍奉明朝正朔的郑氏政权。顺治三年（1646）清兵一到，又马上归顺清朝。顺治六年（1647）在雷州杀清朝官员，再次造反。而此时在潮州与之对抗的郝尚久，也已随李成栋叛清复明，张挂的也是南明旗号。顺治七年（1648）初郝尚久再度投降清朝，黄海如就马上把握机会，再次归顺明郑政权，从福建引兵进攻郝尚久。而他自己最后被明郑军队处决的理由，仍然是“有异志”，其“变色龙”本性贯彻始终。

其时在潮州地区活动的张挂南明旗号的武装力量，大多与福建的明郑政权关系比较密切。不过，这些武装以所谓“反清复明”的口号自我标榜，只是将其作为招兵买马、征发军粮的招牌，其实际的行径与明末的“盗贼”并无二致。顺治年间为祸揭阳等地十余年的所谓“九军”就是明显的例证：

顺治二年(1645)石坑贼首刘公显统九军贼，总聚蓝、霖二都以叛，扎营南塘山水陆交会之处。九军者，曾铨、马麟、马殿、马登、傅达、丘瑞、黄甲、吕忠、吕玉。又以潘俊为东军，陈云任为南军，陈汝英为北军，陈佩如为西军，凑为十三军。又以温韬鲁为都军，吴元为大将，曾懋昭为二将。共十八将，其余贼首数以百计。擅立伪号，曰后汉大升元年。立五大营，十三大府，铸印选官。妖贼矫诬如是。[72]

“九军”起事地点为揭阳县西部之蓝田、霖田二都，其历来为客家人聚居之地。他们与聚居揭阳县东部、操潮州方言的所谓“福老人”（又称“平洋人”），历来有诸多矛盾。所以，“九军”叛乱一起，就被称为“贼”，“九军之乱”实际上成为两个方言群体之间的旷日持久的大规模械斗，例如，“（九军）欲杀尽平洋人，憎其语音不类也”。[73]冲突的双方都力图与福建的郑成功建立联系，因为郑氏是当时地方上可以寻求支持的最有力量的军事集团。平洋人甚至“备礼往闽请兵”，本意在请将官洪正，不料郑芝龙派来驻守南澳并进兵揭阳的是陈豹。陈豹很快就“招纳九军为义男”[74]，并引“九军”至福州，由南明唐王授予官职[75]，由是，“九军”也张挂了南明的旗号。顺治三年（1646）九月，“九军”大举进攻仍然宗奉南明正朔的揭阳县城，破城后严刑酷法，杀害大批乡绅，毁坏典章文物：

甚而钉锁于天中，以猛火燃迫，至于皮开肉绽。掘坎于地下，以滚汤灌渍，至于体无完肤。多以纸浸油，男烧其阳，女焚其阴，异刑不能阐述。各贼分宅镇营，杀戮乡绅士庶。……通县生员被杀七十余人，饥寒因以病故四十余人。抢掠妇女，尽驱入山。所至破棺碎木主，贼名之曰“辟死鬼”。贼毁文庙，劫城隍，开库狱，焚黄册。[76]

揭阳县城位于揭阳县东部“平洋”（潮州话“平原”之意），历来为潮州话社区。操客家话的“九军”在攻陷城寨后大规模杀害乡绅一类行径，在清初的战乱中屡屡发生，这也是当时潮州士大夫力量明显削弱的缘由之一。有意思的是，“九军”杀害乡绅士庶、毁坏名器文物，却得到明郑政权的嘉奖。破城次月，“陈豹加刘公显为左军都督，铸银印授之，文曰‘镇国将军之印’。其余贼首俱加以都督等官”。从此，“九军”驻扎于揭阳县城，改其名为“都督府”。[77]此后不久，潮州易帜归顺清朝，但“九军贼总督刘有据镇县内，出入仪仗纷纭，官民惮之”。[78]“九军”继续“抗清”，先后进攻潮州府城和潮阳县城。顺治四年至八年（1647—1651），“九军”又迎明郑定国公郑鸿逵等到揭阳驻扎。顺治六年（1649）七月始，“九军”及郑鸿逵部，与其时正叛清降明潮州镇总兵郝尚久部，展开了长达三个月的血战，而这两支军队却同样张挂南明旗号。顺治八年（1651）郑鸿逵部撤退回闽，是年五月清兵杀“九军”首领刘公显。但“九军”余部的活动直至顺治十三年（1656）还见诸史料记载。

所谓“官兵”剿灭“九军”时，对百姓杀戮之甚，与“九军”不相上下。如顺治八年（1651）总兵班志富和郝尚久围攻“九军”将领固守之揭阳白塔三寨时，“郑厝仓、许厝寨相继出降者七百夥，妇女千口，班、郝令依各营。是晚，密令兵杀之”。至攻破洪厝寨时，“兵乃拥入，将内千余男妇，一概杀戮”。而《（雍正）揭阳县志》竟对此津津乐道，称赞“班、郝二镇，未称全人，亦做一场美事”。[79]至于官兵驻扎、征战时因征调军需，对久经战乱的地方社会的严重摧残，更是史不绝书。以顺治十二年（1655）清兵与明郑军队在揭阳的一场战役为例：

> 自九月中，闽以七日破揭、普、澄三邑，平南王命……共兵一万余……潮镇刘伯禄、饶镇吴六奇并蔡元等兵七千余，自十月二十二日扎官径，至十二月二十四日移扎罗山……时知府黄廷献令舟车所至，答物不计。本县乡寨取马谷以千以百，抽寨夫以万以千，余物接踵不绝。百里内地，竹木一尽，大小祠堂，折毁无存。兵马之出，如渔如猎，老幼被拘者，以财物赎归。使令稍不如意，挞打弹射之毙，了不介意。又造事诬捏乡寨，妄指杀兵盗马之类。[80]

官兵这种拆祠毁屋、拘人收赎、严刑酷法、诬陷贤良的做法，与一般意义的“盗贼”所为并无二致。时值多年兵祸之后，计顺治三至十二年这九年间，揭阳已经六次破城，地方受摧残之甚，可想而知。

既然地方社会无法判断哪个政权委任的官吏具有“正统性”，从地方大吏到山海之盗，都时而顺明，时而降清，而不管是所谓“明军”还是“清兵”，其行径都如同寇匪，那么，各个乡村都只好在明代后期已经建设的军事设施和军事组织的基础上，依靠乡村自身的力量和传统的村际联系，力求自保。谨以李介丞《明季岭东山寨记》中记载的几个乡寨为例：

> 惠来县虎头山寨……明末举人林万贤谋复明室，重筑为寨，名禁城寨。密遣人赴南都，奉札授兵部主事符，号召四方。寨延袤三百余丈，下临大溪，凡来往米船，皆抽取军饷。龙溪一带村乡，许佃户纳租三分，抽其七分为兵粮，从事练兵。揭阳县蓝田都金汤寨：甲申明吏部员外郎罗万杰所筑……万杰辟榛莽，夷山筑墙，内建街市，招集商贾，乃征其地租货税，凭以练兵，保聚为卫。大埔县白候堡：明祚鼎革之际，寇贼四起。乡人杨廷珙、杨士蔚等，率众于白候乡中，筑土堡，练丁壮自卫。……海阳县乐仙围：……明季甲申国变，闽贼姜世英、郑芋匏、叶祝老等先后寇县境，叶贼更以数千人屯郡城，肆行焚掠。（杨）昌时捐资筑寨，设防捍御，邻近乡民避难，赖以保全者数百人。[81]

李介丞明言，撰写该书时，主要依据地方志等文献以及相关家族的族谱，所以，杨士蔚“心怀明室”云云，或属杨族后人溢美之词。而林万贤所谓“密遣人赴南都，奉札授兵部主事符”的说法，无疑使他“凡来往米船，皆抽取军饷”，又“许佃户纳租三分，抽其七分为兵粮”的举动，变得出师有名。总之，以一村寨之力，要反清复明，肯定无法做到，而这些村寨首领不管嘴里如何标榜，实际上只能是拥寨自保。值得注意的是，尽管在更大的地域社会的层面上，最有权势者都是拥兵自重的豪强，但在具体的乡村里，出面率众捍御兵祸的，仍有许多是乡居的士绅。

康熙二十七年正月十五日（1688 年 2 月 16 日），澄海县樟林乡83岁的老人上林氏记述了樟林从“开村”以来的历史，其中有关清初四十余年历史的记载为其亲身所经历，可以真确地看到一个村子在历史重大转折时期的遭遇与命运，弥足珍惜。现不避繁赘，节引如下：

乙酉年（1645）我苏湾都被棣头黄海如倡起破澄。之后不惟县北埔尾陈斌继之，而山门则有唐其观，南洋则有许龙，福建则有郑成功。相与残害海滨乡村、郡邑，以致我皇清皇威震怒，有斥地之令，以绝寇食……

我澄实在内□，幸新受总兵许龙保荫，是以缓迁。众荷其功……不意……复有奉旨斥地之令。随于康熙三年甲辰（1664）我澄全斥，仅留南洋、程洋冈、南沙寨等乡一圈，名曰两河中间。我乡先斥，屋宇、砖石、物件、树木悉被未迁之人搬斫已尽。后至丙午年（1666）南洋等乡亦斥，即有奉旨着许眷属搬程乡，未几又钦差大人同提督拘许上京归旗。

后至戊申（1668），钦差大人、平南王、督抚、提督又沿海巡勘，见迁民哀哀载道，野骸析足，亦为之伤心惨泪。……后督抚大人一暨回巡归省，血奏复地设防。奉旨恩准，即于康熙八年己酉（1669）许海内之民归复开耕。即于是年议设营垒于东陇渡头榕脚，因乡乏人理事，被究棍攒来俺乡中筑防，周一百四十丈，高一丈四尺，置三门，设守备一员，兵五百名以御。从来设兵以卫民，今且民以卫兵，噫！怪矣哉！……

后至康熙十三年甲寅（1674），不意潮城总兵刘进忠公子续顺构难，干戈复起。我滨终为贼扰，清欲索粮草，明欲急米柴，百倍征输，派派不休，苦无何。遂有抛犊而为兵，遂有弃锄而入盗……是以丁巳、戊午二载（1677—1678），社散丘墟，蓬蒿满室……兼以次载康熙十八己未五月初七日（1679年6月14日）黎明，海寇邱辉率夥数千劫掠我乡焉……

次年庚申（1680），王师扫平，而余丑倾心向化矣，而滨村始渐无虞矣，而人始得安寝矣。[82]

如前所述，嘉靖三十五年（1556）樟林已经建设城寨，以后虽然不断有盗贼破寨的记载，但寨墙屡破屡修。樟林寨最后被拆毁，是康熙三年（1664）迁海之后的事情。复界以后，在乡村中央虽然也有官府出面建设的城寨，但该城寨规制甚小（原寨墙共长“八百丈零五尺”，而新寨墙只有一百四十丈长，城寨面积不及原来的二十分之一），只是澄海协右营守备署的兵营而已，百姓无从入内居住。所以上林老人才有“从来设兵以卫民，今且民以卫兵，噫！怪矣哉”的感叹。这样的情况其实相当普遍，潮州沿海三五十里“迁界”范围内的城寨，在“迁界”中基本上都损毁殆尽，“复界”以后这些城寨基本没有重建，沿海少数由官府出面建设的城寨，大多只是绿营的兵营。与之同时被削弱的，是这些村寨的军事力量。可以见到，“复界”之后樟林对各类“人祸”的抵御能力大不如前，动辄出现“社散丘墟，蓬蒿满室”的凄凉景象。

上林氏记述中提到的许龙，也是明末清初潮州著名的豪强，他"拥众据南洋，擅海上鱼盐之利，家数十万"[83]，许龙占据的南洋地方，也就是隆庆、万历年间大海盗朱良宝结寨盘踞之处。许龙占据南洋二十余年，因与隔海相望的南澳岛的郑氏力量不断冲突。郝尚久第二次叛清复明时，许龙也受其节制。郝兵败后，许又再次降清。虽然其间多次随朝廷大军征伐潮州各县，但其基本力量始终守据南洋一地。许龙在地方上势力的瓦解，也是"迁海"的结果。虽然开始时因其"挨延不行"，朝廷留下"两河中间"一圈地方未迁，但两年后许龙还是被迫举家迁徙程乡，最后被拘上京归旗。由此事例可知清初"迁海"的另一个效应，就是铲除了一百多年来活跃于沿海地方的军事豪强。许龙的结局算是比较好的，其时潮州沿海还有许多拒迁的豪强，最后都被清兵剿灭。如占据惠来县靖海卫地方的苏利，就公开拥兵叛乱，拒不迁入界内，结果康熙三年（1664）被清兵"杀败身死"。[84]次年，朝廷再遣许龙率水师，招降收编了苏利余部。

上林氏记述中提到康熙十八年侵扰樟林的海盗邱辉，是"迁界"以后潮州沿海唯一有能力继续占据"界外"，并与外洋通商的豪强势力：

> 丘辉，绰号"臭红肉"，潮阳人。自少投台湾为贼，沿海劫掠十余年。康熙己酉（1669）统贼艘数百围龙湖，见乡兵有备，却退。其余流劫海阳、揭阳、澄海、惠来、普宁数百十乡寨，掳去妇女前后不啻数万，以貌之好丑估价听赎，否则卖台湾为婢妾。男子则卖为奴，或以代

> 牛。老者、病者立杀之，僵尸遍野。庚戌（1670）以后授台湾伪扎，公然开府于达濠埠，置市廛数百间，擅一府鱼盐之利。潮商买盐上广济桥贩卖，非有贼票不敢出港也。甲寅（1674）潮镇刘进忠叛降海，海寇授辉为副将，镇潮阳、惠来。十九年（1680）海寇败遁，辉焚巢随之厦门。二月念七日厦门破，辉还据达濠，日事劫掠。[85]

邱辉开始时在沿海劫掠，无定所。康熙五年（1666）与郑成功派驻厦门的部将江胜"结为儿女姻"后，才归达濠，与厦门互为犄角。[86]其时潮州正在"迁界"其间，达濠在"界外"。邱辉可以占据达濠十余年，除了一度与"刘进忠之变"有关系外，主要是由于其与台湾郑氏势力的关系。不过，邱辉的所作所为已是百余年来潮州沿海豪强活动的余绪，康熙十九年（1680）清军平达濠，邱辉下海遁走。康熙二十三年（1684）清政府统一台湾，同年开海禁，潮州沿海为时一百多年的地方动乱局面终告结束。

七、结语

近二十年关于明末"倭寇"问题的研究，最重要的突破，是发现明代官方史料所记载的东南沿海"倭寇"，大多数乃中国沿海的"海盗"与"势家"，"倭寇"实际上是从事海上走私贸易的"海商"集团。[87]"倭寇"问题的症结，主要不在于中日两国间"朝贡"贸易关系和日本国内政治格局的变化，而在于明朝政府厉行"海禁"政策，与嘉靖以后东南沿海高度发展的商品货币经济（即所谓“资本主义萌芽”）产生深刻矛盾。

但是，本文从潮州地区长时段的内部发展，来考察当时沿海社会动乱的缘由，发现这一时期潮州沿海的“盗贼”集团，并非全部具有海上贸易活动的背景，地方动乱的根源，也主要不在于“禁海”与海商走私贸易的矛盾，而是“整体的”社会结构“转型”的一个方面。实际上，明末清初是潮州历史上的重大转折时期。其间，潮州府地方政区的重新划分，乡村聚落形态的“军事化”，以宗族组织和民间神祭祀为核心的乡村社会组织的重新整合，户籍和赋税制度的重大变化，当地人对地方文化传统和历史渊源的重新解释，等等，这些影响深远的社会变动，就在“倭乱”的背后发生着、进行着。[88]所以，仅仅从贸易或经济发展的动因去解释“倭寇”的起源，难免以偏概全。

在《明史》等官修正史中，明代中后期东南沿海地方社会的动乱，基本被解释为明朝军队与“倭寇”之间的战争。有人认为，明代中后期的倭乱起于嘉靖二年（1523）宁波的所谓“争贡之役”，止于嘉靖四十五年（1566）俞大猷、戚继光把潮州著名“海盗”吴平赶离广东。从隆庆开始，“中国大陆沿海，大体上呈现出暂时的相对平静的状态”，“倭寇之祸解除，中国沿海社会经济又得到正常的发展”。[89]隆庆以后，朝廷用兵的重点转移到北部边防，研究者在正史中所见隆庆以后著名将领建功立业者大多在北方，就容易产生东南社会已经“由乱入治”的错觉。

本文的研究表明，至少在潮州地区，社会动乱是一个从明代天顺年间延续至清代康熙中期的二百余年的过程，其间地方社会出现了复杂的分化和整合，官员、士绅、军队、“盗贼”和一般百姓之间的关系不断变化，实际的社会运作中，义理与功利并重，功名与势豪共存。这样复杂的历史变化实况，不管将其单纯归结为贸易管理、行政控制或军事征伐的得失成败，都与真实的情形相去甚远。

既然有理由把明清之际潮州地方社会的动乱与“转型”视为一个连续的过程，那么，对清代康熙初年实行的“迁界”的背景就有重新检讨的可能。以往研究者大多将“迁海”视为清王朝对付退守台湾的明郑势力的一种手段，讨论的重点在于最早建议实施“迁界”者的责任和沿海“迁民”的苦难。[90]

本文的研究,却显示出“迁界”也是清王朝在地方社会“民”“盗”难分，政治与文化的“正统性”严重混乱的情形之下，所实行的重建社会秩序的有效措施。沿海数十里之内的百姓在驱赶之下背井离乡，生计无着，自然苦不堪言。但是我们也见到，“迁界”以后，影响潮州地方社会一百多年的“海盗”和“豪强”的力量不再活跃，乡村的军事设施和军事组织（特别是“乡兵”）的重要性也远不及明末，被划于“界外”地区的军事性城寨基本被拆毁，“复界”之时乡村社会内部的权力结构也发生了变化。无论如何，从明代中叶开始的地方社会的动乱局面，正是在“复界”之后逐渐完结的。康熙中期以后，潮州乡村的社会控制形态与社会组织,较之从前有很大的不同,从明代中叶开始的地方社会的“转型”过程，终于在“复界”之后不久告一段落。

在这个二百余年的社会变化过程中，地方动乱与社会整合的关键之一，是身份与认同的问题。在当时极端复杂的情形之下，地方官府和士绅们难以解决但又常常必须面对的一大问题，就是如何明确地界定“民”与“盗”。而地方上的几乎每一个人，也自觉不自觉地面对着同样的问题。在当时潮州实际的社会生活中，面对着所谓“民将尽化为盗”“有盗而无民”的复杂情势，不管是官府要确立自己统治的基础，还是士大夫想维护本地的利益，都需要以变通精神实践儒学义理和法律原则。这也就是安插“抚民”而导致“抚盗”问题出现的缘由。如果说，明代后期的城寨与武装，尚可根据其与官府的关系，来勉强界定为“民寨”“乡兵”或“盗寨”“贼兵”的话，那么，在清初四十年“不清不明”的混乱时期，则赖以做出这种判断的相对客观的标准也变得非常模糊。在这个过程中，我们也可以看出“国家”的观念对于中国乡村的生活具有何等重要的意义。传统中国社会的所谓“身份”与“认同”问题，归根结底，往往是与“国家”关系的观念问题。

注　释

[1] 可参见张维华，《明代海外贸易简论》（上海：上海人民出版社，1956）；戴裔煊，《明代嘉隆间的倭寇海盗与中国资本主义的萌芽》（北京：中国社会科学出版社，1982）；林仁川，《明末清初的海上私人贸易》（厦门：厦门大学出版社，1985）；郑梁生，《中日关系史研究论集（五）》（台北：文史哲出版社，1995）。

[2] 黄佐，《（嘉靖）广东通志》（嘉靖四十年［1561］刊本，香港：大东图书公司，1977影印）卷66《外志三·海寇》，第1787~1788页。

[3] 《（嘉靖）广东通志》卷66《外志三·海寇》，第1788页。

［4］李惠，《平寇记》，载陈树芝纂修，《（雍正）揭阳县志》（雍正九年［1731］刻本）卷7《艺文》，收入《日本藏中国罕见地方志丛刊》（北京：书目文献出版社，1991），第479页。

［5］李龄，《赠郡守陈侯荣擢序》，载《李宫詹文集》，收入冯奉初辑，《潮州耆旧集》（道光二十七年［1847］刊本，潮州文献丛刊之一，香港：香港潮州商会，1980影印）卷1，第10页。

［6］李惠，《平寇记》，载《（雍正）揭阳县志》卷7《艺文》，第479页。

［7］王天性，《志左侯应祀名宦事略》，载《半憨集》，收入《潮州耆旧集》卷16，第288页。

［8］《（嘉靖）广东通志》卷66《外志三·海寇》，第1791页。

［9］陈天资，《东里志》（万历二年［1574］刊本，载古瀛志乘丛编，潮州：潮州市地方志办公室辑补影印，2004）卷2《境事志·灾异》，第49页。

［10］郭春震，《（嘉靖）潮州府志》（嘉靖二十六年［1547］刊本）卷1《地理志》，载饶宗颐编集，《潮州志汇编》（香港：香港龙门书店，1965），第70页。

［11］林大春，《井丹林先生文集》（民国二十四年［1935］据万历本校刻本，潮州文献丛刊之三，香港：香港潮州商会，1980影印）卷8《状疏表》。

［12］林大春，《上谷中丞》，载《井丹林先生文集》卷15《书》。

［13］郭子章，《潮中杂记》（万历十三年［1585］刊本，潮州善本选集第一种［潮州文献丛刊之八］，香港：香港潮州商会，1993影印）卷11《国朝平寇考下》。

［14］郭棐撰，黄国声、邓贵忠点校，《粤大记》（广州：中山大学出版社，1998）卷3《事纪类·海岛澄波》，第58页。

［15］《粤大记》卷32《政事类·海防》，第891页。

［16］《潮中杂记》卷10《国朝平寇考上》。

［17］王岱纂修，《（康熙）澄海县志》（康熙二十五年［1686］刊本，澄海：澄海市文博研究会，1995影印）卷19《海氛》。

［18］《东里志》卷2《境事志·灾异》。康熙《澄海县志》系许朝光被杀事于隆庆元年，见《（康熙）澄海县志》卷19《海氛》。

［19］《（康熙）澄海县志》卷19《海氛》。

［20］《（康熙）澄海县志》卷19《海氛》。

［21］《（康熙）澄海县志》卷19《海氛》。

［22］林大春，《上谷中丞》，载《井丹林先生文集》卷15《书》。

［23］《（康熙）澄海县志》卷19《海氛》。

［24］以上有关许瑞的几处引文，俱出《（康熙）澄海县志》卷19《海氛》。

［25］《（康熙）澄海县志》卷19《海氛》。

［26］《潮中杂记》卷11《国朝平寇考下》。

［27］《（康熙）澄海县志》卷19《海氛》，第8页。

［28］吴颖纂修，《（顺治）潮州府志》（顺治十八年［1661］刊本）卷7《兵事部·朱良宝林道乾之变》，收入饶宗颐编集，《潮州志汇编》，第412~413页。

［29］较小的盗贼团伙被招安的例子，如隆庆元年（1567）澄海大家井的陈世荣、余乾仁、连思恭之乱，官府斩杀“连思恭、陈世业等二百二十二”人，余乾仁等“乞命招安”，经官府安排，“回还原土安

插复业”。见《潮中杂记》卷11《国朝平寇考下》。

[30]《(嘉靖)广东通志》卷66《外志三·海寇》第1790页。

[31]林熙春,《城南书庄集》,载《潮州耆旧集》卷31,第587页。

[32]《井丹林先生文集》卷12《序》。

[33]林大春纂修,《(隆庆)潮阳县志》(隆庆六年[1572]刊本,天一阁明代方志选刊第63册,上海:上海古籍书店,1963,1982影印)卷6《舆地志·乡都》。

[34]李介丞,《明季岭东山砦记》(1936,手抄本)卷3。

[35]这些文献现以《樟林乡土史料》为题,以专集形式收藏于广东省澄海县博物馆。

[36]《樟林乡土史料·古迹大观》。

[37]《樟林乡土史料·樟林建寨破寨事由》。

[38]《樟林乡土史料·樟林建寨破寨事由》。

[39]《樟林乡土史料·筑寨牌文》。

[40]《樟林乡土史料·上林氏记述》。

[41]《樟林乡土史料·抄录呈明府主沟河界址》。

[42]《樟林乡土史料·乡党里甲解疑》。

[43]《樟林乡土史料·上林氏记述》。按:《樟林乡土史料》中有一段长达3200字的关于樟林本地历史的记述,无标题,落款“时康熙戊辰正月望日八十三岁上林氏撰”。本文作者将其定名为“上林氏记述”。也有本地学者引用该材料时,注其出处为“佚名篇”(参见黄光舜《闲堂杂录》,1996年铅印本)。

[44]其实樟林寨的建立并不能完全防止盗贼的侵扰。嘉靖四十二年九月,城寨被海盗攻陷。以后直至清代康熙年间,樟林寨还有十余次

被海盗、山贼攻破的记录。

［45］《（康熙）澄海县志》卷11《兵防》。

［46］《（顺治）潮州府志》卷6《人物部·海阳县·刘布政传》，载《潮州志汇编》，第352~353页。

［47］陈历明主编，《潮汕文物志》（汕头：汕头市文物管理委员会办公室，1985）上册，第335页；同一碑记又载谢逸主编，《潮州市文物志》（1985年铅印本），第659页。兹将该二文字稿予以校订。

［48］《潮汕文物志》上册，第335页。

［49］《潮汕文物志》上册，第335页。

［50］《（嘉靖）潮州府志》卷2《建置志》，载《潮州志汇编》，第78~90页。

［51］陈懋恒，《明代倭寇考略》（北京：人民出版社，1957），第36页。

［52］《（康熙）澄海县志》卷19《海氛》。

［53］此碑文字被广为纪录，见刘抃等纂修，《（康熙）饶平县志》（康熙二十六年［1687］）刊本卷16《艺文》，收入故宫博物院编，《故宫珍本丛刊》（海口：海南出版社，2000）第176册《广东府州县志第11册》，第345~346页；又见《东里志》卷4《公移文》，第120~121页；《潮汕文物志》上册，第337页。

［54］《（雍正）揭阳县志》卷3《兵事》，第307页。

［55］《潮中杂记》卷11《国朝平寇考下》。另外，《粤大记》《（嘉靖）潮州府志》《（康熙）饶平县志》也记载此事。

［56］《（嘉靖）广东通志》卷66《外志三·海寇》，第1789页。

［57］《粤大记》卷3《事纪类·海岛澄波》，第58页。

［58］《潮中杂记》卷 11《国朝平寇考下》。

［59］《（嘉靖）广东通志》卷 66《外志三 · 海寇》，第 1789 页。

［60］《井丹林先生文集》卷 8《状疏表》。

［61］《城南书庄集》，载《潮州耆旧集》卷 29，第 551 页。

［62］《井丹林先生文集》卷 13《记》。

［63］《（隆庆）潮阳县志》卷 2《县事纪》。

［64］《（隆庆）潮阳县志》卷 2《县事纪》。

［65］《（隆庆）潮阳县志》卷 6《乡都》。文中提及之《灵威庙记》即《重建灵威庙记》，也为林大春所撰，主要记述嘉靖四十四年潮阳士绅重修灵威庙（双忠庙）的由来，其中着重叙述历次“盗乱”中双忠公显灵捍灾御患的“灵验”故事。庙记全文见同书卷 15《文辞志》。

［66］《（雍正）揭阳县志》卷 3《兵事》，第 307~309 页。

［67］《（顺治）潮州府志》卷 7《兵事部 · 余五姊之变》，载《潮州志汇编》，第 415 页。

［68］有关清初潮州的政局与战乱以及相关的资料来源，可参见饶宗颐纂，《潮州志》（1949）《大事志一》《大事志二》，载《潮州志汇编》，第 655~667 页。

［69］《（雍正）揭阳县志》卷 3《兵事》，第 309~310 页。

［70］以上几处引文俱出自郭之奇，《为潮事可忧有四等事疏》，载氏著，《宛在堂集》，收入《潮州耆旧集》卷 33，第 631~632 页。

［71］《（康熙）澄海县志》卷 19《海氛》。

［72］《（雍正）揭阳县志》卷 3《兵事》第 309 页。

［73］《（雍正）揭阳县志》卷 3《兵事》，第 311 页。

［74］《（雍正）揭阳县志》卷 3《兵事》，第 310 页。

[75] 饶宗颐纂，《潮州志·大事志一》，载《潮州志汇编》，第655页。

[76]《（雍正）揭阳县志》卷3《兵事》，第310页。

[77]《（雍正）揭阳县志》卷3《兵事》，第311页。

[78]《（雍正）揭阳县志》卷3《兵事》，第312页。

[79]《（雍正）揭阳县志》卷3《兵事》，第317页。

[80]《（雍正）揭阳县志》卷3《兵事》，第319页。

[81]《明季岭东山寨记》卷13。

[82]《樟林乡土史料·上林氏记述》。

[83]《（康熙）澄海县志》卷15《人物·武功》。

[84] 张玿美纂修，《惠来县志》（雍正九年［1731］刊，民国十九年［1930］铅印）卷11《兵事》，收入《中国地方志集成·广东府州县志辑》（上海：上海书店，成都：巴蜀书社，南京：江苏古籍出版社，2003）第27册，第653页。

[85]《（康熙）澄海县志》卷19《海氛》。

[86] 江日升，《台湾外纪》（台湾文献史料丛刊第六辑第118册，台北：台湾大通书局，2000），第239页。

[87] 可参见戴裔煊，《明代嘉隆间的倭寇海盗与中国资本主义的萌芽》；林仁川，《明末清初的海上私人贸易》。

[88] 参见陈春声，《嘉靖"倭乱"于潮州地方文献编修之关系——以〈东里志〉》的研究为中心》，载《潮学研究》第5辑（1996），第65~86页。

[89] 李光璧，《明代御倭战争》（上海：上海人民出版社，1956），第9、85页；又可参见陈懋恒，《明代倭寇考略》；王婆楞，《历代征倭

文献考》（上海：正中书局，1947）。

［90］参见谢国桢，《清初东南沿海迁界考》，《清初东南沿海迁界补考》，载氏著，《明清之际党社运动考》（北京：中华书局，1982），第237~278页；马楚坚，《有关清初迁海的问题——以广东为例》，载氏著，《明清边政与治乱》（天津：天津人民出版社，1994），第257~277页。

晚明文人与旅游风气

周振鹤

中国历史上向来重视地理学的研究，但与研究小学是为了解经一样，研究地理是为了读史的需要。因而在正史中多数列有地理志，独立的地理学著作则始终附属于史部典籍之中。地理学在中国成为一门独立的学问可以两部重要著作为标志，一是徐弘祖的《徐霞客游记》[1]，一是王士性的《广志绎》[2]。这两部大作是近世地理学观察、描写自然环境与人文景观的典范。它们突破了过去地方志式的对各地位置、幅员、山川、人口、风俗等内容简单、分类式的记载，将作者对自然界与人文社会的缜密观察作如实的描写，而且企图从中得出一般性的理论思维。徐霞客与王士性都生活在晚明，他们的地理著作的出现并非偶然，而是与当时社会的大变动有密切关系。他们两人是晚明旅行家群体中的出类拔萃者，《徐霞客游记》与《广志绎》则是大量游记的特殊升华。本文会专从明人文集来透视晚明普遍存在的旅游风气，以表现徐、王著作产生的社会背景。

明人文集数量甚大，所藏地亦甚分散，好在近年来继影印《四库全书》之后，连续出版了《四库全书存目丛书》《四库禁毁书丛刊》等几部大丛书，使得检索工作得到很大的便利。虽然迄今为止，对明人文集的数量尚无确切的统计，但经复旦大学等单位的初步普查，已列出海内外明人文集有七千条（一种版本算一条），有别集的人数为3203人。其中一人有别集数种者不多。如茅坤者，一人而有六七种毕竟少数。即连三四种的也很少，有的虽有两三种，但分几种情形：一是全集与选集之别（如徐阶有《世经堂集》，又有《少湖先生集》，不目验无法知道前者是后者的节选集）；一是全集与不全集之别；一是刊刻者多，名称改换，似为两集，实为一集。因无法一一仔细甄别，故本文暂以著者数当文集数，估计相去不会太远。

今将文渊阁本《四库全书》所收明人别集238种，全部检索一过，从第1269册郑善夫《少谷集》始。《四库存目丛书》所收明人别集595种，亦全部检索一过，从第80册以下，则详细查阅。《四库禁毁丛刊》尚未毕全功，从已出121册中查阅所收全部明人别集，有153种。三种大丛书中共检索明人文集总数近千种（实986种），则所目验已占明人别集近1/3，标本很大，有相当的代表性。检索与详细查阅的目的，是为了了解明人文集中地理游记的大致数量与内容，并由此探明晚明旅游风气的基本特点。

一、旅游风气的普遍性与深刻性

晚明社会是黄宗羲所谓的“天崩地解”的时代，追求人的正常生活以至于个性解放成为文人的生活目标，因此许多文人不再将自己封闭在书斋里头，而是走向大自然，走向气象万千的社会，将自己融入天地人群之中，有人并且以己为宾，以自然与社会为主，记录下自己的感受，形成多种多样的，超越前人的精彩游记。这些游记有相当大的普遍性，而且越到明末，这类游记的数量越大，虽然其中大量的仍然是一般游记，但其中有一部分已成为独具特色的地理游记。

这些游记共有 450 篇左右（参见附录），数量不小。牵涉的作者约 115 人，约占检索明代作者的 1/8，占明后期作者的百分比未作详细统计，但按比例当在 1/3~1/4。其他 2/3 或 3/4 的作者并非不旅游，而是未有游记专篇，但仍有大量的旅游诗传世。更有个别人自称或人称好游，且所取字号也与旅游有关，却无旅游诗文的制作，如五岳山人虽以“五岳”为号，但并无五岳游记，只有五岳诗五首而已。这些人与前此各朝代热衷旅游的人差别较小。换言之，并非所有旅游者都能成为旅行家，而在旅行家中也只有极少数能成为地理学家。但非有金字塔式的构造，亦即非有普遍的旅游风气，非有大量的一般旅游者出现，则无由造就塔尖小量的旅行家以及更为小量的地理学家。

若以时期的特点而云，则正德以前的游记甚少，不过十来篇而已，而且即使有个别以游记为名者，亦无游记之实，如登弘治十八年（1505）进士科的郑善夫，其《少谷集》卷 10 中虽有《春雨游大石记》《夜游虎丘记》[3]，类皆写景抒情之作，无关地理。嘉靖间游记明显增多，约有百篇，但多为小品，数百字而已，这些游记与一般普通以“记”为名的散文没有太大差别。至万历及天启、崇祯间，游记的写作甚为普遍，计有三百数十篇，有些“记”虽不以游记为名，也有游记之实。而且本文附录所选录游记篇目，嘉靖以前偏宽，万历以后偏紧，否则前后两个时期游记数量的悬殊更大。不但如此，明后期不少游记是长篇巨著。袁中道《珂雪斋近集》中所收之《东游日记》《南归日记》皆万言以上[4]，即使陶望龄的《游洞庭山记》亦长至五千字[5]，与嘉靖初之游记至多只上千字者相去不可以道里计。又，明中期游记的题目多作某山记某水记游，这些“记”只是静态描写，而到后期则作游某某山记游某某水记，进入动态描写，将自身介入景物之中。这些差异都说明越到明末，旅游风气越炽，对旅游的精神投入也越多。

由于风气的变迁，许多人在文章中毫不隐讳自己的好游，如无锡人邹迪光说：“余故孱弱，少所济胜，不能游而独好游。……所过佳山水，未尝不游。盖尚平之于五岳，其天性然。”[6]仁和人卓明卿道:“余性癖好名山大川,两浙形胜,车辙马迹且遍。”[7]但在明前期，这样的文字绝不可见，因为其时所谓旅游就是冶游，是为正派的读书人所不取的。而明后期则已出现“山水朋友”“山人”一类的字号。当时以五岳代表天下名胜，所以以《五岳游草》为名的诗文集不止一部,自称“五岳山人”者不止一人,甚而有号“十岳山人”者。

比起前代来，晚明文人不但只是一般的好游，更进而耽于山水，好游成癖，甚而成痴。山水之癖是以山水景物为“自娱娱人”之极的表现，面对山光水色，表现出如醉如痴的极端状态。这是前所未有、后所罕见的现象。在唐虽有游人，而多数流连光景，作为诗料，在宋游风已经稍杀为少数，在清代几乎萎缩到只有极少数人才热爱山水。而晚明却是登峰造极的好游典型。以下所述诸例，可谓一种代表。

袁中道在其《珂雪斋集》中，甚至比况自己的好游是病态：“天下之质有而趣灵者莫过于山水。予少时知好之，然分于杂嗜，未笃也。四十之后始好之成癖。人有诧予为好奇者。……疾病所驱势不容矣，予之于山林也亦若是而已矣。……今年夏晤伯子于仲宣楼下，则其山水之趣尤勃勃不能自已。……予虽好游，常以冗夺，而伯子游履所至，常淹留岁月，以济其山水之欲，则其清胜之具不啻数倍于予也夫！”[8]袁是名人，故有文集传世，而如王伯子者，虽亦好游成癖，然无籍籍名，幸有袁为之作序，后人方得知晓。其时文人多有此类序，可见旅游之普遍。袁中道本人因好游，竟然“自戊申以后，率常在舟，于今六年矣，一舟敝复治一舟”。[9]

袁宏道刚辞吴县令，即“自春徂夏，游殆三月，由越返吴，山行殆二千余里”。[10]又说自己是“抛却进贤冠，作西湖荡子”。[11]袁中道“生平有山水癖，梦魂常在吴越间”。[12]谭元春介绍钟惺生平时说：“所至名山川必游，游必足目渊渺，极升降萦缭之美。使巴蜀，历三峡；入东鲁，观日出；校闽士，陟武夷。东南之久客如家，吴越之一游忘返。”[13]而钟惺在明人中还不算游历最广者。

其时不但好游成癖，甚至还把山水当成乐生的一种需要：“对大江而饭，胃气达目，眼山川则腹溪谷，饭比常加倍。古人以乐侑食，能有此江光、石韵、松声、竹响耶？”甚至将山水拟人化。王思任云：“秀灏所结，山水与文人共持之。山灵欲函文人，其言曰：吾不昵就子，而来饱子、醉子足矣。文人曰：而贾也，我商也；我一见子；即挟子而行，当刳子之貌，摘子之神，夺子之趣，贩鬻于好事卧游之辈，而且奈我之不律何！”[14]直以山水为人了。当然应该注意到的重要的一点是，这些人虽好游成癖，但仍以己为主，以山水为宾，是狎山水而娱己。因此，心只在审美，心只在景色，而尚未及与科学搭界。到了明末的徐霞客则发展为以山水为主，“丈夫当朝碧海而暮苍梧，乃以一隅自限耶”！而以己为宾，以身“许之山水”。[15]因此，徐霞客才会有科学的观察，不仅足迹遍天下，而且以客观描写天下为己任。但是如果没有全社会好游风气，则造就不出徐霞客这样的人物以及科学的观察。因为对山水的景色描写在中国漫长的历史中已经走到了极致，旅游中原地区已无甚稀奇，“其奇绝者闽、粤、楚、蜀、滇、黔，百蛮荒徼之区”。也就是说，必须如徐霞客那样远走云南贵州，才算奇特，而且要从一般的喜好景色，“先审视山脉如何去来，水脉如何分合，既得大势，然后一丘一壑，支搜节讨”[16]，亦即从娱乐进入求知，才算上了档次。

既然对山水之好是近乎狂热，则时人游踪之广之远，也是前所未有的，这样的例子比比皆是：

侯廷佩为范守己的《御龙子集》写序时，不无自豪地介绍自己的游踪：“佩自燕晋过西夏，道出葫芦峡口，径好水川，由陇汧度褒斜，登栈道剑阁以达岷峨之麓，窥江沱之涯，造邛崃之境，而摄衣于犍为……会西南用兵……尝自清水溪，舶五九淋蟆颐黑田诸滩之险，梯凉山黑岂梅子箐青岗坪之危。风涛险恶，瘴雨凄其……及佩奉铨部命，改繁晋阳，己丑三月出蜀，径秦而入晋……而佩复由汧陇达韦灵，过朔方郡，径唐吕温三受降城之南，由绥、宥而过鄜、延，截西河以渡，东入太原……及视事会邑……至于泪汾浒之寒雁，翔太行之赭霞，抚摩诘之遗墟，对崛㟟之山月，憩霍山之孤松，览唐虞之芳躅，攀壶口之仙迹，挹首阳之清风。”[17]侯廷佩登万历十四年（1586）进士，为范守己写序，事在万历十八年（1590），换言之，在短短四年间，侯廷佩游遍了中国西南和西北的角落。

李濂在《乙巳春游稿序》中自述其旅游简历道：“余少厌尘嚣，雅尚丘壑。然家本大梁，苦无山水。间尝阅岳图、海经、洞函、峤录，辄嗒然坐忘，意驰神往。蚤岁宦游四方，每遇佳山水，必掉鞅以游，探奇穷幽，竟日忘倦。乃若京师之西山，襄阳之鹿门，湖南之大别、洞庭，京口之金、焦，吴门之虎丘，无锡之慧山，杭州之西湖，会稽之云门、天姥、若耶、剡溪，四明之天童、雪窦、阿育王山，台、温之赤城、雁荡，河东之底柱、龙门，罔不遂眺览之愿焉。嘉靖丙戌免归，时三十有八，杜门扫轨，不复远游。盖逾二十年于兹矣，乙巳暮春……入王屋，蹑天坛，观济源池，徘徊于龙潭盘谷之间……还经宁邑，过山阳……遂入六真山……迤逦至百家岩、驼峰岭、石门潭，暂憩共城之百泉书院，爰陟苏门山绝顶……兴尽而返。”[18]

即在今日，像侯廷佩、李濂这样的游踪，也是够广够远的，更不用说在四五百年前的明代了。顺便说说，李濂 38 岁以前所经地方不少，但没有游记。20 年蛰居不游，58 岁之后又出游，则写了不少游记，他的个人经历似乎反映了社会风气前后的差异。

对于人文社会的观察则与山水有所不同，而显得更加特别。山水之好是历朝历代都有，虽则有程度之异，尚非明代所特有，明代特有的只是将山水之好发展为对科学的追求。至于对人文社会的观察的爱好，则在明代为极突出之特例。正因为晚明社会追求人的正常生活，并把日常生活表现在文学作品中，视日常生活为人伦大事，摒弃假道学的空谈性命，冲破程朱理学的堤防，有了这样的基础，才会对人文社会有细密的观察，并把社会风俗当成研究记录的物件，并将如画的自然景色和社会的风俗融会在一起，在旅游的同时注意到人文世界。如袁宏道喜爱的不但是吴越的山水，还包括吴越的社会。他游苏州虎丘，不只是看风景，流连名胜古迹，而且特地挑选中秋佳节去观赏，要看的就是社会景观。那一天"倾城阖户，连臂而至。衣冠士女，下迨蔀屋，莫不靓妆丽服，重茵累席，置酒交衢间……竞以歌喉相斗……清声亮彻，听者魂销"。[19]后来的张岱比袁宏道更加癖爱岁时风俗，写下许多纪实小品。浙江元夕的灯会，金山端午的龙舟竞渡，南京濮氏的雕刻，徽州的"天砚"，宜兴的陶壶，刘晖吉女戏，柳敬亭说书，龙山斗鸡，牛首山打猎，枫桥杨庙的"迎台阁"……无一不入其生动的记述。这样的观察与记录，事实上造成人文地理观察的基础，而且在这些文字里体现的地域性差异，实际上就是文化地理的表现形态。

类似这样从观察人文社会入手，而在文化地理方面表达自己突出见解的还有谢肇淛、屠隆等人。谢有《五杂俎》专书，当中对人文地理多有精辟的分析。[20]注意到屠隆地理见识的人较少，但屠隆的《舆图要略》，也大有见地：

大抵西北风土硕厚，其人物敦大而淳朴；东南风土清弱，其人物韶秀而轻俊，此其大略也。秦晋雄险，其人壮悍（山陕）；燕赵疆大，其人慷慨（北直隶）；齐鲁庞厚，其人椎朴（山东）；河洛中土，其人冲和（河南）；巴蜀险阻，其人峭利（四川）；江淮澎湃，其人儁标（南直隶）；徐沛战场，其人刚猛；荊楚广腴，其人迅快（湖广）；三吴秀润，其人华浮；越国吴风，其人近靡（浙江）；豫章瘠土，其人俭陋（江西）；七闽饶沃，其人腻柔（福建）；交广炎州，其人漫散（两广）；滇南辽远，其人闲适（云南）；贵竹僻绝，其人质野（贵州）。[21]

这一大段话，实际上是先粗分全国为两大文化区，以东南和西北对立，再细划为十五区，与明代十五省大致相当而有参差。其中徐沛与三吴皆单独提出，而山西与陕西合，广东与广西合，这大概是时人比较一致的看法。接着又总结说："盖土风从古如此，乃近代以来地气稍变，燕齐秦晋之间向称庞厚，近则朴渐趋华，拙渐趋巧，脂韦妙捷，有东南人不能窥其藩篱者。而东南间或有直戆西北风，又不可统一论也。"[22]在相对稳定的文化地理格局中，又看出变化的趋势，不能不说屠隆的观察与分析是上乘的见识。

当然，对人文地理的解析，要以王士性为登峰造极，一部《广志绎》就是一幅晚明的人文地理图景，是地地道道的人文景观的记录。[23]可是持有类似片断观点并且表现在文集中的并不止他一人，这正是旅游风气的兴盛带来的自然后果。正像地理大发现时代，使西方地理学跃迁到一个新境界一样，明代的旅游风气直接催生了地理学的独立。

二、旅游观点的变迁

1. 明后期风气的转变

一直到明代中期，旅游还不被当成是正经事。登弘治十八年（1505）进士的湛若水，可以说就是看不起旅游的代表，他认为游有三种（按：实即三等），即形游、神游与天游。形游有具体游程："形游者步趋之间，如子之之楚，若干程过清远；若干程过连州；取捷径若干程至茶陵，访罗子钟，乃同子钟一泉若干程谒衡山守蔡百石、谒兵宪潘石泉；若干程抵衡山，又若干程入衡岳精舍，登祝融峰以息焉。此之谓形游也。"[24]神游其实非游，主观唯心想象即可："神游者心思之间，不疾而速，不行而至，如子之思一泉，即是到茶陵；仰企石泉白石，即是到衡州；怀精舍上封，即是登祝融，此之谓神游也。"[25]天游即道学，根本与游不搭界："天游者，与道同流、天地万物同体，勿忘勿助之间，无在无不在之妙，不疾不徐，浑与道俱，所过者化，所存者神。化，故不滞；神，故不测。无入而不自得，昊天曰明，及尔出王；昊天曰旦，及尔游衍。此之谓天游也。天、神之游，惟振卿自得之。"[26]很显然，湛若水以形游为下，以神游为上，以天游为上上。照他这样说，还要什么实质性的旅游，大家在心里想想就够了。这种观点在当时有一定代表性，因为其时看一般旅游仍非高尚之举。所以到了明代后期，李维桢还有"今天下薄游士"的话。[27]

与看不起形游相对应的，还有人认为自古以来，有名的游士多是流浪失意的文人，为官作宦者不应与他们一样。不过以上观点到明代中期已在悄悄改变之中。李濂是正德甲戌进士，其《嵩渚文集》有《答王参政论游览山水书》一文，就是专门反驳这种观点的："谓古人游迹传诸后世者，多羁旅寄寓之士，而仕宦者恒无闻焉。……吾窃以为不然。古人杖履所临，其迹不泯者，亦惟以其人之可重、言之可传云尔，而显融之与漂泊固在所弗论也。……不特览山水之奇变，纵目于风尘埃盍之表而已。公宁无意于兹游乎！乌乎！人生斯世，合志者希，讲学论文，天壤至乐。……伏冀俯鉴同心，裁度期约，则千里盍簪之朋，百年丽泽之益，不在古人，而在吾辈矣。岂非逸民之孤踪，斯文之雅集哉！"[28]

到了明后期，旅游已变成一种"名高"之事了。谢肇淛介绍自己的游历，云："夫世之游者，为名高也。故尝远耽而近遗，其所谭矢注慕，在五岳八极、汗漫象罔之外，而跬步之丘壑，往往不能举其策。余少也贱，束发之四方，所至名山大川，流赏几遍。东至海岱，西浮洞庭，北登碣石之宫，南揽白门之寺。吊和黍以伤悲，耽烟霞而忘返，二十年于此矣。而故乡往迹至或阙如。"[29]虽曰自我批评，倒也不无自我吹嘘的成分。

这时自然再也不把形游当成是下三等了，巧的是其时也同样有人将游分为三种，却完全是另外的概念了。邹迪光有这样一番夫子自道："邹生曰：夫游有三，一天游，一人游，一俗游。靡曼当前，钟鼓列后，丝幛延袤，楼船披靡，山珍水错，充溢圆方，男女相错，嬲而杂坐。涟漪不入其怀，清音不以悦耳，是谓俗游。天宇晴空，惠风时至，朗月继照，诸品一涤，枕石漱流，听禽坐卉，横槊抽毫，登高能赋，野老与之争席，麏麋因而相狎，是谓人游。无町无畦，无畛无域，审乎无假，挥斥八极，出入六合，挠挑无垠，乘夫莽眇之鸟，而息夫亡何有之乡，是谓天游。余不能天游而大厌俗游，庶几人游已乎。……夫山无尽而吾有尽，吾不以有尽尽无尽，则一往即百来，跬步亦千里也，是真方外之游。”[30]这一认识，从根本上提高了湛若水所谓不上台面的“形游”的地位。

更有甚者，是把旅游抬高到至尊无上的地位，旅游其间扫兴，据说比国破家亡更加惨痛。袁宏道宣称：“天下有大败兴事三，而破国亡家不与焉。山水朋友不相凑，一败兴也；朋友忙，相聚不及，二败兴也；游非其时，或花落山枯，三败兴也。”[31]

但一旦旅游成为名高之事，也就出现了各种人都来凑热闹的局面，以至于陈继儒批评旅游之庸俗化：“若游者非文人才子，正如醉梦人，梦骨以为丘陵，梦发以为草木，梦耳鼻以为洞门，梦口以为河，梦舌以为沙，梦眼以为日月，梦气以为云雾。困极迷离，游而不得。出则呓语沸发，辄以一唤为幸。问其梦何状，则欠伸呿张，莫能名其所以。俗儿见山迫欲归，归则愦愦如故者，何以异此！更有强作解人，漫无可否，每辄言佳，此山水中乡愿！”[32]

王衡则盼望“游道少清”，曰：“昔游有二品，今加三焉。贾之装游也，客之舌游也，而又有操其边幅之技，左挈贾而右挈客，阳吹其舌于风骚，而阴实其装于稇橐，施于今而游道辱矣。”[33]

更有人进而批评王公大人前呼后拥的旅游。陈继儒以反话讽刺说：“余闻之，名山洞府，造物不付之冠剑车骑贵人，而私之隐君子。此语似有致而实否否。夫王公大人之游，或侍宸舆或领使节，屯军驻跸，问俗褰裳。小有未济，则兵丁曹伍，腰镰负锸而前道之，能使目与足两无憾而后止。若蓬翟逸民，不过三尺筇与一屐耳，历览几何而辱之曰游！则不得不退寻纸上之陈迹而指数之曰：是某水、是某丘，若置其身于空青钝碧之间，以稍自宽云耳。则卧游编者，冠剑车骑贵人可无，而隐君子不可不有也。且山游之难，我知之矣。”[34]

旅游风气的转变从上面的不同论述可以看得很清楚。

2. 人与旅游物件的关系

对于旅游的功能，最普通的是认为旅游能有助于诗文的写作，这是从古以来的观点。人若不旅游则文辞枯涩，写景拙思。上面所说“游道日广，知益日多”就是这个意思。当然旅游还有开阔心胸的作用，这也是从来的认识，只不过明人将这点说得更加明白罢了。穆文熙就说：“大抵北士不游南，其文词不丽。南士不游北，其览眺不雄。”[35]这从侧面也点出了南北山水之异，一秀丽一雄浑。雄浑的景色可以开阔心胸，所以万历壬辰（1592）进士毕自严说：“从来宇内名山大川可以开辟胸臆，陶铸性灵……士君子未有不以登选奇胜搜讨灵异为愉快者也。”[36]

开阔心胸显然是为了个人的满足，其在明代的发展，就是追求旅游的适意。李开先将这个意思表达得很清楚：“人生贵在适意，适意不在奇；人生难在会心，会心不在远。然非奇远不足以雄大观而肆遐踪……但甘钟鼎者以山泽为枯槁，耽超旷者譬市朝于桎梏。盖乐生之性均而殉物之情异也。予自龆年游庠序，即欲穷仁智之好，而轻仕进之心。将激清流以濯缨，蹑高冈而振响。及履仕途，官户部，在京则皇陵诸山无不历览，而西山尝两至焉。出使则北居庸，西太白、终南、贺兰皆其所尝身之者。及在吏部，随驾至承天，陪祭显陵，五岳望其二而登其三……罢官后屡约江午坡、罗念庵、吕江峰、熊南沙、唐荊川、王遵岩诸相知，同游荊之武当、闽之武夷、江右之匡庐、浙东之天台雁宕、川巴之峨眉剑阁。予以懒病不果往，罗、唐、熊、王四子虽未尽游，然已如约矣。每有书来，矜炫且蒙讥弹。予惟叹羡之已耳，甘受之已耳，追悔何及哉！”。[37]李氏为嘉靖八年己丑（1529）进士，游龙藏洞时在嘉靖二十四年（1545），时好游已渐渐成风，李氏之文描写亦颇详细。不过其出游似皆因公之便，即当时所谓的宦游。至于罢官后的私游则托“懒病”了。

方鹏也主张“吾适吾意”，他说：“……（诸人）觞予曰：游观之道贵乎冥搜邃讨，往而忘返，乐而忘疲。二君倏去倏来，何其兴之高而情之寡也！予曰：不然，烟霞泉石之趣，功名利达之怀，虽清浊雅俗之不同，其癖一耳。慕之切必累吾心，玩之专则丧厥志，吾适吾意而已，不可贪也。”[38]看来适意之游是当时不少人的想法。

既为了适意，则冶游也无可厚非，所以田汝成在《西湖志纂》的《序》里直率地说：“客有病予此书多述游冶之事、歌舞之谈，道欲宣奢，非以长化也。予则以为志者，史家之一体也。史不实录，则观者何稽焉！故泰华、终南，守国者恃为金汤之固；武夷、雁荡，栖真者隐为解化之区；岳麓、鹅湖，讲学者辟为都授之所。西湖三者无一居焉，而欲讳游冶之事、歌舞之谈，假借雄观，只益浮伪耳，史家不为也！”[39]这些话的潜台词就是，杭州这样的地方就是应该让人来冶游的。这一思想给王士性以直接的影响，王在《广志绎》中公开地将杭州的旅游业作为正业来看待，这在当时是一种相当先进的思想。

将山水与我合为一体，但以我为主，而以山水为宾，这是较普遍的观点。谢肇淛《小草斋文集》的《游燕二集自序》云：“夫山水吾自有之，则吾主而山水宾也，吾借之以供杖履焉。赏谐而心会，一再游足矣。吾苟不自有之，而以还之天地，则天地无尽，而代吾有之者亦无尽，吾以倏然忽然之身，过其隙如山狨、海黾，老且死焉，不知其足也。不然者是其摩崖而颂，蜡屐而登，戯欷堕泪，而欲托焉者，尚未改色而白杨累累，已成劫灰矣。”[40]他在《陈伯孺游草序》中说：“夫游之难，游而有所受焉之难也。灵闼足以会心，陈迹足以兴感，流揽足以畅耳目，啸咏足以俟千秋，伯孺于是为不廉矣。”[41]

既以我为主，以山水为宾，则山水之奇不奇就是主观的，而不是客观的问题了。所以沈恺说：“环宇内称山川之奇者不为少也，然奇不在山川，而所恃以为奇者，岂不以人哉！今夫好游者遇有名胜，辄掞词摛藻，非不人人能，然以余所睹记，率多流连光景，凌虚驾空而侈言无当。此其游，即日在岩壑中与泉石为侣，而万无所裨益。人固病其达且放矣，余窃伤之。”[42]

但上面已提到，以我为主还不能成为地理学家，至少不能算是科学意义上的地理学家，充其量只能是传统型的地理学家。这在当时也只有少数人能够做到。

3. 其他观点

除了以上主要观点外，明人对旅游还有其他形形色色的看法。

例如，有人认为喜好旅游，实际上是一种求异的心情在起作用。丁奉说："览胜山川者好其异焉耳，厌平地则好异域，厌常时则好异景，然而两者不相值也。"[43]王心一也说："夫人日处故土，耳目所习，即海市蜃楼，亦以为海上平常物耳。一之四方则见一似人者不胜惊且喜，而况怪怪奇奇为予所不见闻者乎！予于是觉吾目之所见、耳之所闻，皆海市蜃楼也，则不能不记。"[44]

又例如认为风景名胜的标准是山水"相遇相敌"，陶望龄说："山水以相遇而胜，相敌而奇。长瀑大溪介于瓯闽之山，细若绅带矣。江湖大壑中虽有孤屿绝岛泛焉若沤，此有以相遇而非有以相敌。善乎蔡升氏之言。"[45]而胡松则认为："凡山水之胜，大都有四：有以其实，有以其人，有号侈而实否，有实羡而名之，斯亦所遭云尔。"[46]

再则对旅游的方法也有新见解：邹迪光云："余出游，率以仆从杂沓、奚囊郑重，多所不便。乃于童奴汰去惰者、弱者，衣履汰其华者，行李汰其不急者，从客汰其倦游者，轻装薄橐。"[47]邹迪光又认为，游须有运输工具（具），又须有才华（笔），而且笔比具更重要："夫游亦难言矣。必济胜有具，尤必济胜有笔。……两者咸须而纪胜急焉。盖足不能济胜，犹可资筇竹、借篮舆、假岁月而为之；若目饱而腹不得吐，足至而手不能运，为烟霞泉石写照，彼山灵者，为是殚情竭意，以诡异妙丽供人，而人乏一语颂其奇，是大负之。"[48]这种看法十分重要，故明末游记特多，而前期虽有游而少游记，非不为乃不能也。写游记并非容易之事，无准备，无思想，是写不出来的。至于游诗，一般的人都能凑几句，所以明人文集中，游草特多就是这个原因。

《海内奇观》插图。明末是中国历史上罕见的思想解放时代，旅游成为文人雅士的一大爱好

又，魏文焲乃嘉靖甲辰进士，其《石室私抄》卷五《桂林杂记序》云：“国家承熙洽之运，寓内奠安，文武臣僚得以其暇，怡情山水之胜，游心翰墨之场。”[49]认为天下太平是旅游兴盛之原由，也有一定道理。

以上这些观点虽有水平参差与见识高低的区别，但说明整个社会盛行的好游之风，已经促使许多人对旅游这一事物进行认真的思考，将其提升为人的生活中必须认真对待的正经事。这是明代社会，尤其是晚明社会发展的一个重要标志。

最后还有一点必须提及，那就是《四库全书》所收明人文集多头巾气，理学冬烘，绝少纵情使性之作，而且游记都特少，且篇幅都不大。除了王世贞的《四部稿》中有数量稍多的游记外，其他几乎屈指可数。包含大量游记的明人文集主要在存目书与禁毁书中，多是一些特立独行的文人所为。由此亦可见乾隆时期编辑《四库全书》时的取向——清人又后退到以旅游为非正轻事了。其后果也是明显的，即清代再没出现过明末《徐霞客游记》与《广志绎》这样的巨著，地理学变成单纯的经院的文献考证了，虽然在这方面产生了不少杰出成绩，但以观察描写为主的地理学萎缩后退了，这正是后来中国地理学落在西方后面的直接原因之一。

附录：明人文集游记篇目选录

说明

· 本附录以《四库全书》《四库全书存目丛书》及已问世的部分《四库禁毁书丛刊》为基础，亦间涉其他大型丛书，检索其中明人文集近一千种，选录其中游记篇章编制而成。

· 游记之选，以文集中游记多者从严，以游记少者宽；以隆庆、万历以后从严，以嘉靖以前从宽。

· 作者之后，尽可能附以科举功名年份等身份资料；文集名、游记名均以《》表示；在游记篇名之后，尽可能附以该篇游记之写作年份。

· 丛书简称：《全书》即文渊阁本《四库全书》，《存目》即《四库全书存目丛书》，《禁毁》即《四库禁毁书丛刊》。

· 凡全书内容均涉及旅游及历史地理者，如王士性《广志绎》、徐弘祖《徐霞客游记》、都穆《游名山记》等，则列为“专著”，不烦摘抄其中有关游记篇章。

作者	文集及游记篇名
都穆 弘治十二年己未（1499）进士	《游名山记》，载《丛书集成初编》第2999册 ・专著
顾鼎臣 弘治十八年乙丑（1505）进士	《顾文康公文草》，载《存目》集部第55册 ・卷8《游马鞍山记》
严嵩 弘治十八年乙丑（1505）进士	《钤山堂集》，载《存目》集部第56册 ・卷27《北上志》，正德十一年（1516） ・卷27《东观杂志》，正德十二年（1517） ・卷27《西使志》，正德十三年（1518）
湛若水 弘治十八年乙丑（1505）进士	《湛甘泉先生文集》，载《存目》集部第56~57册 ・卷18《游西樵记》，弘治十二年（1499） ・卷28《归去纪行略》，嘉靖十九年（1540） ・卷29《岳游纪略》
郑善夫 弘治十八年乙丑（1505）进士	《少谷集》，载《全书》集部第1269册 ・卷10《春雨游大石记》 ・卷10《夜游虎丘记》，正德七年（1512）
吕柟 正德三年戊辰（1508）进士	《泾野先生文集》，载《存目》集部第60~61册 ・卷17《游燕子矶记》，嘉靖八年（1529） ・卷17《游鸡鸣山记》 ・卷17《游牛首山记》
方鹏 正德三年戊辰（1508）进士	《矫亭存稿》，载《存目》集部第61册 ・卷5《登石门山记》，嘉靖三年（1524） ・卷5《游前仓山记》，嘉靖三年（1524） ・卷5《游雁荡山记》，嘉靖三年（1524） ・卷5《游南明山记》，嘉靖三年（1524） ・卷5《游仙都山记》，嘉靖三年（1524） ・卷5《游张公洞记》，嘉靖五年（1526） ・卷5《游大石记》，嘉靖六年（1527） ・卷5《游善权洞记》，嘉靖六年（1527） ・卷5《观海记》，嘉靖六年（1527） ・卷5《游西山记》，嘉靖八年（1529）

丁奉 正德三年戊辰（1508）进士	《南湖先生文选》，载《存目》集部第 65 册 ·卷 7《游郁湾石涧记》 ·卷 7《游天平山记》 ·卷 7《游石湖记》 ·卷 7《游张公洞记》
柴奇 正德六年辛未（1511）进士	《黼庵遗稿》，载《存目》集部第 67 册 ·卷 7《游徐州骆驼山记》 ·卷 7《游散墩湖山记》
齐之鸾 正德六年辛未（1511）进士	《蓉川集》，载《存目》集部第 67 册 ·入夏录·卷下《游牛首山记》
吴仕 正德六年甲戌（1514）进士	《颐山私稿》，载《存目》集部第 70 册 ·卷 7《汉川纪游》
李濂 正德九年甲戌（1514）进士	《嵩渚文集》，载《存目》集部第 71 册 ·卷 48《游王屋山记》，嘉靖二十四年（1545） ·卷 48《游明月山记》 ·卷 48《游百家岩记》，嘉靖二十四年（1545） ·卷 48《游石门潭记》 ·卷 48《游济源池记》，嘉靖二十四年（1545） ·卷 48《游龙潭记》，嘉靖二十四年（1545） ·卷 48《游盘谷记》 ·卷 49《游三湖记》 ·卷 49《游宁邑杂记》 ·卷 49《游雪窦山记》，嘉靖元年（1522） ·卷 49《游东湖阿育王山天童山记》 ·卷 51《尧山记》
陈沂 正德十二年丁丑（1517）进士	《游名山录》，载《北京图书馆古籍珍本丛刊》第 102 册 ·专著
汪应轸 正德十二年丁丑（1517）进士	《青湖先生文集》，载《存目》集部第 73 册 ·卷 3《游雁山记》，嘉靖二十五年（1546）

吴鹏 嘉靖二年癸未（1523）进士	《飞鸿亭集》，载《存目》集部第 83~84 册 ·卷 10《游庐庵山记》
蓝田 嘉靖二年癸未（1523）进士	《蓝侍御集》，载《存目》集部第 83 册 ·卷 4《劳山巨峰白云洞记》
叶良佩 嘉靖二年癸未（1523）进士	《叶海峰文集》，载《存目》集部第 84 册 ·卷 2《游天台山记》 ·卷 2《王氏六老清游记》
徐献忠 嘉靖四年乙酉（1525）举人	《长谷集》，载《存目》集部第 86 册 ·卷 8《游保塔山房记》
陈鹤 嘉靖四年乙酉（1525）举人	《海樵先生全集》，载《存目》集部第 85~86 册 ·卷 17《登虎丘山记》，嘉靖二十九年（1550）
袁袠 嘉靖五年丙戌（1526）进士	《衡藩重刻胥台先生集》，载《存目》集部第 86 册 ·卷 15《游玄墓诸侯山记》 ·卷 15《游张公善卷洞记》 ·卷 15《游金焦山记》 ·卷 15《游西洞庭山记》 ·卷 15《游桂林诸山记》 ·卷 15《游乳洞记》 ·卷 15《游朝阳淡岩记》 ·卷 15《游滞溪记》 ·卷 15《游南岳记》 ·卷 15《游匡庐小孤山记》 ·卷 15《游九华齐山记》
赵时春 嘉靖五年丙戌（1526）进士	《赵浚谷文集》，载《存目》集部第 87 册 ·卷 2《游崆峒记》
王慎中 嘉靖五年丙戌（1526）进士	《玩芳堂摘稿》，载《存目》集部第 87 册 ·卷 4《游荀江记》 ·卷 4《金溪游记》 ·卷 4《游清源山记》 按：以上三篇又载氏著《遵岩集》卷 10，载《全书》集部第 1274 册

龚用卿 嘉靖五年丙戌（1526）进士	《云岗选稿》，载《存目》集部第88册 ·卷9《东游记》
田汝成 嘉靖五年丙戌（1526）进士	《田叔禾小集》，载《存目》集部第88册 ·卷4《玉阳洞天雨游记》 ·卷8《桂林行》 ·卷8《觐贺行》
程文德 嘉靖八年己丑（1529）进士	《程文恭公遗稿》，载《存目》集部第90册 ·卷10《游南旺湖记》，嘉靖五年（1526） ·卷10《游东溪小瀛洲记》
熊过 嘉靖八年己丑（1529）进士	《南沙先生文集》，载《存目》集部第91册 ·卷3《游谢氏庄土桥溪记》 ·卷3《游马脑山记》
胡松 嘉靖八年己丑（1529）进士	《胡庄肃公文集》，载《存目》集部第91册 ·卷4《游茅山记》 ·卷4《游张公玉阳善权诸洞记》 ·卷4《游天台记》 ·卷4《游雁荡记》 ·卷4《游武当山记》，嘉靖十八年（1539）
沈恺 嘉靖八年己丑（1529）进士	《环溪集》，载《存目》集部第92册 ·卷1《游南岳记》 ·卷2《游雪窦记》
李开先 嘉靖八年己丑（1529）进士	《李中麓闲居集》，载《存目》集部第92~93册 卷12《游龙藏洞记》，嘉靖二十四年（1545）
冯汝弼 嘉靖十一年壬辰（1532）进士	《祐山先生文集》，载《存目》集部第95册 ·卷4《当湖胜游记》，嘉靖三十六年（1557）
钱薇 嘉靖十一年壬辰（1532）进士	《海石先生文集》，载《存目》集部第97册 ·卷21《游燕子岩记》，嘉靖十六年（1537） ·卷21《游张公善权洞记》，嘉靖十七年（1538）

周复俊 嘉靖十一年壬辰（1532）进士	《泾林诗文集》，载《存目》集部第 98 册 ·卷 6《游鸡足山记》，嘉靖三十三年（1554）
赵统 嘉靖十四年乙未（1535）进士	《骊山集》，载《存目》集部第 101~102 册 ·卷 10《游金伞山记》
莫如忠 嘉靖十七年戊戌（1538）进士	《崇兰馆集》，载《存目》集部第 104~105 册 ·卷 14《游古赤壁记》，嘉靖三十年（1551）
魏文焲 嘉靖二十三年甲辰（1544）进士	《石室私抄》，载《存目》集部第 110 册 ·卷 5《游勾漏洞记》，嘉靖三十七年（1558）
王宗沐 嘉靖二十三年甲辰（1544）进士	《敬所王先生文集》，载《存目》集部第 111 册 ·卷 7《游罗浮山记》，嘉靖三十三年（1554）
刘凤 嘉靖二十三年甲辰（1544）进士	《刘子威集》，载《存目》集部第 119~120 册 ·卷 17《齐云游记》
李攀龙 嘉靖二十三年甲辰（1544）进士	《沧溟集》，载《全书》集部第 1278 册 ·卷 19《太华山记》
张居正 嘉靖二十六年丁未（1547）进士	《新刻张太岳先生诗文集》，载《存目》集部第 113~114 册 ·卷 9《游衡岳记》
王世贞 嘉靖二十六年丁未（1547）进士	《弇州山人四部稿选》，载《存目》集部第 115 册 ·卷 7《泛太湖游洞庭两山记》 《弇州四部稿》，载《全书》集部第 1279~1284 册 ·卷 72《游云门山记》 ·卷 72《海游记》 ·卷 72《游张公洞记》 ·卷 72《玉女潭诸游记》 ·卷 72《游善权洞记》 ·卷 72《太山记》 ·卷 72《历三关记》 ·卷 72《历黄榆马岭记》

	·卷 73《游东林天池记》 ·卷 73《自均州由玉虚宿紫霞宫记》 ·卷 73《由紫霄登太和绝顶记》 ·卷 73《自太和下宿南岩记》 ·卷 73《自南岩历五龙出玉虚记》 ·卷 78《适晋纪行》，隆庆四年（1570） ·卷 78《江行纪事》 《弇州四部稿续稿》，载《全书》集部第 1279~1284 册 ·卷 62《东海游记》 ·卷 64《游牛首诸山记》
汪道昆 嘉靖二十六年丁未（1547）进士	《太函集》，载《存目》集部第 117~118 册 ·卷 75《游黄山记》 《副墨》，载《存目》集部第 119 册 ·卷 3《游洞庭记》 ·卷 4《谷共中记》 ·卷 5《一苇游记》
王樵 嘉靖二十六年丁未（1547）进士	《方麓集》，载《全书》集部第 1285 册 ·卷 6《使蜀记》，嘉靖二十七年（1548） ·卷 6《使代记》，嘉靖二十九年（1550） ·卷 7《游西山记》 ·卷 7《游茅山记》
何镗 嘉靖二十六年丁未（1547）进士	《游名山记》，载《存目》史部第 250 册 ·专著
方弘静 嘉靖二十九年庚戌（1550）进士	《素园存稿》，载《存目》集部第 121 册 ·卷 11《游高岭记》
吴国伦 嘉靖二十九年庚戌（1550）进士	《甔甀洞稿》，载《存目》集部第 122~123 册 ·卷 45《登石莲峰记》，万历元年（1573） ·卷 45《登马鞍山记》，万历八年（1580） ·卷 45《涉江游三山记》，万历十年（1582） ·卷 45《登峡石山记》，万历九年（1581） ·卷 45《登道士山记》，万历九年（1581） ·卷 46《游阳城洞记》，万历十年（1582）

	·卷46《登黄龙洲记》，万历十一年（1583） 《甂瓿洞稿续稿》，载《存目》集部第122~123册 ·卷10《游白雀洞记》，万历十四年（1586）
徐学谟 嘉靖二十九年庚戌（1550）进士	《徐氏海隅集》，载《存目》集部第124~125册 ·卷10《游石亭步记》，嘉靖三十六年（1557） ·卷10《游张公洞记》，隆庆元年（1567） ·卷10《游玉阳山记》，隆庆元年（1567） ·卷10《游惠锡二山记》 ·卷10《游隆中记》，隆庆三年（1569） ·卷10《游龙虎山二十四岩记》 ·卷10《游金山记》，嘉靖四十二年（1563） ·卷10《游洞庭君山记》，万历三年（1575） ·卷10《游善德山记》 ·卷11《游大岳记》，隆庆二年（1568） ·卷11《游南岳记》，万历三年（1575） ·卷12《楚役记》，嘉靖元年（1522） 《归有园稿》，载《存目》集部第125册 ·卷4《南还记》，万历十一年（1583）
宗臣 嘉靖二十九年庚戌（1550）进士	《子相文选》，载《存目》集部第126册 ·卷4《游滴水岩记》 《宗子相集》，载《全书》集部第1287册 ·卷13《登平远台记》
姜宝 嘉靖三十二年癸丑（1553）进士	《姜凤阿文集》，载《存目》集部第127~128册 ·卷7《西征记》，嘉靖三十九年（1560） ·卷7《游峨眉记》，嘉靖四十一年（1562） ·卷9《游华山记》，嘉靖四十一年（1562） ·卷9《游嵩山记》，嘉靖十二年（1533） ·卷9《游王屋山记》，嘉靖四十二年（1563） ·卷9《由洛入闽记》 ·卷11《游武夷记》，嘉靖四十四年（1565） ·卷13《游西山记》 ·卷20《云间游记》，隆庆六年（1572） ·卷20《云间后游记》，万历五年（1577）

	·卷20《阳羡诸山游记》 ·留部稿·卷5《金陵游记》 ·留部稿·卷5《牛首山游记》
庞尚鹏 嘉靖三十二年癸丑(1553)进士	《百可亭摘稿》，载《存目》集部第129册 ·卷中《西还记》
郭汝霖 嘉靖三十二年癸丑(1553)进士	《石泉山房文集》，载《存目》集部第129册 ·卷9《游平远台记》 ·卷9《游乌石山记》 ·卷9《使事小记》
胡直 嘉靖三十五年丙辰(1556)进士	《衡庐精舍藏稿》，载《全书》集部第1287册 ·卷12《游峨眉山记》 ·卷12《江源记》 ·卷12《游西粤龙隐岩记》 ·卷12《游省春岩记》 ·卷12《游隐山六洞记》 ·卷12《游七星岩记》 ·卷12《还珠洞记》
王世懋 嘉靖三十八年己未(1559)进士	《王奉常集》，载《存目》集部第133册 ·卷10《京口游山记》，万历元年(1573) ·卷10《东游记》，万历五年(1577) ·卷10《游二泉记》 ·卷11《游匡庐山记》 ·卷11《游三门集津记》，万历九年(1581) ·卷12《游鼓山记》，万历十四年(1586) ·卷12《游石竹山记》 ·卷12《游九鲤湖记》 ·卷12《关中纪行》，万历九年(1581) 《闽部疏》，载《存目》史部第247册
许孚远 嘉靖四十一年壬戌(1562)进士	《敬和堂集》，载《存目》集部第136册 ·卷4《游华岳记》，万历十三年(1585)
欧大任 嘉靖四十一年壬戌(1562)岁贡	《欧虞部集》，载《禁毁》集部第47~48册 ·卷9《江南游记》

王弘诲 嘉靖四十四年乙丑（1565）进士	《天池草》，载《存目》集部第 138 册 ·卷 10《吴游》，万历二十年（1592） ·卷 10《越游》，万历二十年（1592）
陈文烛 嘉靖四十四年乙丑（1565）进士	《二酉园文集》，载《存目》集部第 139 册 ·卷 9《游太和山记》，隆庆四年（1570） ·卷 9《游峨山记》，万历三年（1575） ·续集·卷 13《游武夷山记》，万历十二年（1584） ·续集·卷 13《游鼓山记》，万历十二年（1584） ·续集·卷 13《游石竹山记》 ·续集·卷 13《游九鲤湖记》，万历十四年（1586） ·续集·卷 13《游黄蓬山记》，万历二十年（1592）
王圻 嘉靖四十四年乙丑（1565）进士	《王侍御类稿》，载《存目》集部第 140 册 ·卷 8《游鹤雾二山总记》，隆庆六年（1572）
吴子玉 嘉靖年间（1522—1566）贡生	《大鄣山人集》，载《存目》集部第 141 册 ·卷 20《游齐山记》 ·卷 20《重游齐山记》 ·卷 25《大鄣游记》
丘云霄 嘉靖年间（1522—1566）贡生	《止山集》，载《全书》集部第 1277 册 ·山中集·卷 7《游武夷记》 ·山中集·卷 7《萝峰记》
童佩 布衣、书贾	《童子鸣集》，载《存目》集部第 142 册 ·卷 5《游西山记》隆庆六年（1572） ·卷 5《游南岳记》 ·卷 5《游岳麓记》 ·卷 5《游龙虎山记》
江瓘 布衣	《江山人集》，载《存目》集部第 143 册 ·卷 7《游黄山记》 ·卷 7《游武夷山记》
朱察卿	《朱邦宪集》，载《存目》集部第 145 册 ·卷 5《游金陵诸山记》，嘉靖四十五年（1566）

于慎行 隆庆二年戊辰（1568）进士	《谷城山馆文集》，载《存目》集部第147~148册 ·卷16《游鲁城记》，万历九年（1581） ·卷16《游泗上泉林记》，万历九年（1581） ·卷16《游峄山记》 ·卷16《游云翠山泉记》 ·卷16《登泰山记》 ·卷16《游灵岩记》
于慎思	《庞眉生集》，载《存目》集部第148册 ·卷10《山监山记》 ·卷10《石淙记》
李维桢 隆庆二年戊辰（1568）进士	《大泌山房集》，载《存目》集部第150~153册 ·卷60《太湖两洞庭游记》 ·卷60《五台游记》 ·卷60《华山游记》 ·卷60《摄山游记》 ·卷61《茅山游记》
张元忭 隆庆五年辛未（1571）进士	《张阳和先生不二斋文选》，载《存目》集部第154册 ·卷4《秋游记》 ·卷4《东游记》，隆庆四年（1570） ·卷4《游赤壁记》，万历十年（1582） ·卷4《游南岳记》 ·卷4《游武当山记》
邓以赞 隆庆五年辛未（1571）进士	《邓定宇先生文集》，载《存目》集部第156册 ·卷3《秋游记》
卓明卿 万历年间（1573—1620）监生	《卓光禄集》，载《存目》集部第156册 ·卷3《东天目记》，万历十四年（1586） ·卷3《西天目记》，万历十四年（1586）
邹迪光 万历二年甲戌（1574）进士	《郁仪楼集》，载《存目》集部第158册 ·卷36《游吴门诸山记》 ·卷36《游燕子矶记》 《石语斋集》，载《存目》集部第159册 ·卷17《游茅山记》，万历四十一年（1613） ·卷17《游虞山记》，万历四十三年（1615）

	《调象庵稿》，载《存目》集部第 159~160 册 · 卷 28《游洞庭山记》 《始青阁稿》，载《禁毁》集部第 103 册 · 卷 15《游天台山记六首》 · 卷 15《游雁荡山记六首》 · 卷 15《游张公洞记》 · 卷 15《游善权洞记》 · 卷 15《游玉女潭记》
范守己 万历二年甲戌（1574）进士	《御龙子集》，载《存目》集部第 162~163 册 · 卷 27《游张公洞记》，万历四年（1576） · 卷 27《游三山记》 · 卷 27《游拂水岩记》，万历四年（1576） · 卷 28《游摄山栖霞寺记》，万历十年（1583） · 卷 28《游牛首山记》，万历十年（1583） · 卷 28《游燕子矶及弘济寺记》 · 卷 28《游幕府山记》 · 卷 29《同登太华山记》 · 卷 29《游终南山仰天池记》，万历十六年（1588） · 卷 30《北上纪行》，万历六年（1578） · 卷 30《雪夜走阳羡纪行》，万历六年（1578）
胡应麟 万历四年丙子（1576）举人	《少室山房集》，载《全书》集部第 1290 册 · 卷 90《白岳游记》
冯梦桢 万历五年丁丑（1577）进士	《快雪堂集》，载《存目》集部第 164~165 册 · 卷 27《天目游记》，万历十五年（1587） · 卷 28《白岳记》，万历三十三年（1605） · 卷 28《黄山记》，万历三十三年（1605） · 卷 28《游金山记》 · 卷 28《游牛首山记》 · 卷 28《游摄山记》 · 卷 28《乙巳十月出行记》

周汝登 万历五年丁丑（1577）进士	《周海门先生文录》，载《存目》集部第165册 ·卷8《游剡溪记前》，万历十四年（1586） ·卷8《游剡溪记后》
屠隆 万历五年丁丑（1577）进士	《由拳集》，载《存目》集部第180册 ·卷18《开化纪游》 ·卷18《北征记》，万历四年（1576）
王士性 万历五年丁丑（1577）进士	《广志绎》，载《存目》史部第251册 《广游志》，即《杂志》，载《存目》史部第251册 《王太初先生五岳游草》，载《存目》史部第251册 * 以上三书皆专著
余寅僧 万历八年庚辰（1580）进士	《农丈人文集》，载《存目》集部第168册 ·卷2《游九华山记》，万历十二年（1584）
顾宪成 万历八年庚辰（1580）进士	《泾皋藏稿》，载《全书》集部第1292册 ·卷10《游月岩记》
方应选 万历十一年癸未（1583）进士	《方众甫集》，载《存目》集部第170册 ·卷7《游风穴山记》，万历十八年（1590）
朱长春 万历十一年癸未（1583）进士	《朱太复文集》，载《禁毁》集部第82~83册 ·卷27《适越记》
于若瀛 万历十一年癸未（1583）进士	《弗告堂集》，载《禁毁》集部第46册 ·卷23《雨游泰山记》
袁宗道 万历十四年丙戌（1586）进士	《白苏斋类集》，载《禁毁》集部第48册 ·卷14《游西山》 ·卷14《戒坛山》 ·卷14《上方山》 ·卷14《小西天》，万历二十五年（1597） ·卷14《游九龙池》，万历十八年（1590） ·卷14《岳阳纪行》 ·卷14《嘉鱼纪行》 ·卷14《江山游记》，万历二十一年（1593）

高攀龙 万历十七年己丑（1589）进士	《高子遗书》，载《全书》集部第 1292 册 · 卷 10《武林游记》，万历十八年（1590） · 卷 10《三时记》，万历二十二年（1594）
郑明选 万历十七年己丑（1589）进士	《郑侯升集》，载《禁毁》集部第 75 册 · 卷 22《游下菇城记》 · 卷 22《游岘山记》 · 卷 22《游玲珑山记》 · 卷 22《游自碧浪湖至月湖记》
吴士奇 万历二十年壬辰（1592）进士	《绿滋馆稿》，载《存目》集部第 173 册 · 卷 3《游大峨山记》
谢肇淛 万历二十年壬辰（1592）进士	《五杂俎》，载《禁毁》子部第 75 册 · 专著 《小草斋文集载》，载《存目》集部第 175~176 册 · 卷 7《燕行记》 · 卷 7《游雷峰记》，万历二十一年（1593） · 卷 7《游西湖四记》 · 卷 7《游道场山记》，万历二十三年（1595） · 卷 7《游岘山记》 · 卷 7《游黄龙洞记》，万历二十四年（1596） · 卷 8《游黄山记》，万历二十六年（1598） · 卷 8《游白岳记》，万历二十六年（1598） · 卷 8《登岱记》，万历二十七年（1599） · 卷 8《登峄山记》，万历三十三年（1605） · 卷 8《游太姥记》，万历三十七年（1609） · 卷 9《游霍童记》 · 卷 9《游武夷山记》，万历二十年（1592） · 卷 9《游方广岩记》，万历三十九年（1611） · 卷 9《游雪峰记》，万历三十九年（1611） · 卷 9《游鼓山白云洞记》，万历三十九年（1611） · 卷 9《游金鸡山栖云庵记》，万历三十九年（1611） · 卷 9《游升山记》，万历三十九年（1611） · 卷 9《游宿猿洞记》，万历四十年（1612） · 卷 9《游寿山九峰芙蓉诸山记》

	·卷 9《游永阳山水记》，万历四十四年（1616） ·卷 9《护送福藩行记》，万历四十二年（1614） ·卷 9《游桃源洞记》，万历四十七年（1619） ·卷 9《辰州诸洞记》 ·卷 9《镇远诸洞记》 ·卷 9《游双明碧云二洞记》，万历四十七年（1619） ·卷 9《安宁碧玉泉记》，万历四十七年（1619） ·卷 9《游青华洞记》，万历四十七年（1619） ·卷 9《游鸡足山记》，万历四十七年（1619） ·卷 9《东北行部记》
徐弘祖 （1586—1641）	《徐霞客游记》，载《全书》史部第 593 册 ·专著
毕自严 万历二十年壬辰（1592）进士	《石隐园藏稿》，载《全书》集部第 1293 册 ·卷 3《西征纪略》 ·卷 3《洮岷考略》 ·卷 3《三叟同游记》
曹于汴 万历二十年壬辰（1592）进士	《仰节堂集》，载《全书》集部第 1293 册 ·卷 4《游西山记》，万历二十九年（1601） ·卷 4《游龙门记》，万历三十二年（1604）
袁宏道 万历二十年壬辰（1592）进士	《潇碧堂集》，载《禁毁》集部第 67 册 ·卷 13《入东林寺记》 ·卷 13《云降寺至天池寺记》 ·卷 13《佛手岩至竹林寺记》 ·卷 13《由舍身寺至文殊狮子岩记》 ·卷 13《由天池逾山番岭至三峡涧记》 ·卷 13《开先寺至黄岩寺观瀑记》 ·卷 13《识庐山记后》 ·卷 13《游德山记》 ·卷 13《由河洑山至桃源县记》 ·卷 13《由渌罗山至桃源县记》 ·卷 13《由水溪至水心崖记》

王在晋 万历二十年壬辰（1592）进士	《越镌》，载《禁毁》集部第104册 ·卷9《游东天目山记》 ·卷9《游西天目山记》
陈荐夫 万历二十二年甲午（1594）举人	《水明楼集》，载《存目》集部第176册 ·卷12《泛永福溲川记》
王思任 万历二十三年乙未（1595）进士	《游唤》，载《丛书集成初编》第3169册 ·专著
汤宾尹 万历二十三年乙未（1595）进士	《睡庵稿》，载《禁毁》集部第63册 ·卷13《游庐山记》 ·卷13《黄山游记》
黄汝亨 万历二十六年戊戌（1598）进士	《寓林集》，载《禁毁》集部第42~43册 ·卷9《三游记》 ·卷9《玉版居记》 ·卷9《游麻姑诸山记》 ·卷9《天目游记》 ·卷10《游云门记》 ·卷10《游黄山记》 ·卷10《游白岳记》 ·卷10《浮梅槛记》 ·卷10《三洞游记》 ·卷10《华山》 ·卷10《雪浪》
熊明遇 万历二十九年辛丑（1601）进士	《文直行书》，载《禁毁》集部第106册 ·卷16《登匡庐山记》 ·卷16《武夷山游记》 ·卷16《登支提山记》 ·卷16《登大姥山记》 ·卷16《西山游记》 ·卷16《浮渌记》 ·卷16《浮湘记》 ·卷16《登衡山记》 ·卷16《桃花源游记略》，天启六年（1626） ·卷16《白水洞记》 ·卷16《百洞记游》 ·卷16《平溪览胜札记》

	·卷16《江城揽胜记》
王衡 万历二十九年辛丑（1601）进士	《缑山先生集》，载《存目》集部第178~179册 ·卷10《重九后二日登泰山记》，万历十四年（1586） ·卷10《游香山记》，万历十五年（1587） ·卷10《游盘山记》 ·卷10《游马鞍潭柘记》 ·卷10《游京口诸山记》，万历二十年（1592） ·卷10《游汤泉记》，万历二十一年（1593）
许獬 万历二十九年辛丑（1601）进士	《许钟斗文集》，载《存目》集部第179册 ·卷1《游清源山记》
陈勋 万历二十九年辛丑（1601）进士	《陈元凯集》，载《存目》集部第179册 ·卷3《游溪源山记》 ·卷3《西山游记》
李若讷 万历三十二年甲辰（1604）进士	《四品稿》，载《禁毁》集部第10册 ·卷6《南行记》 ·卷6《游采石牛渚记》 ·卷6《池州行记》
张鼐 万历三十二年甲辰（1604）进士	《宝日堂初集》，载《禁毁》集部第76~77册 ·卷30《使东日记并诗》
费元禄 （太仆寺卿费尧年子）	《甲秀园集》，载《禁毁》集部第62册 ·卷28《梦游武功山记》，万历三十二年（1604） ·卷28《游赭亭山记》 ·卷28《游章岩记》 ·卷28《游章山记》 ·卷29《吴越纪行》
高弘图 万历三十八年庚戌（1610）进士	《太古堂集》，载《存目》集部第183册 ·卷下《劳山九游记》
马之骏 万历三十八年庚戌（1610）进士	《妙远堂全集》，载《存目》集部第183~184册 ·文·列集·记一《新田夜泛记》 ·文·列集·记一《虎丘游记》

	·文·列集·记一《游灵岩山记》 ·文·列集·记五《滁行日纪》 ·文·列集·记五《北征日记》
文翔凤 万历三十八年庚戌（1610）进士	《文太青先生文集》，载《存目》集部第184册 ·卷上《游城南杂记》 ·卷上《徐州登云龙山记》 《皇极篇》，载《禁毁》集部第49册 ·汝梅稿卷7《嵩高游记》 ·汝梅稿卷8《挂龙崖游记》
杨嗣昌 万历三十八年庚戌（1610）进士	《杨文弱先生集》，载《禁毁》集部第69~70册 ·卷56《太华山记》 ·卷56《峨眉山记》 ·卷56《桃源游总记》 ·卷56《梁山游记》
钟惺 万历三十八年庚戌（1610）进士	《隐秀轩集》，载《禁毁》集部第48册 ·文集·辰集卷7《游武夷山记》
杨德周 万历四十年壬子（1612）举人	《铜马编》，载《存目》集部第184册 ·卷上《北征记》 ·卷下《南征记》
吕维祺 万历四十一年癸丑（1613）进士	《明德先生文集》，载《存目》集部第185册 ·卷10《游牛首山记》，崇祯五年（1632）
戴澳 万历四十一年癸丑（1613）进士	《杜曲集》，载《禁毁》集部第71册 ·卷8《灵岩四洞纪游》，万历四十五年（1617） ·卷8《黄山游纪》 ·卷8《鹿源纪事》，天启三年（1623） ·卷8《五泄纪游》，天启五年（1625） ·卷8《金华三洞纪游》，崇祯二年（1629） ·卷8《仙都游乘》 ·卷8《栝瓯胜述》 ·卷8《重游雁山记》，崇祯二年（1629） ·卷8《重游天台记》 ·卷8《壬申北征记》 ·卷8《癸酉南还记》

	·卷 9《洞霄径山纪游》，崇祯七年（1634） ·卷 9《震泽游记》 ·卷 9《吴中山行》 ·卷 9《阳美潭洞游纪》 ·卷 9《茅山游纪》 ·卷 9《白下纪游五首》 ·卷 9《游浦口真珠泉》 ·卷 9《京口游纪》 ·卷 9《三山采石游纪》 ·卷 9《雨游方山》
陶望龄 万历四十一年癸丑（1613）进士	《陶文简公集》，载《禁毁》集部第 9 册 ·卷 6《游洞庭山记》 ·卷 6《游台宕路程》
王心一 万历四十一年癸丑（1613）进士	《兰雪堂集》，载《禁毁》集部第 105 册 ·卷 4《出都城至临洺记略（六段）》 ·卷 4《滁阳行记》 ·卷 4《记发金阊（十三段）》 ·卷 4《白岳山游记（三段）》
曹履吉 万历四十四年丙辰（1616）进士	《博望山人稿》，载《存目》集部第 185~186 册 ·卷 14《前洛游记》 ·卷 14《后洛游记》 ·卷 14《嵩岳纪游》
袁中道 万历四十四年丙辰（1616）进士	《珂雪斋近集》，载《禁毁》集部第 103 册 ·卷 3《游荷叶山居记》 ·卷 3《澧游记（三首）》 ·卷 3《游药山大龙山记》 ·卷 3《游德山记》 ·卷 3《游桃源记》 ·卷 3《东游日记》 ·卷 4《游石首绣林山记》 ·卷 4《游龙盖山记》 ·卷 4《过真州记》 ·卷 4《南归日记》 ·卷 5《从沙市至度门记》，万历三十八年（1610） ·卷 5《游玉泉记》

	·卷 5《游青溪记》 ·卷 5《游鬼谷记》 ·卷 5《游佛耳岩记》 ·卷 5《游紫盖记》 ·卷 5《由玉泉至高安记》 ·卷 5《游鸣凤山记》 ·卷 5《游鹿苑山记》 ·卷 5《游君山记》 ·卷 5《再游嶂观山记》 ·卷 5《再游桃花源记》 ·卷 5《游灵岩记》 ·卷 5《游太和记》，万历四十一年（1613）
吴文奎 布衣	《苏堂集》，载《存目》集部第 189 册 ·卷 7《黄梅纪游》，万历二十一年（1593） ·卷 7《游银山记》
谢兆申 万历年间（1573—1620）贡生	《谢耳伯先生初集》，载《存目》集部第 190 册 ·卷 7《黄山游记》 ·卷 8《麻姑山观瀑堂记》 ·卷 8《由净妙游凌霄木瓜岩记》
陈仁锡 天启二年壬戌（1622）进士	《陈太史无梦园初集》，载《禁毁》集部第 59~60 册 ·江卷《自黄岩入雁山小记》
萧士玮 天启二年壬戌（1622）进士	《春浮园文集》，载《禁毁》集部第 108 册 ·《南归日录》 ·《春浮园偶录》（庚午、辛未两种） ·《日涉录》 ·《汴游录》 ·《萧斋日记》 按：以上六种皆专著
谭元春 天启七年丁戌（1627）进士	《新刻谭友夏合集》，载《存目》集部第 191~192 册 ·卷 11《游玄岳记》 ·卷 11《游南岳记》，万历四十四年（1616） ·卷 11《初游乌龙潭记》 ·卷 11《再游乌龙潭记》

陶汝鼐 崇祯六年癸酉（1633）进士	《荣木堂合集》，载《禁毁》集部第85册 ·卷1《月夜游君山记》
宋登春	《宋布衣集》，载《全书》集部第1296册 ·卷1《游峄山记》
戴重 明末贡生，死难	《河村集》，载《禁毁》集部第11册 ·卷1《太湖山游记》 ·卷1《牛首山游记》，崇祯十四年（1641）
杨思本 明末生员	《榴馆初函集选》，载《存目》集部第194~195册 ·卷5《游麻姑山记》，万历三十七年（1609）
黄以升 漳州府龙溪人	《游名山记》 按：据黄虞稷《千顷堂书目》，该书凡六卷，今佚。

注　释

［1］徐弘祖，《徐霞客游记》，载文渊阁本《四库全书》（上海：上海古籍出版社，1987影印）第593册，第61~609页。参见褚绍唐、吴应寿整理，《徐霞客游记》（上海：上海古籍出版社，1980）。

［2］王士性，《广志绎》，载《四库全书存目丛书》（台南县柳营乡：庄严文化事业有限公司，1997影印）史部第251册，第685~804页。

［3］郑善夫，《少谷集》卷10，载文渊阁本《四库全书》第1269册，第160页。

［4］袁中道，《珂雪斋近集》卷3《东游日记》、卷4《南归日记》，载《四库禁毁书丛刊》（北京：北京出版社，2000影印）集部第103册，第543~576页。

［5］陶望龄，《陶文简公集》卷6《游洞庭山记》，载《四库禁毁

书丛刊》集部第9册，第355~359页。

［6］邹迪光，《郁仪楼集》卷36《游吴门诸山记》，载《四库全书存目丛书》集部第158册，第707页。

［7］卓明卿，《卓光禄集》卷3《东天目记》，载《四库全书存目丛书》集部第158册，第151页。

［8］袁中道，《珂雪斋近集》卷7《王伯子岳游序》，载《四库禁毁书丛刊》集部第103册，第620页。

［9］袁中道，《珂雪斋近集》卷6《后泛凫记》，载《四库禁毁书丛刊》集部第103册，第600页。

［10］袁宏道，《袁中郎全集》卷22《与吴敦之》，载《四库全书存目丛书》集部第174册，第632页。

［11］袁宏道，《袁中郎全集》卷22《与张幼于》，载《四库全书存目丛书》集部第174册，第626页。

［12］袁中道，《珂雪斋近集》卷5《游青溪记》，载《四库禁毁书丛刊》集部第103册，第585页。

［13］谭元春，《新刻谭友夏合集》卷12《退谷先生墓志铭》，载《四库全书存目丛书》集部第191册，第715页。

［14］王思任，《王季重集》（15卷，崇祯刻本，国会图书馆摄制北平图书馆善本书胶片 *roll*822~823），《杂文序·姚永言游笥序》，按：该序又见于《乾坤正气集》所收录之《王季重集》。

［15］陈函辉，《霞客徐先生墓志铭》，载褚绍唐、吴应寿整理，《徐霞客游记》（上海：上海古籍出版社，1980），第1191~1193页。

［16］潘耒，《徐霞客游记序》，载褚绍唐、吴应寿整理，《徐霞客游记》，第1268页。

［17］范守己，《御龙子集》卷首《侯廷佩序》，载《四库全书存目丛书》集部第162册，第496~497页。

［18］李濂，《嵩渚文集》卷58《乙巳春游稿序》，载《四库全书存目丛书》集部第71册，第106页。

［19］袁宏道，《袁中郎全集》卷8《游虎丘记》，载《四库全书存目丛书》集部第174册，第478页。

［20］谢肇淛，《五杂俎》，载《四库禁毁书丛刊》子部第37册，第347~703页。

［21］屠隆，《鸿苞》卷4《舆图要略·跋》，载《四库全书存目丛书》子部第88册，第753页。

［22］屠隆，《鸿苞》卷4《舆图要略·跋》，载《四库全书存目丛书》子部第88册，第753页。

［23］参见周振鹤，《王士性地理书三种》（上海：上海古籍出版社，1993）《前言》，第1~12页。

［24］湛若水，《湛甘泉先生文集》卷17《送谢子振卿游南岳序》，载《四库全书存目丛书》集部第56册，第724页。

［25］湛若水，《湛甘泉先生文集》卷17《送谢子振卿游南岳序》，载《四库全书存目丛书》集部第56册，第724页。

［26］湛若水，《湛甘泉先生文集》卷17《送谢子振卿游南岳序》，载《四库全书存目丛书》集部第56册，第724页。

［27］李维桢，《大泌山房集》卷22《楚游稿序》，载《四库全书存目丛书》集部第150册，第783页。

［28］李濂，《嵩渚文集》卷90《答王参政论游览山水书》，载《四库全书存目丛书》集部第71册，第325~327页，按："显融"原文如此，当

为“显荣”之误。

［29］谢肇淛，《小草斋文集》卷5《近游草自序》，载《四库全书存目丛书》集部第175册，第673页。

［30］邹迪光，《郁仪楼集》卷36《游吴门诸山记》，载《四库全书存目丛书》集部第158册，第711~712页。

［31］袁宏道，《袁中郎全集》卷22《与吴敦之》，载《四库全书存目丛书》集部第174册，第632页。

［32］陈继儒，《晚香堂集》卷3《游唤序》，载《四库禁毁书丛刊》集部第66册，第582页。

［33］陈继儒，《晚香堂集》卷3《王缑山纪游稿序》，载《四库禁毁书丛刊》集部第66册，第583页。

［34］陈继儒，《晚香堂集》卷3《卧游清福编序》，载《四库禁毁书丛刊》集部第66册，第581页。

［35］穆文熙，《穆考功逍遥园集选》卷11《题吴汝震西游记卷》，载《四库全书存目丛书》集部第137册，第120~121页。

［36］毕自严，《石隐园藏稿》卷3《三叟同游记》，载文渊阁本《四库全书》第1293册，第443~450页。

［37］李开先，《李中麓闲居集》卷12《游龙藏洞记》，载《四库全书存目丛书》集部第93册，第259~250页。“枯稿”原文如此，当为“枯槁”之误。

［38］方鹏，《矫亭存稿》卷5《游张公洞记》，载《四库全书存目丛书》集部第61册，第564页。

［39］田汝成此序虽为《西湖游览志》而作，却不载于文渊阁本《四库全书》第585册之《西湖游览志》中，反见于梁诗正、沈德潜，《西

湖志纂》卷 11，载文渊阁本《四库全书》第 586 册，第 548 页，且作者署名“田汝臣”，显为“田汝成”之误。

［40］谢肇淛，《小草斋集》卷 4《游燕二集自序》，载《四库全书存目丛书》集部第 175 册，第 651 页。

［41］谢肇淛，《小草斋集》卷 4《陈伯孺游草序》，载《四库全书存目丛书》集部第 175 册，第 655~656 页。

［42］沈恺，《环溪集》卷 3《奇游漫记序》，载《四库全书存目丛书》集部第 92 册，第 55 页。

［43］丁奉，《南湖先生文选》卷 7《游都湾石涧记》，载《四库全书存目丛书》集部第 65 册，第 307 页。

［44］王心一，《兰雪堂集》卷 3《风尘记余自序》，载《四库禁毁书丛刊》集部第 105 册，第 549 页。

［45］陶望龄，《陶文简公集》卷 6《游洞庭山记》其三，载《四库禁毁书丛刊》集部第 9 册，第 356 页。

［46］胡松，《胡庄肃公文集》卷 4《游武当山记》，载《四库全书存目丛书》集部第 91 册，第 183 页。

［47］邹迪光，《始青阁稿》卷 15《游天台山记一》，载《四库禁毁书丛刊》集部第 103 册，第 338 页。

［48］邹迪光，《始青阁稿》卷 11《台雁草自叙》，载《四库禁毁书丛刊》集部第 103 册，第 293 页。

［49］魏文焲，《石室私抄》卷 5《桂林杂记序》，载《四库全书存目丛书》集部第 110 册，第 378 页。

朱载垕
——被人忽略的明穆宗

王天有

明穆宗朱载垕是明朝第十二个皇帝，他不像明太祖朱元璋、明成祖朱棣那样开基创业，声名显赫；也不像乃父明世宗朱厚熜在位四十五年、其子明神宗朱翊钧在位四十八年那样有长久的帝王生涯。他在位仅仅六年，往往被史家所忽略。其实明穆宗的六年在明朝历史上颇为重要，政绩也可圈可点。下面分四个方面，对明穆宗的一生作一个评述。

一、裕王生涯

明世宗共有八子，多夭折。二子朱载壡曾被册立为太子，却在嘉靖二十八年（1549）死去。明穆宗生于嘉靖十六年（1537）正月二十三日，嘉靖十八年（1539）二月封裕王。与他同时封王的还有世宗四子景王朱载圳，与穆宗同岁，仅小一月。

穆宗的经历颇为坎坷。按照中国传统继承法，朱载壡死后，裕王当被立为皇太子。但是，明世宗迷信方士陶仲文“二龙不相见”

的说法，不再立太子。所谓“二龙不相见”是说皇帝乃“真龙天子”，皇太子亦未来之“真龙天子”，前者是大龙，后者是小龙，早立太子，则二龙相遇相克。所以穆宗一直没有皇太子的身份，直到世宗去世，才尊奉遗诏嗣位。另外朱载坖的生母是杜康妃，早年失宠，因此，穆宗幼年很少得到父爱。嘉靖三十二年（1553）正月，杜康妃去世。不久，刚满十六岁的裕王出居裕邸，开始了独立生活。他很难见到他的父皇，但各种传闻不断传入裕邸，一个阴影时时浮现在他的脑海。这个阴影就是他的弟弟景王朱载圳。景王生母卢靖妃艳丽多姿，为世宗所宠爱。景王出生时，世宗曾亲作《嘉善歌》，抒发心中的喜悦。裕王因此不免有这样的思考：“父皇难道另有安排，否则为什么不册立我为皇太子？”他惶惑苦闷，不得其解。嘉靖四十年（1561）景王就藩德安府，那是世宗生父兴献王的藩府故地，也是世宗的龙兴之所。裕王并没有因景王之藩而减少内心的压力，说不定什么时候他的父皇会下一纸诏令，召回景王，立为皇储。嘉靖四十二年（1563），裕王得子，按照惯例，百日当给小孩命名，可是他不敢向父皇请名，更不敢在裕邸大搞庆祝活动。直到他即位，其子已近四岁，才命名朱翊钧。这就是后来的明神宗。对此，当时人不无感慨地说：“从来朱邸皇孙，未有愆期至此者。”[1]裕王的疑惧直到嘉靖四十四年（1565）景王去世，才算解除。

一个人心灵上受到压抑，往往会走向两个极端，或放纵自己的行为，或更加约束自己的举止。裕王属于后一种，他也因此获得良好的声誉。《明穆宗实录》卷一中记载：“居潜邸十余年，未有游娱弋猎之幸。身履富贵，而闾阎微隐辄尝闻知。禁戢左右，未尝之市中有所求取。宽仁孝敬，天下莫不闻焉。”[2]裕王在裕邸其间常常微服外出，北京的街头巷尾大都留下他的足迹。史载：穆宗即位不久，一日突然想吃果饼，叫身边内侍去办。不一会儿，尚食监和甜食房各开来做果饼的单子，需采买松榛、面粉、糖料等物，价值数千两白银。穆宗笑着说：“此饼只需银五钱，便于东长安大街勾栏胡同买一大盒矣，何用多金！”被戳破骗局的内侍们只好“缩颈退”。[3]这说明他在裕邸其间有较多的机会接触社会，了解国计民生。

随着年龄的增长，裕王也开始关心时事朝局。他亲眼看到明朝面临着日益严重的危机。内部，严嵩专权，朝纲颓废，官吏腐败，民不聊生。外部，“南倭北虏”之患愈演愈烈，特别是庚戌（1550）之变，蒙古鞑靼部首领俺答汗竟然兵临北京城下焚杀抢掠，给他留下难以磨灭的印象。而他的父皇自嘉靖二十一年（1542）遭宫婢之变后，移居西内，崇奉道教，日求长生，郊庙不亲，朝讲尽废，与朝臣的接触越来越少。世宗对他尚且寡恩，何况朝臣。在裕邸，他耳闻目睹了一宗又一宗冤案的发生。他同情受害的官员，思想上与世宗的距离越来越大。

在裕王裕邸生涯中，给他以积极影响的是高拱、陈以勤和张居正。高拱，字肃卿，河南新郑人；陈以勤，字逸甫，四川南充人。二人同是嘉靖二十年（1541）进士，嘉靖三十一年（1552）又同为裕邸讲官。他们辅导裕王，相得益彰。朱载垕曾亲笔书写“怀贤”“忠贞”“启发弘多”等字赐高拱[4]，书写“忠贞”“启发弘多”等字赐陈以勤。[5]这是朝中一股潜在的政治力量。严嵩专权时期，朱载垕在一般臣僚心目中是正义的象征。兵部员外郎杨继盛曾上疏弹劾严嵩误国十大罪，奏疏中要求“察嵩之奸，或召问裕、景二王”，当杨继盛被拉下诏狱、被追问为何引述二王时，他理直气壮地说：“非二王谁不慑嵩者！”（《明史》卷209《杨继盛传》）后来杨继盛以诈传亲王令旨律论死。正是因此，严嵩党羽也时时关注裕王的动向。裕王既失宠于世宗，又受严嵩党羽监视，处境更加窘迫。根据《明史》卷193《陈以勤传》，一天，严嵩之子严世蕃秘密询问高拱和陈以勤：“闻殿下近有惑志，谓家大人（指严嵩）何？”这是一个霹雳。当时景王在世，严嵩受宠，如果严嵩在世宗面前拨弄是非，一切事件都不是意外。高拱谑语搪塞，设法转移严世蕃的注意。陈以勤则沉着应对：“国本默定久矣。生而命名，从后从土，首出九域，此君意也。……殿下每谓首辅社稷臣，君安从受此言！”陈以勤这段话有两层意思，他说裕王虽未被立为太子，但裕王的名字有一由“后”“土”组成的“垕”字，可见是世宗明定的接班人，因此警告严氏父子不要在这个问题上惹是生非。他接着又安抚严世藩，说穆宗对严嵩很是信任，严氏父子不要相信流言蜚语，节外生枝。“世蕃默然去，裕邸乃安”。由于陈以勤、高拱的羽翼，加上内阁大学士徐阶从中调护，穆宗才平安无事。

张居正，字叔大，湖北江陵人。嘉靖二十六年（1547）进士。初官编修，后迁右中允，领国子监司业事。当时高拱任国子监祭酒，二人时相过从，视为知己。嘉靖四十三年（1564），张居正进官右春坊右谕德，为裕王府日讲官。张居正精通经史，学识渊博，“每进讲，必引经执义，广譬曲谕，词极剖切”。[6]隆庆二年（1568），张居正的《请宥言官以彰圣德疏》记录了当时进官时候的情况："臣追思皇上昔在藩邸，臣因进讲汉光武杀直臣韩歆事，反复开导，言人臣进言之难，叹惜光武以明圣之主，不能容一韩歆，书之史册，甚为盛德之累。荷蒙皇上改容倾听。"[7] 朱载垕在聆听教诲中受到启迪，对张居正更加敬重。此时他已 27 岁，在他的心目中，张居正是可以信赖的，据《明史》卷 213《张居正传》，他遣亲信太监李芳与张居正交往，"数从问书义，颇及天下事"。所以明穆宗即位后，内阁除继续留用徐阶为首辅外，"藩邸旧臣，相继柄用"（《明史》卷 215《刘奋庸传》）。高拱在嘉靖末年已经进入内阁，陈以勤、张居正在隆庆元年（1567）进入内阁。其中高拱和张居正成为隆庆朝赞襄穆宗新政的两个重要人物。可以说，隆庆朝内阁核心基本在裕邸时候已经形成。所以世宗一去世，这些藩邸旧臣就辅佐穆宗开始了颇有生气的事业。

二、革弊施新

皇帝去世后，第一件事就是发布遗诏。在明朝，皇帝的遗诏大多出自内阁首辅之手，但也要求得皇室的许诺。明世宗去世后，草诏的任务落在徐阶和张居正两人的身上。徐阶是继严嵩之后成为内阁首辅的，在官僚中颇有声誉。张居正能参与草诏，首先是徐阶器重他的才识，他们一起曾主持纂修《承天大志》，张居正为裕邸讲官也是徐阶的安排。其次是因为他取信于穆宗，作为裕邸旧臣在某种程度上能代表新天子的意向。不久穆宗又颁布了登极诏书。两个诏书的核心是革除嘉靖朝的弊政，施行隆庆新政，可归纳为"革弊施新"。在明世宗四十五年严酷统治之下的臣民们，听到朝廷要革弊施新，真是久旱逢甘雨，“当遗诏之开读也，百姓万民莫不感动啼哭”。[8]

所谓革弊，第一件事就是平反冤狱。明穆宗在登极诏书中宣布：“自正德十六年（1521）四月以后，至嘉靖四十五年（1566）十二月以前，建言得罪诸臣，遵奉遗诏，存者召用，殁者恤录。”[9]他首先想到的是海瑞。嘉靖四十五年二月，户部主事海瑞针对明世宗一意修玄，大搞斋醮，竭民脂膏，滥兴土木，以及二十余年不视朝等弊政，上疏劝谏，由于言词激烈，激怒了世宗，被下诏狱论死。明穆宗在裕邸时就听说海瑞生性剀直，非常钦佩，即位后，立即宣布释放海瑞，恢复官职。[10]隆庆三年（1569），海瑞以右佥都御史巡抚应天十府，锐意兴革。特别是他疏浚吴淞江、白茆河，推动了苏松地区的经济发展。继给海瑞平反之后，明穆宗又先后给弹劾严嵩、谏止斋醮、大礼议、李福达狱及议复河套等案中被迫害被贬斥的臣僚平反，或恢复名誉，起复官职，或平反昭雪，安抚恤录。穆宗出于励世之心，平反嘉靖一朝大量案件，收到两个明显的效果。首先是疏通了嘉靖朝闭塞的言路。此后，只要是有利于朝廷安定，有利于农田水利，有利于整饬边备的建议，他大多采纳。隆庆元年（1567）十二月，沧州盐山县县丞王邦直条陈十事。明穆宗以其言多切中时弊，令吏部详议以闻，并叮嘱“勿以官卑废言”。[11]所以隆庆一朝言路比较畅通，许多重要的决策均来自下面。当时有“群议毕收，众思咸集”之称。其次是相对缓和了统治层的内部矛盾。嘉靖时，阁臣一旦失宠，不仅名声扫地，而且有被杀抄家的危险，甚至有时还要连累不少官员。明穆宗则“优崇辅弼”。隆庆一朝先后有阁臣十人，阁权之争时有发生，他从不轻率支持一方。其初，徐阶为首辅，人心向慕，羽翼亦广。高拱以藩邸旧臣自居，与之争衡，势力较为孤单。明穆宗调和无效，只得暂罢高拱。隆庆二年（1568）七月徐阶致仕后，穆宗才又起复高拱，使之为内阁首辅。他之所以如此，是因为他懂得多数朝臣的倾向和内阁的协调一致对稳定局势、推行新政是不可或缺的条件，所以每逢内阁出现分歧，他总是设法调解，从而保证了最高统治层在重大决策上的一致性。如处理蒙古俺答汗的问题，朝中议论纷纷，但阁臣没有异议。当然这不是说穆宗对阁权之争没有倾向性，总的来说，他倾向于高拱和张居正。特别是张居正，有胆有识，办事干练，处事稳妥，自隆庆初入阁，地位稳步上升，推行新政的共同愿望把他们君臣紧紧地结合在一起。

革弊的第二项内容是颁诏削夺故真人邵元节、陶仲文官爵及诰命；罢除一切斋醮，撤西苑内大高玄殿、圄明、玉熙等宫殿及诸亭台斋醮所立匾额；停止因斋醮而开征的加派及部分织造、采买。《明史·食货志》记载：

> 世宗营建最繁，十五年以前，名为汰省，而经费已六七百万。其后增十数倍，斋宫、秘殿并时而兴。工场二三十处，役匠数万人，军称之，岁费二三百万。其时宗庙、万寿宫灾，帝不之省，营缮益急。经费不敷，乃令臣民献助；献助不已，复行开纳。劳民耗财，视武宗过之。

穆宗清除这些弊政，使朝纲整肃，法度修明，同时也减轻了百姓的负担。

至于施新，明穆宗在登极诏书中概括为“正士习、纠官邪、安民生、足国用”等项。[12]实际上这四句话已成为隆庆新政的纲领。“正士习、纠官邪”也就是抓吏治。明穆宗十分重视吏治。他说：“顾四方万国，岂朕一人所能遍察……实赖尔藩臬郡县诸臣与朕分理，共图至治。”[13]因此，各级官吏是否忠君报国，廉洁奉公，是治理国家的关键。严格考察制度则是吏治清明的保证。明代对官吏的考察有京察和外察之分。京察是考察京官的制度。弘治以后，一般六年举行一次，在巳、亥之年进行。外察又称“朝觐考察”，是考察地方官的制度，一般三年举行一次，在辰、戌、丑、未之年进行。隆庆朝对官吏的考察次数远远超过了制度的规定。如隆庆元年（1567）考察京官，隆庆二年朝觐考察地方官，隆庆三年考察京官，隆庆四年考察言官，隆庆五年朝觐考察地方官。明朝旧制，王府官不予考察。中期以后，亲王在地方上侵田占土，为非作歹，其臣僚也多为不法，助纣为虐。隆庆三年（1569）明穆宗规定，王府官除良医、典乐、引礼舍人外，一律参与考察。像穆宗这样重视官吏的考察，在明朝皇帝中还是不多见的。明朝对官吏虽然有严格的考核规定，但在实际运作中也有很多弊病。如地方官每到朝觐之期，大量向京官馈送金帛，就是一例。海瑞曾尖锐地批评这种现象说：“今人谓朝觐年为京官收租之年，故外官至期盛辇金帛以奉京官。上下相率而为利，所苦者小民而已。”[14]隆庆二年（1568）适逢朝觐之年，陕西按察司副使姜子羔上言“入觐官各有道里费及馈遗私赉，宜令进献羡余，以佐国计”，并建议布政司官进献三百两，按察司官二百两，苑马寺、行太仆寺官一百两，盐运司及各府正官二百五十两、副官一百两，州县正官二百两、副官五十两。[15]姜子羔的建议表面上是要增加国库收入，实际上是使地方官馈送贿赂京官的不正之风合法化。穆宗断然拒绝姜子羔的建议，不仅不同意定制进献，并且颁布禁令，不准入朝官员借朝觐名义科派百姓。姜子羔也被降职，以示裁抑。他敕谕考察被留用的官员：“尔等获被简留，盖宽之也。自今其幡然永思善道，励精自新，务在廉以律己，仁以抚民，公以存心，勤以莅事。”[16]在用人上，他注意选拔那些急公进取的官吏充任要职，反对任用那些只凭借“岁月迟缓”而平庸无为的官吏。他还特别重视对官吏的赏罚，对有功的官吏，他多次表示“朕岂无爵禄以劝乎？”[17]隆庆二年（1568）正月，他针对考察中“贪官止于罢黜”的惯例，指出贪官只罢免官职，“诚不足示惩”，“今次考察诸司赃多迹著者，部院列其罪状，奏请处治。”[18]由于穆宗强化了考察制度，所以在明朝中后期，隆庆朝的吏治比较清明，士风也相对纯正。

在推行新政中，明穆宗还注意采取一些“安民生、足国用”的措施。主要有三个方面：

1. 蠲免救济

穆宗即位后，立即宣布蠲免隆庆元年（1567）全国一半田赋，同时免除嘉靖四十三年（1564）以前的逋赋。据统计，隆庆元年减免天下钱粮九百多万石，以后每年蠲免钱粮也在二三百万石。隆庆年间自然灾害较多，特别是河患、地震频仍。灾害发生后，穆宗一般能够及时救济。这对于灾后的百姓多少起到了一些安抚作用。

2. 抑止兼并

明朝中期以来，大土地所有制恶性发展。世宗即位初曾一度清理庄田，限制了一部分皇亲贵族无限度地扩充土地，但土地兼并的趋势并未从根本上扭转。如黔国公沐朝弼，不仅在云南有庄田 174 所，而且在甘肃平凉界内也占有大量的草场土地。贵族地主一方面兼并土地，另一方面想方设法隐瞒田土，逃避赋税，把各种名目的加派转移到贫苦农民身上。对此，明穆宗采取了两项措施。其一是限田。据《明史·食货志》，隆庆二年（1568），穆宗根据御史王廷瞻的建议，制定了勋戚宗室依世次递减土地的制度，勋臣五世限田 200 顷，外戚 70 顷至 700 顷不等。“又着令宗室买田不输役者没官，皇亲田俱令有司征之”，结果，“赐额有定，征收有制，民害少衰止”。其二是清田。清田又包括两个方面。一是隆庆元年清查诡寄、花分田粮，仅苏州、松江、常熟、镇江四府就清出诡寄田 199 万多亩，花分田 331 万多亩。[19]二是清理皇室勋戚庄田：“初，世宗时，承天六庄二湖地八千三百余顷，领以中官，又听校舍兼，增八百八十顷，分为十二庄。至是始领之有司，兼者还民。”（《明史·食货志》）又如“黔国公庄田在固原州境内者，止将五十顷给其家人沐注等。余悉分为三则，载入屯田册内，征粮以充军饷”。[20]清田阻力很大，隆庆三年（1569）户部在回复御史刘世曾的《查理庄田五事疏》中说："清隐地……昔尝行之，而卒不能清者，凡以委任非人，行不尽法耳。"[21]其实，清田受阻的真正原因是贵族地主的反对。以后，张居正继承穆宗的做法，在万历初年对全国土地进行清丈，才又把清田向前推进一步。

3. 恤商与开关

重农抑末，是中国封建社会传统的国策。在明朝皇帝中，明穆宗比较注意恤商。隆庆三年（1569）五月，穆宗谕户、工二部，"近闻京城百姓为佥报商人，负累困苦，朕甚悯之。其急议处以闻"。[22]于是朝中不少官吏纷纷进言恤商事宜。京城商人"闻者忻然若更生焉"。[23]可见穆宗抚恤商人的做法得到商人的拥护。在京师，对中小商人"横索多门，剥肤锥髓"的还有宦官控制的各监局。他们公开索取铺垫钱，而户、工二部不能据理而争。对此，穆宗多次亲加训饬，使"商困少纾"。隆庆四年（1570）六月，穆宗又批准了户部条议恤商事宜，其中规定各监局"有需求抑勒者，悉治其罪"。[24]穆宗还屡屡下诏察革官府私自在桥梁、道路、关津路口抽税。这些做法都有助于当时商品经济的发展。

尤其值得一提的是穆宗时期的开关政策。隆庆元年（1567），明穆宗对海外政策进行调整，开放海禁，允许民间与东西"诸番"进行贸易。这是明代自永乐、宣德年间郑和七下西洋之后，对外关系上的又一件大事。郑和下西洋是中国传统礼制朝贡关系发展的极致，具有政治性和贸易性的双重特点。但也有局限性，即它是政府行为，对外贸易控制在官方手中，民间贸易则严加限制，称之为“海禁”。王圻把中国官方的外贸政策说得相当清楚：“贡舶者，王法之所许，市舶之所司，乃贸易之公也；海商者，王法之所不许，市舶之所不经，乃贸易之私也。”[25]这套政策与明代中期以后商品经济的发展极不适应。穆宗顺应时代的变化，调整对外贸易政策，使明代对外贸易从官府层面转向民间层面。从此明代对外贸易走向全面开放。对此，当时人周起元就有极高的评价：“我穆庙时除贩夷之律，于是五方之贾，熙熙水国，刳艅艎，分市东西路。其捆载珍奇，故异物不足述，而所贸金钱，岁无虑数十万。公私并赖，其殆天子之南库也。”[26]可见隆庆开关后，海外贸易也出现了新局面。

三、大阅与封贡

明穆宗最大的业绩还是在边务方面。从明初到嘉靖末年，明朝边防主要威胁来自北方的蒙古部族。其间虽有封贡、互市，但是时间短暂，边患未从根本上解决。穆宗即位后，在边务方面面临着两个问题。第一，明朝中期以后，政治腐败，军事积弱，瓦剌、鞑靼相继挥戈南下，形成严重边患。明朝必须加强军事实力，起衰振靡，才能在解决北边问题时掌握主动权。第二，明与蒙古各部的战争最终不能割断蒙、汉人民之间经济上相互需求、互为补充的联系。从嘉靖中期起，称雄于蒙古各部的是俺答汗。他在与明王朝的对抗中，开始了重要的转变，要求与明王朝改善关系，通贡互市。而明世宗民族偏见很深，多次斩杀来使，“绝彼通贡”，使本来可以缓和的民族矛盾不断激化。明王朝只有改变国策，才能适应蒙汉关系的新形势。明穆宗正是在这方面有所建树。

穆宗即位后，对北部边防主要做了三件事。第一件是选拔最优秀的军事将领充任北方边防总督、巡抚、总兵官等职务。隆庆元年（1567）十月，升王崇古为兵部右侍郎兼右佥都御史，总督陕西、延绥、宁夏军务，隆庆四年（1570）正月又改调总督山西、宣府、大同军事。隆庆二年（1568）三月，升谭纶为兵部左侍郎兼右佥都御史，总督蓟州、辽东、保定军务。隆庆元年（1567）十月，召福建总兵戚继光入京协理戎政，第二年五月改命总理蓟州、昌平、保定三镇练兵事。谭、戚是明代著名的军事家，在抗击倭寇的战争中战功卓著。王崇古也曾参加抗倭战争，立有军功，嘉靖四十年（1561）调任宁夏巡抚，亲历行阵，善修战守，功劳显闻。张居正在给他的信中称赞说："夫世必有非常之人，然后有非常之事，有非常之事，然后有非常之功。公所谓非常之人也。"[27]此外，用李成梁镇守辽东，方逢时为大同巡抚，都可以说委任得人，足当一面。明世宗用人，"忽智忽愚"，"忽功忽罪"；穆宗用人，一经委任，信而不疑。无论是谭纶、戚继光，还是王崇古、方逢时，都多次被人弹劾，穆宗始终不改变初衷，对他们正确的主张，即使有人非议，也支持到底。如谭、戚曾提出在居庸关、山海关间修建 3000 座墩台，加强边塞的防守。他当即批准。这是明朝继成化后又一次修长城。在建台过程中，"流言京师，转相传播，谓建台无益阻虏"。[28]谭、戚对此惶恐不安，不知所措。张居正则表示支持，称赞"筑敌台守险，可以远哨望，运矢石，势有建瓴之便，士无露宿之虞，以逸待劳，为不可胜乃策之最得者"。[29]

穆宗更明确批复："修筑墩台，已有明旨，（谭）纶宜坚持初议，尽心督理，毋惑人言。如有造言阻扰者，奏闻重治。"[30]于是流言始得平息。其后墩台修成，"边备大饬，敌不敢入犯"（《明史》卷222《谭纶传》）。王崇古、谭纶、戚继光等都注重练兵，经过近两年的整顿，边防守御已告具备。

明穆宗抓的第二件事是大阅。大阅是一种军礼，亦称"阅武"，指皇帝亲自检阅武装力量。洪武、永乐、宣德、正统、天顺、成化几朝都举办过，但规模不大。成化十一年（1475）后，明朝94年未行此典。张居正在隆庆二年（1568）向明穆宗建议在京师举行大阅，检阅京军。其目的一是整顿京营，二是扩大影响，从而扭转明朝军队的积弱之势。这个建议当时也受到部分言官的责难，明穆宗力排异议，断然决定举行大阅，并限期一年整顿京营。隆庆三年（1569）九月二十日，大阅在京城北郊举行，"是日，天子躬摄甲胄……选卒十二万，戈铤连云，旌旗耀日。天子坐帐中，观诸将士为偃月五花之阵。已，乃阅骑射，简车徒。礼毕，三军之士皆呼万岁，欢声如雷。都城远近，观者如堵。军容之盛，近代罕有"。[31]大阅虽说是一种形式，但在整饬军务方面收到明显的效果。首先，京营战斗力加强。其次，大阅振奋了军心、民心。嘉靖二十九年庚戌之变，严嵩不准京军出战，军心、民心为之沮丧。穆宗大阅，亲临校场，不仅京营士气鼓舞，而且提高了全国边防官兵的战意和士气。从隆庆三年（1569）九月起，至隆庆五年（1571）二月俺答汗封贡前，鞑靼各部虽不时南下骚扰，皆被明军拒却，边境得以无事。后来王崇古在与俺答汗的谈判中，即以大阅为例，宣扬明朝军事的振兴，促进了谈判顺利进行。从此，明政府在处理北方蒙古问题上逐步改变了被动局面，取得了主动权。

第三件事是调整对蒙古各部的政策。首先调整对板升政策。“板升”是蒙古语，当时人解释为“房屋”“城”“城堡”之类。它是蒙古地区以汉族为主要居民的区域。汉族居民的来源：一是蒙古各部每次入侵中原抢掠去的人口，天长日久，在塞外定居；二是山西、宣大等地军民不堪忍受明政府的残酷压迫，逃亡塞外谋生。大批汉人到蒙古地区后，对开发蒙古地区起了积极的作用，“当大同右卫大边之外……有地曰丰州，崇山环合，水草甘美。中国叛人丘富、赵全、李自馨等居之。筑城建墩，构宫殿，甚宏丽。开良田数千顷，接于东胜川。虏人号曰板升，板升者，华言城也”[32]，板升内部也不断分化，上层分子实际上是新贵族，如丘富、赵全、李自馨等，一方面依附俺答汗，巩固对板升的统治；另一方面帮助俺答汗练兵习武，并充任向导，深入内地烧杀抢掠，“入寇，辄使为前驱”[33]，在蒙古各部与明王朝的抗衡中获取利益。所以张居正说：“西患在板升。”[34]嘉靖时，明政府对板升居民虽然也下达过招徕的命令，但实效不大。穆宗即位后，采取多种方式进行招徕，规定“如有率众来归者，厚加抚恤”。[35]隆庆二年（1568）八月，逃民白春等五人，闻风各率所部前来归附，穆宗当即予以奖赏：“降人不问老幼男妇……动支官银，分别查给为宁家之资，仍复其身。”[36]此事影响很大，据王崇古统计，继此之后，仅山西、宣大三镇一年之间归降人数就超过了2000人，其中不仅有汉族居民，而且有蒙古族人民。板升的分化，使赵全等少数上层分子陷于孤立，俺答汗也不得不进一步考虑改善与明朝的关系。穆宗调整政策更主要表现在把汉那吉事件中。把汉那吉是俺答汗第三子铁背台吉之子，幼年丧父，由俺答汗的妻子一克哈屯抚养。成年后，娶俺答汗婿比吉女为妻。不久，又下聘兔扯金之女，准备迎娶。此时，俺答汗的长女哑不害所生三娘子也接受袄儿都司的聘礼。俺答汗见三娘子艳丽多姿，夺为已有。袄儿都司闻讯愤怒，将起兵与俺答为敌。俺答汗不得已将把汉那吉所聘兔扯金之女嫁给袄儿都司。为此，把汉那吉与俺答汗结怨，声称“我祖妻外孙，又夺孙妇与人，吾不能为若孙，吾行矣”。[37] 把汉那吉于是在隆庆四年十月，率众投奔明朝。把汉那吉来降，颇有影响。史书记载：“已而，降者相踵。”[38]如何处置把汉那吉，明王朝内部有争论。王崇古、方逢时主张接收把汉那吉。御史饶仁侃、武尚贤、叶梦熊等以敌情叵测，反对收留，并提出应以当年桃松寨事件为教训。桃松寨是俺答汗子辛爱之妾，因与部下私通，于嘉靖三十六年（1557）前来归附。明朝总督杨顺上疏世宗引以为功。不久，辛爱以武力相加，杨顺胆怯，一方面放桃松寨逃跑，另一方面又把去向通知了辛爱。结果桃松寨被辛爱抓获杀害。穆宗、高拱、张居正都支持王崇古、方逢时，认为把汉那吉不同往年的桃松寨，是一部之长，有军事实力，对其他各部也有影响。于是穆宗下诏，优抚把汉那吉，封他为指挥使。这时叶梦熊再次上疏反对。为了平息异议，使朝廷上下一致支持王崇古的决策，穆宗指斥叶梦熊妄言摇乱，降二级，调外任。经过王崇古、方逢时的调解，把汉那吉与俺答汗重归于好。隆庆四年（1570）十二月，俺答汗为了与明朝改善关系，实现多年的贡市愿望，把赵全、李自馨等押送明朝。明朝也劝说把汉那吉重回俺答汗部。双方在改善关系方面都主动向前迈出了一步。

明朝与蒙古部关系要进一步发展，必须解决三个问题：一是封，指封俺答汗为王及其昆弟子侄为官；二是贡，指俺答汗及其部下向明朝入贡；三是互市，指俺答汗及其属部在限定日期、限定货物内与明朝择地通商。俺答汗表示："若天子幸封我为王，借威灵长北方诸酋，谁敢不听！誓永守北边，毋敢为患。"[39]王崇古主封、主贡、主互市。隆庆五年（1571）三月，穆宗封俺答汗为顺义王。其他各部首领也先后被封为都督同知、指挥同知、指挥佥事、千户、百户等。至于是否准许通贡互市，穆宗下诏命兵部召集廷议。在廷议中，"定国公徐文璧、吏部左侍郎张四维等二十二人皆以为可许；英国公张溶、户部尚书张守直等十七人以为不可许；工部尚书朱衡等五人以为封贡便、互市不便；独都察院佥都御史李棠极言宜许状；兵部尚书郭乾淆于众议，不知所裁"。[40]通贡以多数赞同通过，互市则通不过。反对派的理由是嘉靖时期世宗拒绝开放马市的政策不能改变。张居正批评反对派只"计目前之害，忘久远之利"。[41]高拱态度也十分明确，立即把内阁所藏当年明成祖封瓦剌、鞑靼首领为王的档案交给兵部查阅。他指出，嘉靖时拒绝开放马市，造成北边"三十余年迄无宁日"，是世宗"失计之明验也"[42]，因此嘉靖时的民族政策不足效法。他认为互市有两点好处：第一，可使边境宁谧，百姓安居乐业；第二，"可以示舆图之无外"[43]，这就是说要把蒙古地区和中原地区看作一个完整的、不可分割的整体。穆宗采纳张居正、高拱的建议，表示立即执行封贡之议。于是"廷臣知事由宸断，异议稍息矣"。[44]六月，在议陕西三边与河套吉能（俺答汗之侄）通贡互市时，又遇阻力。总督陕西三边都御史戴才提出吉能通贡随附俺答一路；互市只可以在宣府、大同执行，陕西三边则不执行。明穆宗严厉斥责戴才："受三边之任，套虏应否互市，当有定议，顾乃支吾推诿，岂大臣谋国之忠！姑不究，其令从实速议以闻，授官通贡如拟。"[45]在穆宗的压力下，陕西三边通贡互市问题也得到解决。总之，穆宗比世宗较少民族歧视，"视华夷为一家……胡越一体，并包兼育"。[46]他这种思想是难能可贵的。

俺答汗封贡，首先结束了蒙古各部与中原王朝近200年兵戈相加的对立局面，从此，"三陲晏然，曾无一尘之扰，边氓释戈而荷锄，关城熄烽而安枕"。[47]这是200年来未曾有过的形势，这种局面一直延续到明朝末年。其次，俺答汗封贡也促进了蒙汉人民经济、文化的交流。隆庆时的互市不同于嘉靖时的马市。马市是官市，不准军民生儒闲杂入市。互市有官市，也有私市。私市准许边民贸易。于是交易扩大到民间。隆庆六年（1572）冬又开月市，每月市一二日。互市、月市深受蒙汉人民的欢迎，成为连接两族人民友好关系的纽带。第三，俺答汗封贡再一次确立了蒙古各部政权与中央政权的从属关系，从长远看对我国统一多民族国家的进一步巩固有重大意义。如果说满族后来在康熙等皇帝统治下，对我国统一做出了贡献，那么早在清朝以前，俺答汗封贡就已经为这一历史趋势的发展打下了基础。清人魏源评价此事说："不独明塞息五十年之烽燧，且本朝开二百年之太平。"[48]明穆宗与俺答汗、高拱、张居正、王崇古等对祖国的贡献同样是不应该忽视的。

明穆宗朱载垕，在位短短六年（1567—1572），却以开明、果敢的态度取消东南海禁，又与北面的鞑靼部酋长俺答汗达成边境贸易协议，成功解决了困扰明朝多年的“南倭北虏”问题

四、穆宗之死

穆宗虽然做出了上述业绩，但也有缺失。如阁臣各树朋党，门户渐开，穆宗听之任之，失之矫正。故《明史·穆宗本纪》说他“宽恕有余，而刚明不足”。另外，史家对他宫廷生活颇多微词。穆宗刚即位时，尚能崇尚节俭，“穆宗在位六载，端拱寡营，躬行俭约，尚食岁省巨万”。其实这种节俭也是有限的，《明史·食货志》则指出：“隆庆中，数取太仓银入内库，承运库中官至以空札下户部取之。……又数取光禄（寺）、太仆（寺）银。”可见穆宗是以内库与国库争银，并无损上益下之意。所节省光禄寺微末之数，其意仍在为内库增加聚积。

一般来说，穆宗在政务方面能倾听臣下正确意见，但涉及君德则讳莫如深。初即位，他信任内宫监太监李芳。李芳曾侍奉穆宗于裕邸，持正敢言，每每劝诱穆宗向善。但不久失宠，隆庆二年（1568）十一月被下刑部狱监禁待决。据《明史》卷215《陈吾德传》，隆庆四年（1570），给事中李已、陈吾德上疏，指出穆宗已不如即位之初节俭，买玉市珠，传帖屡下，并质问穆宗：“陛下奈何以玩好故，费数十万资乎！”结果李已被杖一百、下刑部狱，陈吾德被斥为民。《明史·食货志》评论说：“自是供亿寖多矣。”

明代受冷落的储君，即位后寿数多不长久。穆宗实际在位只有五年半。这与他一朝登极，君临天下，纵情声色有关。穆宗后妃见于史册的并不算多。他的原配李氏，嘉靖三十二年（1553）册封裕王妃，嘉靖三十七年（1558）四月病故，葬金山，穆宗去世后合葬昭陵。李氏生一子，五岁而殇。李妃死后，又选陈氏为裕王继妃。隆庆元年（1567）册封皇后。陈皇后无子多病，另居别宫。据《明史》卷215《詹仰庇传》，此事传到朝中，御史詹仰庇疏谏，以穆宗耽于声色，陈皇后微谏，穆宗恼怒，出之别宫。穆宗见疏后批答说："后无子多病，移居别宫，聊自适，以冀却疾。尔何知内庭事，顾妄言！"陈皇后是否有病，无从考证。但穆宗耽于声色似非捕风捉影。穆宗最宠幸的是神宗生母李氏。据《明史》卷114《后妃列传二》，李氏初为宫女，侍穆宗于裕邸，隆庆元年封为贵妃，她"性严明。万历初政，委任张居正，综核名实，几于富强，后之力居多"。除李贵妃外，穆宗是否还有所宠，史无明文。但从当时臣僚们的奏疏中可以看出，穆宗于燕饷声色，游戏骑射，无所不好。早在隆庆元年（1567），礼科给事中王治就在陈四事疏中指出："比者人言籍籍，谓陛下燕闲举动，有非谅阴所宜者。臣窃为陛下虑之。"（《明史》卷215《王治传》）兵部郎中邓洪震也上疏直言："传闻后宫游幸无时，娱御相随，后车充斥。"（《明史》卷215《邓洪震传》）隆庆二年（1568）正月，吏科给事中石星上言，批评穆宗纵情声色："夫为鳌山之乐，则必纵长夜之饮；纵长夜之饮，则必耽声色之欲。"疏入，穆宗大怒，命廷杖六十，罢黜为民。[49]石星被杖，其妻误闻石星已死，触柱身亡。隆庆三年（1569），尚宝丞郑履淳劝谏穆宗"移美色奇珍之玩，而保疮痍"，结果被杖一百，在刑部狱被押数月。（《明史》卷215《郑履淳传》）穆宗裕邸时旧臣尚宝卿刘奋庸，也在隆庆六年（1572）三月上疏劝谏，疏中谈到穆宗"精神志气渐不逮初"。他劝穆宗要"保圣躬"。又说："人主一身，天地人神之主，必志气清明，精神完固，而后可以御万几。望凝神定志，忍性抑情，毋逞旦夕之娱，毋徇无涯之欲，则无疆之福可长保也。”（《明史》卷 215《刘奋庸传》）就在刘奋庸的奏疏上达前后，穆宗已是病体不支，终于在这年五月二十六日（1572 年 7 月 5 日）死于乾清宫。谥“契天隆道渊懿宽仁显文光武纯德弘孝庄皇帝”（《明史》卷 19《穆宗本纪》），葬昭陵。穆宗死因，从上面所引的奏疏来看，恐怕与君德不无关系。

人无完人。对一个帝王来说，主要还是看他的政绩。清朝官修《明史》称他为“令主”。笔者认为，其他毋论，仅隆庆开关和俺答汗封贡两件事，穆宗在明代历史上，甚至中国历史上，就应该占有一定的地位。

注 释

［1］沈德符，《万历野获编》（历代史料笔记丛刊·元明史料笔记，北京：中华书局，1959，1997）卷 2《圣主命名》，第 62 页。

［2］“中央研究院历史语言研究所”校勘，《明实录·穆宗实录》（台北：“中央研究院历史语言研究所”，1984 年据“中央研究院历史语言研究所”民国五十一年［1962］本缩编）卷 1，第 9761 页。

［3］《万历野获编》补遗卷 1《穆宗仁俭》，第 792 页。

［4］郭正域，《光禄大夫柱国少傅兼太子太师吏部尚书中极殿大学士赠太师高文襄公拱墓志铭》，载焦竑，《献征录》（万历末刻本，上海：上海书店出版社，1987 影印）卷 17，第 624 页。

［5］许国，《光禄大夫柱国少傅兼太子太师吏部尚书武英殿大学

士赠太保谥文端松谷陈公以勤墓志铭》，载焦竑，《献征录》卷 17，第 631 页。

[6] 张敬修，《太师张文忠公行实》，载张居正，《张太岳集》（万历四十年 [1612] 刻本，上海：上海古籍出版社，1984 影印）卷 47，第 584 页。

[7]《张太岳集》卷 36，第 460 页。

[8]《明实录·穆宗实录》卷 22“隆庆二年七月乙丑”条，第 9910 页。

[9]《明实录·穆宗实录》卷 1“嘉靖四十五年十二月壬子”条，第 9763 页。

[10]《明实录·穆宗实录》卷 1“嘉靖四十五年十二月壬子”条，第 9766 页。

[11]《明实录·穆宗实录》卷 15“隆庆元年十二月壬寅”条，第 9865 页。

[12]《明实录·穆宗实录》卷 1“嘉靖四十五年十二月壬子”条，第 9766 页。

[13]《明实录·穆宗实录》卷 54“隆庆五年二月己亥”条，第 10093 页。

[14] 海瑞，《兴革条例》，载氏著，陈羲钟编校，《海瑞集》（北京：中华书局，1962），第 40 页。

[15]《明实录·穆宗实录》卷 16“隆庆二年一月戊辰”条，第 9870 页。

[16]《明实录·穆宗实录》卷 17“隆庆二年二月丁亥”条，第 9878 页。

[17]《明实录·穆宗实录》卷 17“隆庆二年二月丁亥”条，第 9878 页。

[18]《明实录·穆宗实录》卷 16“隆庆二年一月辛亥”条，第 9867 页。

[19]《明实录·穆宗实录》卷 13“隆庆元年十月庚寅”条，第 9849 页。

［20］《明实录·穆宗实录》卷45“隆庆四年五月壬辰”条，第10046页。

［21］《明实录·穆宗实录》卷30“隆庆三年三月甲寅”条，第9958页。

［22］《明实录·穆宗实录》卷32“隆庆三年五月丁未”条，第9968页。

［23］《明实录·穆宗实录》卷32“隆庆三年五月丁未”条，第9968页。

［24］《明实录·穆宗实录》卷46“隆庆四年六月甲辰”条，第10048页。

［25］王圻，《续文献通考》卷31，载上海古籍出版社编，《续修四库全书》（上海：上海古籍出版社，2002）第762册，第335页。

［26］张燮著、谢方校点，《东西洋考》（中外交通史籍丛刊，北京：中华书局，1981），第17页。

［27］张居正，《答蓟辽抚院王鉴川论蓟辽五患》，载《张太岳集》卷22，第263页。

［28］《明实录·穆宗实录》卷36“隆庆三年八月戊午”条，第9991页。

［29］张居正，《答总督谭二华论任事筹边》，载《张太岳集》卷21，第256页。

［30］《明实录·穆宗实录》卷36“隆庆三年八月戊午”条，第9991页。

［31］《太师张文忠公行实》，载《张太岳集》卷47，第585页。

［32］《明实录·世宗实录》卷486:“嘉靖三十九年七月庚午”条，第9505页。

［33］《明实录·穆宗实录》卷23“隆庆二年八月辛卯”条，第9914页。

［34］张居正，《与蓟辽总督谋俺答板升之始》，载《张太岳集》卷22，第264页。

［35］《明实录·穆宗实录》卷1“嘉靖四十五年十二月壬子”条，第

9766 页。

[36]《明实录·穆宗实录》卷 23“隆庆二年八月辛卯”条，第 9915 页。

[37] 谷应泰编纂，《明史纪事本末》卷 60《俺答封贡》，收入中华书局编辑部编，《历代纪事本末》（北京：中华书局，1997）第 2 册，第 2365 页。

[38]《明实录·穆宗实录》卷 50“隆庆四年十月癸卯”条，第 10073 页。

[39]《明实录·穆宗实录》卷 51“隆庆四年十一月丁丑”条，第 10079 页。

[40]《明实录·穆宗实录》卷 55“隆庆五年三月甲子”条，第 10099 页。

[41] 张居正，《与王鉴川议坚封贡之事》，载《张太岳集》卷 22，第 270 页。

[42] 高拱，《伏戎纪事》，载《高文襄公集》（万历四十二年[1614]刻本）卷 25，收入四库全书存目丛书编纂委员会编，《四库全书存目丛书》（台南：庄严文化事业，1997）集部第 108 册，第 338 页。

[43] 高拱，《伏戎纪事》，载《高文襄公集》卷 25，收入《四库全书存目丛书》集部第 108 册，第 338 页。

[44]《明实录·穆宗实录》卷 55“隆庆五年三月己巳”条，第 10100 页。

[45]《明实录·穆宗实录》卷 58“隆庆五年六月甲辰”条，第 10116 页。

[46]《明实录·穆宗实录》卷 55“隆庆五年三月己丑”条，第 10103 页。

［47］高拱，《伏戎纪事》，载氏著，《高文襄公集》卷25，收入《四库全书存目丛书》集部第108册，第338页。

［48］魏源撰，韩锡铎、孙文梁点校，《圣武记》（北京：中华书局，1984）卷12，第500页。

［49］《明实录·穆宗实录》卷16“隆庆二年一月己卯”条，第9874页。

明代中日韩关系
——从丰臣秀吉侵韩战争说起

王天有

本文研究明朝在日本侵略朝鲜战争（1592—1599）其间的政策。对于这场战争，今日朝鲜、韩国学者称为“壬辰丁酉倭乱”，中国学者则称为“万历朝鲜之役”，而日本学者则称为“文禄、庆长之役”。当时中、朝、日都使用干支纪年，故以“壬辰丁酉倭乱”称之，便于叙述。下面分两个问题来谈。

一、明朝倭乱缘由

倭乱一直是困扰明朝政府的问题。明朝倭乱可以分为三个阶段。

第一阶段是元末明初，当时日本处在南北朝时期。南朝是指后醍醐天皇在吉野设立的朝廷，北朝是指征夷大将军足利尊氏在京都开设的幕府。除两个对立的政权外，各地还有许多割据的地方势力——守护大名。南北朝历经五十余年的战乱，在战乱中众多的溃兵、败将、武士以及浪人，流亡海岛，与冒险商人相勾结，组成武装集团，即《明史·兵志》所云“岛寇倭夷，在在出没”，给明朝和朝鲜（明初称“高丽”）沿海造成威胁。这种局面至洪武二十五年（1392）北朝灭南朝后稍有缓和。

第二阶段是日本应仁之乱（1467）后的战国时代。此时日本室町幕府名存实亡，守护大名变成了战国大名。各大名拥兵割据，互争雄长，战乱持续了一百多年。在战乱中，大名们支持向外掠夺，以此弥补战争费用。同时日本经济的发展，刺激了大名们的奢求欲望，他们与商人相表里，违反明朝有关勘合贸易的限制，从事着亦盗亦商的活动。明朝逃亡海岛的流民，往往被倭寇裹挟；江浙一带的一些富商也通倭走私，助倭为虐。因此到明朝嘉靖年间，倭乱猖獗于中国东南沿海，当时有“南倭”之称，为此明朝进行了旷日持久的抗倭战争，至嘉靖后期倭患才逐渐平定。

第三阶段是丰臣秀吉统一日本两年后发动的对朝鲜半岛的侵略战争，即壬辰（1592）倭乱。壬辰倭乱和以后的丁酉（1597）倭乱虽然发生在朝鲜半岛，但终极目标指向明朝。战争持续了6年（1592—1598），直到丰臣秀吉死去，战争才告终结。

为什么中国明朝时期倭乱如此严重，乃至丰臣秀吉调动日本全国兵力，以政府的行为发动侵朝征明的战争？我认为有以下缘由：

首先是日本执政者对华认识发生了巨变（并非全部日本人的中国观）。中、朝（包括今朝鲜和韩国）、日三国文化交流可以追溯很远，在长期的相互影响中，中国文化对朝、日的影响处于主导方面。在相当长的一段时间内，三国间有着一种贡赐关系。就中国来说，这是基于“普天之下，莫非王土”的思想，冀盼“万国重译而至”的局面来满足历代帝王的虚荣心。对朝贡国而言，通过朝贡可以借此得到“大国”的承认，强化执政者在本国的统治，同时也可以得到超出贡品若干倍的回赐物品。古代中日、中朝关系就是在这样的模式下运作。在成书于8世纪初的日本官修史籍《日本书纪》中，日本的中国学专家僧人惠齐、惠光，医师惠日、福因等，对中国充满敬意，说“且其大唐国者，法式备定珍国也”[1]，对中国无比尊崇。到了镰仓时代，日本的执政者认为中国并非全部先进，逐渐萌生了离心倾向，特别是由于元朝军队两次入侵日本的战争，产生了对华的敌意。而这种敌意以后延伸为对明朝的敌意。永乐时，经足利幕府第三代将军足利义满与明成祖共同努力，两国建立了睦邻关系。但不久足利义满去世，其子足利义持就任将军，认为与明朝保持朝贡关系是“国之耻辱”，遂切断了与明朝的关系。以后日本与明朝的关系时趋缓和时趋紧张，造成倭寇在中国东南沿海猖獗的事实。这种对华认识的变化到丰臣秀吉时期发展到了顶点，甚至非诉诸武力不可。

其次从明朝倭乱的三个阶段看，一次比一次严重。其中第三次最为严重，不仅迁延时间长，动用军队多，而且是以日本政府的行为出现。其中丰臣秀吉个人的因素也很重要。丰臣秀吉是一个野心勃勃的人物。他平生有两大愿望：一是统一日本；二是占领朝鲜，吞并明朝。早在日本天正五年（1577），他就向织田信长提出平定九州后，“克定明及朝鲜……经略二国，非难也”。[2]日本统一后，前代沿袭下来的神国思想在丰臣秀吉头脑中极度膨胀，军事上的胜利使他利令智昏，琉球、朝鲜等国使臣先后到日本祝贺统一，甚至葡萄牙、西班牙等国传教士也来晋见，使他认为日本应当取代明朝成为东亚各国的中心。丰臣秀吉的这一想法在天正十八年（1590）给朝鲜国王的信中得到充分表现：

> 予思人生不满百，安能郁郁乎斯土！将一超直入明，易我朝风俗于四百余州，施帝都政化于亿万斯年者，在吾方寸中。贵国先驱而入朝，有远虑无近忧者乎？远邦小岛在海中，后进辈者不可作许容也。予入明之日，将士卒来军营，则弥可修邻盟也。[3]

可见征服朝鲜只是第一步，征服明朝才是他的真正目标。1592年，当日军占领朝鲜首都后，被胜利冲昏头脑的丰臣秀吉，在写给他义子丰臣秀次的信中，更下达进攻中国的命令，他甚至连征服中国后，邀请御阳成天皇巡幸中国，把中国、朝鲜、日本分封给秀次及其他大名的计划都想好了：

> 朝鲜都城既陷矣，予来春帅兵入明，荡平疆宇，徙当今銮舆于彼地，而膺宝图，以甲午岁（1594）为期，乘舆沿途驻跸，总用行幸式。……以卿（指丰臣秀次）为明地关白；朝鲜地，遣岐阜宰相、若备前宰相总统；乘舆经费，奉畿甸傍近十州；封卿以百州；皇朝，关白、大和中纳言、备前宰相等，临时而任焉。[4]

丰臣秀吉把征服明朝后重新划分中、日、朝的统治蓝图都已勾画清楚，可见他侵略朝鲜绝非一时心血来潮。

第三是日本刚刚统一，内部矛盾很大。丰臣秀吉发动侵朝征明的战争也有加强国内凝聚力，转移国内各诸侯之间及他们与丰臣秀吉矛盾的目的。这点可从丰臣秀吉死后其家臣分裂为文治派和武断派以及内战不久再次发生得到证明。

二、明朝在壬辰、丁酉倭乱中的政策

中朝两国是山水相接的友好邻邦，长久以来有着密切的经济、文化联系。明朝建立后即与当时的高丽国王王颛建立了朝贡关系。以后因北元的问题双方关系有所曲折，但自李朝建立之后，两国关系日趋密切。早在日本南北朝时期，两国就开始了抵抗倭寇的合作。此后于永乐十七年（1419），明军在望海埚重创入侵的倭寇，生擒数百，斩首千余，正是由于事先得到朝鲜方面送来的情报，严阵以待的结果。嘉靖年间是明朝抗倭斗争最艰难的阶段，朝鲜方面始终与明朝合作，不断将俘获的倭寇和被解救的中国人送交给明政府。总而言之，明朝与朝鲜李朝在长期联合抗击倭寇的斗争中，互通情报，相互配合，形成了休戚与共、唇齿相依的关系。壬辰倭乱发生后，明军入朝参战，与朝鲜军民共同战斗，正是这种传统关系的体现。

如前所述，壬辰、丁酉倭乱比以往倭乱都要严重。在日本方面，仅于壬辰年（1592）进攻朝鲜时就调动了16万（号称20万）的兵力，占釜山，下王京（汉城），掠开城，入平壤，气势汹汹，不可一世。朝鲜方面，则因升平日久，国王李日公缺乏抗战决心，弃京城，出奔义州，半壁江山沦陷。在明朝方面，无论从自身的利益出发，还是从传统的封贡关系来看，出兵援助，责无旁贷。经过七年的浴血奋战，最终明朝与李朝取得这场战争的胜利。但对抗倭胜利的原因，明神宗朱翊钧在战后宣告天下的诏书中说："遏徂定乱，在予一人。"[5]朝鲜国王李日公也在给自己臣民的谕示中称："呜呼！神宗皇帝再造藩邦之恩，天地同大，河海莫量，实吾东方没世不忘者也！"[6]此后明神宗把援朝战争与国内平定宁夏哱拜叛乱、平定播州杨应龙反叛，并称为"万历三大征"，宣扬他的"盛世武功"。本人无意否定明神宗在抗倭战争中所起的作用，只是想通过对壬辰、丁酉倭乱过程的简单勾勒，指出明神宗在倭乱中的政策失误。

1. 漠视情报，毫无警惕

明朝嘉靖末年，东南沿海倭患基本平息。隆庆元年（1567），明朝放宽海禁政策，准许商人远贩东、西二洋，海上出现了承平气象。明神宗亲政后，对日本本土正经历着由分裂走向统一的情况，懵然不知，对丰臣秀吉野心的种种表露更无情报可言。日本天正十一年（1583），丰臣秀吉让琉球使节向明朝传话，要明朝通聘于日本，否则便予征伐。琉球国没有传话，因此明朝方面也未作反应。天正十八年（1590），丰臣秀吉致书朝鲜国王，谈到入朝征明的问题（前文已引）。这封书信，朝鲜国王是在第二年三月收到的，对此朝鲜国王李日公予以拒绝，但在是否通报明朝的问题上，朝臣内部意见不一，最后决定派贺节使通报明朝，不提书信，只说传闻。这年七月，明朝已经从福建、浙江巡抚联名奏报中得知日本正准备大举侵明。这个情报来自在日本的华人许仪后。同时琉球使节也带来相同的资讯。朝鲜贺节使的通报无疑证实了上述情报的真实性。但明神宗并没有对这一系列的情报予以重视，福建、浙江巡抚的联名奏疏被束之高阁。十一月，朝鲜再次通报明朝，告知丰臣秀吉已统一日本，琉球、南蛮诸国也已向日本臣服，来年三月将入侵明朝。这时朱翊钧才开始注意日本本土发生的变化，但此时他正忙于宁夏用兵，只是申饬沿海注意备御。此时距日军侵略朝鲜只有五个月，可见明朝对日本情况始则资讯不灵，继则对日本侵明事态的严重性没有足够认识，至于日本通过朝鲜一路征明更是想所未想的。

2. 仓促出兵，全军覆灭

明万历二十年四月十三日（1592 年 5 月 23 日），日军越过对马海峡，直扑朝鲜，“壬辰倭乱”爆发。五月八日，明神宗方才得知朝鲜四月十三日发生的事情。六月二日，明神宗得知朝鲜王京失守，朝鲜国王李日公北奔义州，“切望义师”援救。此时明神宗一方面因宁夏战事正急，另一方面也是对日本军事实力估计不足，只是与兵部尚书石星商议后，通知辽东巡抚郝杰酌量派兵救援。于是由副总兵祖承训、游击将军史儒率领一支 3000 人的部队渡过鸭绿江参战。结果 3000 人几乎全军覆灭。在中国史书上多称此次战役失利，是由于祖承训“轻躁无谋”，在前往平壤途中被日军设伏歼灭，实际上恰恰是明神宗仓促出兵所致。对此，谈迁的评价极为中肯：

> 甚哉石司马（指石星）之失筹也！岛夷蛰我属国，拉焉倾覆。彼告急于我，度不能膜外置之……辽抚郝杰不量见力，亟请声援。狡倭数万众，如太山压卵，而我才三千人往，委肉虎口，无俟至平壤立糜矣……属国虽流离，缓之可，急之可，而偏师轻出，亦预其败。于是移乡邻于同室，进介鳞于我仇，运筹之失，始见其端。[7]

不过谈迁只是批评了兵部尚书石星、辽东巡抚郝杰等官员，而没有点出决策的关键人物明神宗，这也许是史家“为尊者讳”的曲笔吧。

3. 援朝决策，久议不定

当时明朝内部对出兵入朝参战存在着分歧。第一种意见认为“欲安中国，必守朝鲜”，主张对宁夏哱拜实行安抚，调动大军援助朝鲜。这是有识之见。第二种意见是反对出兵援朝。代表人物是兵科都给事中许弘纲，他说：“闻守在四裔，不闻为四裔守。”[8]这是一种站在天朝上国立场上极为狭隘、自私的主张。第三种意见是主张与倭议和。代表人物是兵部尚书石星。石星的主张来自市井人物沈惟敬、沈嘉旺。沈惟敬熟悉日语，沈嘉旺是一个曾被倭寇俘获逃归的人物。他们宣称丰臣秀吉的举动是因为通贡明朝的愿望为朝鲜所阻遏。[9]这种主张颇能满足明神宗的虚荣心。三种意见久议不决，而第三种意见占上风。于是明神宗采纳石星意见，任命沈惟敬为游击将军，前往朝鲜与日军谈判。直至祖承训败报送到北京，明朝又获悉王京、开城、平壤已经沦陷，朝鲜王子、陪臣沦为日军阶下之囚，明神宗才感到形势严重，决定调集大军救助朝鲜。明军真正赴朝参战是在宁夏哱拜平定之后，时为万历二十年十二月十六日（1593 年 1 月 18 日）。这时距壬辰倭乱发生已经八个多月。这八个月中，由于朝鲜全罗道水军节度使李舜臣在闲山岛大败日军水师，粉碎了日军从海上北进与陆军相呼应的图谋，以及朝鲜各地义军的奋勇抵抗，从而对日军形成有力的牵制，整个朝鲜才免遭覆灭的厄运。

4. 平壤大捷，战局转折

主持援朝军务的是兵部侍郎、经略宋应昌，提督蓟、辽、保定、山海关等处防海御倭总兵官李如松。二人均力主援朝抗倭。他们在出征途中正遇上沈惟敬从平壤和谈归来，议和之说被他们驳回。万历二十一年正月初八（1593 年 2 月 8 日），李如松军在朝鲜军民的配合下攻克平壤，日军将领小西行长率残部南逃。接着中朝联军又乘胜收复开城。平壤、开城的光复，极大地鼓舞了中朝将士的斗志。在这种形势下，明神宗也飘飘然，责令宋应昌“督励将士，亟攻王京”。这一责令助长了高级将领中的轻敌思想。二十七日，李如松军在距离王京三十里的碧蹄馆受挫。获悉明军在碧蹄馆受挫，明神宗又把希望转移到与日军和谈上来。于是再次派沈惟敬前往倭营议和。次月，诏令东征官兵暂还辽东。战争胜负，往往千变万化，这是兵家常事，何况“碧蹄虽败，意外小挫，全师自如”。[10] 自平壤大捷，总的形势朝有利明军和朝鲜的方向发展，退兵议和实非明智之举。就在撤退的诏令尚未到达前线之时，朝鲜战场上明军又接连得手，李如松派遣参将查大受焚烧了日军的龙山粮仓，明军主力驻扎在平壤、开城、宝山、临津一线严阵以待，朝鲜分散在各地的军队尚有十七万二千四百人，“随贼所向，临机进剿”[11]，各地勤王义军更是在敌后频频出击。日军伤亡惨重，水军殆尽，加上“刍粮并烬，行长亦惩平壤之败，有归志”。[12]四月十九日，日军退出王京，屯居釜山，作久远计算。宋应昌、李如松整军入王京，汉江以南千里江山，几乎全部光复。至此，壬辰倭乱告一段落。

5. 旷日和谈，延误胜机

明朝与日本和谈历时三年，可谓旷日持久。在和谈开始阶段，丰臣秀吉提出七项条件：

> 一、和平誓约无相违者，天地纵虽尽兹矣，不可有违变也。然则迎大明皇帝之贤女，可备日本之后妃事。二、两国年来依间隙，勘合近年及断绝矣，此时改之官船商舶可有往来事。三、大明日本通好，不可有变更之旨。两国朝权之大臣，互可悬誓词事。四、于朝鲜，遣前驱追伐之矣。至今弥为镇国家、安百姓，虽可遣良将，此条目件之于领纳者，不顾朝鲜之逆意。对大明分八道，以四道并国城可遂（还）朝鲜国王。且又前年从朝鲜差三使投木瓜之好也。余蕴附与四人口实也。五、四道者

既返投之，然则朝鲜王子并大臣一两员为质，可有渡海事。六、去年朝鲜王子二人，前驱者生擒之，其人顺凡间不混和，为四人度与沉击可归旧国事。七、朝鲜国王之权臣，累世不可有违却之旨。誓词可书之，如此者为四人，向大明唐使缕缕可陈说之者也。[13]

简言之，丰臣要求：一、迎明帝公主为日本天皇后妃；二、恢复勘合贸易；三、明、日两国朝权大臣，永誓盟好；四、咸镜、平安、黄海、京畿四道及首都归还朝鲜（换言之全罗、庆尚、忠清、江原四道即朝鲜半岛南部就要被割给日本）；五、朝鲜送王子及大臣至日本作为人质；六、日本交还所俘朝鲜二王子及官吏；七、朝鲜大臣发誓不违背和约。可见，丰臣秀吉是以战胜者自居。第四条、第五条、第七条是以牺牲朝鲜领土和民族自尊为交换条件。朝鲜方面对此自然不能接受。明朝视朝鲜为属国，这些条件无疑也伤害自认为“天朝上国”的明王朝的尊严。明朝坚持和谈的原则是日军撤出釜山回国，并与朝鲜修好，共为明朝属国。

当时明朝方面的谈判代表沈惟敬实际上是一个政治骗子。他用两面欺骗的方法，把明神宗朱翊钧和日本丰臣秀吉玩弄于股掌之中。对日本方面来说，沈的欺骗赢得了日本退兵，放还了朝鲜王子和陪臣。丰臣秀吉等待的是明朝的妥协和朝鲜的“割地赔偿”。其实日本撤出王京既非出于丰臣秀吉的本意，也非沈惟敬的功劳。谈迁认为：

倭弃王京，亦夺于平壤之战，攻难守易，少易其所难，故卷甲去，非果中沈惟敬之饵也。殆惟敬括舌如波涛，倭亦且前且却，趔趄进退，未即回巢，其心岂一日忘朝鲜哉。我师四万人，聚之则强，散之则弱，宜耀武王京之南，少需岁月，彼知国势内虚，其叛亦速，后俟再举，于势尤难。惜乎撤兵之早，徒恃细人，荧乱天讨，是以有异日之棼棼也。[14]

丰臣秀吉是想通过和谈，延缓时间，再作准备，卷土重来。对明朝方面来说，沈惟敬隐瞒了丰臣秀吉的七项条件，只提日本要求封贡，具有很大的欺骗性。虚荣心很强的明神宗自然乐于接受这一事实，因为他相信日本退兵是天朝上国神威震慑的结果。于是传下谕旨："朕以大信受降，岂追既往。可传谕宋应昌严备，劝彼归岛，上表称臣，永为属国。"[15]宋应昌、李如松虽反对迅速撤军，却被下令于万历二十一年（1593）十二月回国，翌年三月，宋应昌更被罢职。可见真正决定封贡的是明神宗。此后和谈主要围绕封贡问题展开。万历二十二年（1594）十二月，日本使节小西飞到达北京。明朝大臣在紫禁城的左阙门对他进行了盘问。主要提出两个问题：一是日本进兵朝鲜的原因，小西飞推称曾请朝鲜代为求封，为朝鲜所阻，故而起兵；二是日本何时撤军返回本岛，小西飞表示只要获得册封，便即刻撤军，发誓永不侵叛。据《明史》卷320《朝鲜传》，明朝向日本提出三项条件："要以三事：一、勒倭尽归巢；二、既封不与贡；三、誓无犯朝鲜。"也就是说，明朝的三项条件是：一、日军完全撤离朝鲜半岛；二、明朝封丰臣秀吉为日本王，而且丰臣不必向明朝进贡；三、日本必须发誓不再侵略朝鲜。小西飞“俱听从”，绝口不提丰臣秀吉的七项条件。

中国一些学者认为由于两国语言不通，接待、翻译之事都有沈惟敬参与，使他得以从中做手脚。笔者以为不然。日本方面正是利用神宗的虚荣心，只求册封，以麻痹明朝。此后明朝派出册封使团（正使李宗诚，副使杨方亨，后改杨方亨为正使，沈惟敬为副使），使团直到万历二十四年九月二日（1596 年 10 月 22 日）才真正到达日本大阪。次日，丰臣秀吉出殿接受册封，使团送上

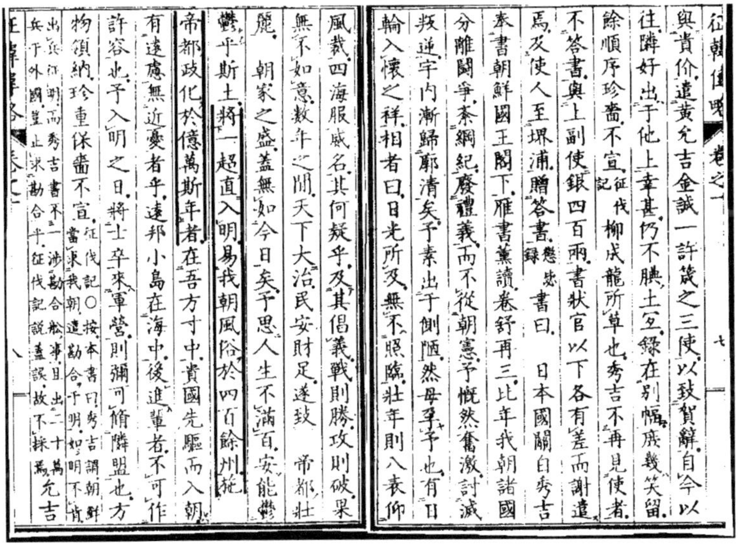
征韓偉略 卷之一 七

與貴价遣黃允吉金誠一許筬之三使以致賀辭自今以
往隣好出于他上幸甚仍不腆土宜錄在別幅庶幾笑留
餘順序珍嗇不宜征伐記柳成龍所草也秀吉不再見使者
不答書與上副使銀四百兩書狀官以下各有差而謝遣
焉及使人至堺浦贈答書懲毖錄書曰 日本國關白秀吉
奉書朝鮮國王閣下雁書薰讀卷舒再三比年我朝諸國
分離鬪爭紊綱紀廢禮義而不從朝憲予慨然奮激討滅
叛逆宇內漸歸廓清矣予素出于側陋然母孕予也有日
輪入懷之祥相者曰日光所及無不照臨壯年則八表仰
風哉四海服威名其何疑乎及其倡義戰則勝攻則破果
無不如意數年之間天下大治民安財足遂致 帝都壯
麗 朝家之盛蓋無如今日矣予思人生不滿百安能鬱
鬱乎斯土將一超直入明易我朝風俗於四百餘州施
帝都政化於億萬斯年者在吾方寸中貴國先驅而入朝
有遠慮無近憂者乎遠邦小島在海中後進輩者不可作
許容也予入明之日將士卒來軍營則彌可脩隣盟也方
物領納珍重保嗇不宜征伐記○按本書曰秀吉謂朝鮮當求我朝遣勘合于明如明不肯
出兵征明而秀吉書不一涉勘合事且出二十萬兵于外國豈止求勘合乎征伐記說盡誤故不採焉允吉

征韓偉略 卷之一

丰臣秀吉侵略朝鲜和中国的野心，早已暴露无遗。1591 年，日本侵朝战争爆发前一年，丰臣秀吉在致朝鲜国王书中，就明确表示要“一超直入明”，载日人川口长孺编纂之《征韩伟略》。可惜，明朝和朝鲜对于丰臣秀吉的侵略意图估计不足，未能防患于未然，终于酿成长达七年的惨烈战争。丰臣秀吉的战争罪责，固然无可置疑，但明朝和朝鲜的政治失误，也同样不容推诿

明神宗的诏书和金印，以及德川家康以下诸人的职帖、冠服，丰臣秀吉欣然接受，并设宴款待使团。但是到第二天，丰臣秀吉召高僧承兑宣读明神宗的诏令，情况为之一变。这道诏令是一年半前拟订的，内容正是明朝向小西飞提出的三项条件。丰臣秀吉大怒，“遂掷冠服诰命于地”，说：“我欲王日本，何假彼力！彼封我为日本国王者，何哉！”[16]当即驱赶明使，下令再度出兵朝鲜。丰臣秀吉出尔反尔，恰恰说明和谈、求封全是烟幕，他侵朝征明的野心一直未变。万历二十五年（1597）初，日军再度进犯朝鲜。二月十六日，由倭将加藤清正率领的先锋部队已深入晋州，由小西飞等率领的560余艘战船也络绎游弋于海上。朝鲜史书上称之为“丁酉倭乱”。

三、平倭战争最终胜利

丁酉倭乱发生后，明神宗罢免了兵部尚书石星的职务，并下令捉拿沈惟敬归案，同时以兵部尚书邢玠兼蓟辽总督，经略朝鲜，总兵官麻贵为备倭大将军副之。战争开始，日军十分嚣张，略地攻城，使王京再次受到威胁。实际上虚荣心很强的明神宗对战争的胜利并没有十足的信心。他批准的总体作战方案是守王京，御汉江，备旅顺，防登莱。据《明史·朝鲜传》，明神宗为邢玠制定“八字密画”，即“阳战阴和，阳剿阴抚”。基本上是壬辰方略的继续。只是邢玠在实战中没有按照明神宗的既定方针办。在敌后，朝鲜人民坚壁清野，断绝日军供应。在海上，李舜臣统率的水军，在珍岛东北的鸣梁海峡歼灭敌舰三十余艘，大大鼓舞了朝鲜军民的战斗意志。在陆上，由邢玠、麻贵、杨镐统率的明军与朝鲜都元帅权栗率领的朝鲜军队并肩战斗，屡败日军。九月，明军将领董一元也“进取晋州，乘胜渡江，连毁二寨”（《明史·朝鲜传》），迫使日军退保泗川老营。当然在战争中，朝鲜与明朝的联军也有失利。如中朝联军在进攻岛山时，因无水军援助而受挫，杨镐因此被罢职。又如董一元在进攻日军泗川老营时失利，退还晋州。为此董一元受到神宗斥责，部下二将被处决。万历二十六年（1598）是平倭战争关键的一年。年初，邢玠增募江南水师先后抵达，于是明军分水陆四路向釜山挺进。陆地三路分别由总兵刘綎、董一元、麻贵统领，进攻岛山、泗川、顺天等日军据点。十月，麻贵击败日将加藤清正，使其逃回日本。明军水路由总兵陈璘、副总兵邓子龙率领，配合李舜臣的水师作战。十一月十八日、十九日两天，在露梁海面与日军大会战，邓子龙、李舜臣壮烈牺牲，而日军水师遭到毁灭性的打击，参战五百艘战船只有五十艘逃走。月底，日军全部败回日本。万历二十六年七月九日（1598 年 8 月 10 日），丰臣秀吉在日本病死，由德川家康摄政。德川家康为建立自己稳固的统治，无暇也无力继续这场战争。丁酉倭乱正式结束。

从上面对壬辰、丁酉倭乱过程的勾勒中，我们可以看到，朝鲜两次倭乱最终平定，是中朝联军英勇奋战和朝鲜广大人民支持的结果。这段历史永远光耀史册。作为明朝的皇帝，朱翊钧在平定倭乱的过程中起到了一定作用，但是他在决策上的失误也是显而易见的，始则轻率冒进，后又犹豫不决，在出兵朝鲜的问题上迟迟不能决断，更严重的失误在于平壤大捷之后，坐失时机，轻信封贡之说，陷入旷日持久的和谈之中，给丰臣秀吉再次发起倭乱创造了条件。两次倭乱前后长达七年，给东亚三国都带来危机，朝鲜蒙受了极大的苦难，战后虽加强了对日本的防御，但国家元气已损。日本德川幕府为改变在东亚的孤立状态，想恢复与明朝的朝贡关系，但壬辰、丁酉已受挫折的中日关系很难在短时间内恢复，日本与明朝的贸易多通过琉球与中国海商进行，日本经济发展受到制约。明朝在经历包括平定壬辰、丁酉倭乱的万历三大征之后，国力从此一蹶不振，为后金努尔哈赤的崛起提供了契机。《明史·神宗本纪》云："故论者谓明之亡，实亡于神宗。"或许从壬辰、丁酉倭乱中明神宗的政策可见一斑。

注 释

［1］［日］小岛献之、直木孝次郎、西宫一民、藏中进、毛利正守等校注翻译，《日本书纪》（新编日本古典文学全集，东京：小学馆，1994）卷22"推古天皇三十一年秋七月"条，第2册，第579~580页。

［2］［日］川口长孺（1773—1834），《征韩伟略》，载北京大学朝鲜文化研究所、中国社会科学院中国边疆史地研究中心编，《壬辰之役史料汇辑》（北京：全国图书馆文献缩微复制中心，1990）下册，第476页。

［3］《征韩伟略》，载《壬辰之役史料汇辑》下册，第487页。

［4］《征韩伟略》，载《壬辰之役史料汇辑》下册，第535页。

［5］"中央研究院历史语言研究所"校勘，《明实录·神宗实录》（台北："中央研究院历史语言研究所"，1984年据"中央研究院历史语言研究所"民国五十一年［1962］本缩编）卷334"万历二十七年闰四月丙戌"

条，第 11748 页。

[6]转引自庄练,《明代的中日朝鲜之战》,载氏著,《明清史事丛谈》（学生书苑 5，台北：学生书局，1972），第 139 页。

[7] 谈迁著、张宗祥校点，《国榷》（北京：中华书局，1958）卷 76“万历二十年十月辛卯”条，第 4685~4686 页。

[8]《国榷》卷 76“万历二十年七月庚申”条，第 4676 页。

[9]沈德符,《万历野获编》(历代史料笔记丛刊·元明史料笔记,北京：中华书局，1959，1997）卷 17《沈惟敬》，第 440~441 页。

[10]《国榷》卷 76“万历二十一年十二月丙辰”条，第 4717 页。

[11]吴晗辑,《朝鲜李朝实录中的中国史料》(北京: 中华书局,1980）上编卷 26，第 1653 页。

[12] 谷应泰编纂，《明史纪事本末》卷 62《援朝鲜》，收入中华书局编辑部编，《历代纪事本末》（北京：中华书局，1997）第 2 册，第 2376 页。

[13] [日] 小濑甫庵著，[日] 桧谷昭彦、江本裕校注，《太阁记》（新日本古典文学大系 60，东京：岩波书店，1996），第 447~448 页。

[14]《国榷》卷 76“万历二十一年十二月丙辰”条，第 4717 页。

[15]《国榷》卷 76“万历二十一年九月壬戌”条，第 4709~4710 页。

[16]《征韩伟略》，载《壬辰之役史料汇辑》下册，第 688~689 页。

西洋火炮——明朝最后的救星与克星

韦庆远

本文着重探讨自努尔哈赤崛起于中国东北，以迄清初顺治朝，即从16世纪末到17世纪60年代初叶，在六十余年间，清朝（及其前身后金国和清国），如何从使用传统的弓矢剑戟、腰刀、刺枪等冷兵器，发展为拥有较大数量的配置有相应的铅丸和炮弹，采用硫黄炸药以推动射击和引爆，具有较大杀伤力的火炮和枪支，亦即一般被称为热兵器的装备。研究其如何从无到有，从小到大，从处于落后的劣势转变为优势，如何引进西方的军工技术，大量制造西洋火炮并装备部队，组建成专门的炮队，配合满蒙铁骑以从事实战的过程。

一、满洲炮兵部队的组建

女真族自古以来就生息在祖国东北的广大地区，以采集、渔猎为生。在努尔哈赤兴起之前，女真族还没有掌握采矿冶炼以制作军器的技术。为了生存和生活需要，他们所使用的仍限于棍棒弓矢，“屈木为镫，削鹿角为镞”[1]，“以熊骨久沉于血，则其坚如铁，故用以为镞”。[2]这种斫竿截木，制作棍棒，利用动物骨血以制作箭镞的办法，应该说是比较原始的。当时，也有极少数部族的首领人物，通过物物交换，或采取走私、高价收买等手段，突破了明朝和朝鲜的“铁禁”，取得了少量铁器，以改制为军械、刀枪等，但为数极有限。到努尔哈赤崛起之后，随着其势力的急遽膨胀，统辖地区的迅速扩大，八旗牛录的编组定型和使用于战阵，自然迫切地提出改良战具的要求。但当时的目标仍不外是要求以铁器代替骨木兵器。为达到此点，一是必须解决原料供应，二是必须解决制作技术的困难。在取得原料方面，当时的途径仍然不外乎以下渠道：扩大通过贸易走私和收买铁器是其一，在战场缴获和抢掠是其二，在辖区内“始炒铁开金银矿”是其三。[3]在解决技术困难方面，努尔哈赤意识到，必须引进技术和人才。在这方面，他表现出一个创业汗王所具有的远见和气魄，一再饬令从俘虏而来的人口中，细心挑选出其中的铁匠，给予特别的优待，“欣然接待，厚给杂物，牛马亦给”。[4]他为这些匠人提供了能继续从事冶炼制作的工作条件，并鼓励他们传授技术。由于采取了这些有力措施，辖区内“铁物兴产”[5]，“银、铁、革、木，皆有其工，而惟铁匠极巧”。[6]为应对外敌环伺、战斗不息的局势，当时的制作技术及其成品，最主要的当然仍是用于军备方面。后金时期的满洲军队，大多已配备了腰刀铁枪，使用了铁制箭镞。

但应指出，努尔哈赤时期对军备的改进，仍然处在一个比较初步的阶段，即以逐步换用铁制刀枪、箭镞、镫铠甲胄为标志，虽间有使用缴获而来的土枪土炮，但为数甚少，且弹药不继。当时的八旗部队，仍然停留在以使用冷兵器为主的阶段。与明朝已经拥有以红夷大炮为主力的各式大炮、新式“火箭”、鸟枪等相比[7]，显然在火力上处于劣势。在一些关键性的战役中，努尔哈赤和他的继任人皇太极，都为此吃过大亏。

后金天命十一年（明天启六年，1626年），努尔哈赤率精锐铁骑六万人围攻明之边卫重镇宁远，期在必克，明守将袁崇焕用红夷大炮密集轰击之，辅以飞火球、火药罐等，“炮过处，打死北骑无算”。[8]后金军被迫溃退，努尔哈赤本人亦负伤，大怀愤恨而回，不久，即懑恚以殁。翌年，即天聪元年（1627），皇太极以歼敌复仇为动员，亲率八旗大军再攻宁远和锦州，但亦因无法抵御明军的猛烈炮火而败归。皇太极及其麾下诸人都深知，自己的失利，很主要是由于武器不如人，明军“倚仗大炮，死守城池，以图幸免，除此无他计耳”。[9]他们痛切地认识到，如不能突破此点，则必关塞难越，不足以语入主中原。皇太极在创深痛剧之余，下决心仿制红夷大炮及诸式枪炮。（由于满人讳用夷字，其文件多改称“红衣大炮”）根据《清太宗实录》及其他史料查考，皇太极是在败归之后便立即着手造炮的，因为后金国最早使用炮队以作战是在天聪四年（明崇祯二年，1630年），翌年即正式宣布制成重型大炮。从集匠、备料、冶炼、做模、铸炮、制弹、训练施放技术等，起码要用两三年的时间。皇太极败衄之余，未因挫折而气馁，立即有针对性地妥谋对策，决定铸炮练兵，应该说是勇悍又有谋略，不愧为创业开基的卓越君王。笔者认为，从天聪元年宁锦败归到天聪七年，实为后金国在军队装备关键性的转型期，即从火力对比上的劣势转变为相对优势，从战略战役上的被动地位转变为相对主动。大体上可以说，从天聪二年、三年开始造炮，四年、五年开始用炮，到七年便组成相当规模的炮队，以之作为八旗兵主力之一。史载：

> （天聪五年正月壬午）造红衣大炮成，镌曰：天祐助威大将军。天聪五年孟春吉日造。督造官：总兵官额驸佟养性。监造官：游击丁启明。备御：祝世荫。铸匠：王天相、窦守位。铁匠：刘计平。先是，我国未备火器，造炮自此始。[10]

根据上引该炮炮座上镌刻的文字，再参照史实，可以看到两点：

第一，参与造炮的人员中，除佟养性一人具有贵戚宠臣身份外，其余的监造官和工匠均是汉人而精于技术者，有的人甚至是战俘，如丁启明其人，“原任明地方微职，阵获收养之，以铸红衣炮功，授为二等参将”。[11]当时，皇太极不惜给予一些俘降人员以高官厚禄，用以换取他们贡献出技术和志愿效忠，当然不仅是对丁启明一人而言。类似丁启明的人还有一批，诸如，“（天聪六年三月）上以王天相创铸红夷炮成，升为备御。嗣后，金世昌不掘土为模而能铸之，亦升备御。董成功擢为千总”。[12]正是由于皇太极采用了这样大胆使用降人，充分发挥他们的知识才能，并支持他们改良技术的做法，才有可能在很短的时间内成批地铸成大小火炮，组建成自己的炮队。

第二，对于任用额驸佟养性承担监做大炮的主要责任，也绝不是偶然的。佟养性此人的身份经历相当复杂，他具有满洲血统，但又长期在明朝境内营商，熟悉汉人社会的民情风俗，而且掌握了造炮技术和炮兵战术。努尔哈赤赏识其才能，以宗女妻之，其后，从克辽东，建有军功。努尔哈赤又任命他总理“汉人军民诸政”，“各官受节制”（《清史稿》卷231《佟养性传》）。皇太极选派这个熟谙满汉社会动态，与汉官、汉匠有多方面联系，又有用兵经验并掌握技术的人监造大炮，其后又委派他统率炮兵参战，可谓慧眼识人，用副其才。据《清史稿》卷231《佟养性传》记载：

> 是岁（天聪五年），初铸炮，使养性为监。炮成，铭其上曰“天祐助威大将军”，凡四十具。师行则车载以从，养性掌焉。八月，上伐明，围大凌河城。养性率所部载炮越走锦州道为营，击城西台，台兵降；又击城南，坏睥睨；翌日，击城东台，台圮，台兵夜遁，尽歼之。九月，明兵出兵援锦州，上遣亲军迎击，养性以所部兵五百从，敌溃遁。明监军道张春合诸路兵援大凌河，夜战，上督骑兵击破之。方追奔，明溃兵复阵，上命养性屯敌垒东，发炮毁敌垒。十月，攻于子章台，发炮击台上堞，台兵多死者。十一月，祖大寿以大凌河降，上命尽籍城中所储枪炮弹药付养性。寻率兵随明所置台壕，自大凌河至于广宁。
>
> 六月春正月，上幸城北演武场阅兵，养性率所部乌真超哈试炮，擐甲列阵，军容甚肃。上嘉养性能治军，因

追奖大凌河战功，赐雕鞍良马一，白金百……养性疏言："……火器攻城，非炮不克，三眼枪，佛朗机鸟枪特城守器耳，宜增铸大炮。"[13]

这一段记载，不啻是一篇记述天聪五年、六年，满洲初建成炮兵立即用以转战四方，并立有赫赫军功的战史，读之恍如闻炮阵轰隆，如见八旗精锐在硝烟弥漫中攻坚克敌的情景。佟养性其人，不但是"兵工厂厂长"，而且身兼"炮兵司令"，他秉承皇太极的旨意，造炮成功，身赴前敌，所向披靡，又兼备了明降将祖大寿的军火弹药，进一步壮大了满兵的力量。更重要的是，他还能从理论上说明"非炮不克"，并主张"增铸大炮"。正因皇太极嘉纳了这些合理的建议，并采取一系列有力措施以实现之，才可能实现上文所说的八旗军队在装备上关键性的转型。

对于明朝来降将帅携来的部队和枪炮装备，皇太极也采用了区别处置的办法。对大凌河降将祖大寿所部，是采用缴械改编的办法，一因祖大寿本来是明朝骁将，以能坚守、打硬仗著名，今因袁崇焕株连，畏惧被杀才势穷来降，其投奔后金是出于不得已，对明政权仍存着万缕千丝的联系和感情恋栈，尚处于动摇之间，皇太极难以完全信任；二因祖大寿当年协助袁崇焕，在宁远"佐城守，发巨炮伤数百人"（《清史稿》卷234《祖大寿传》），其部队有相当战斗力，且长期与后金兵恶战，皇太极绝难放心让他们仍挟有原装备的枪炮弹药，保持原建制，生怕一旦变起不测，成为心腹之患，故收缴其枪炮以付佟养性部，并将祖大寿部属改编遣散。但对于孔有德和耿仲明所部，则是采取仍保持原建制原装备，命作前驱的办法。天聪七年（明崇祯六年，1633年）下谕给孔、耿："兴师在即……卿等携来红衣炮及大小火炮，即以付卿，枪炮弓矢教演，不得间断。"[14]这是由于孔、耿的经历及关系和祖大寿截然不同，他们原来都是明朝皮岛总兵毛文龙的部属，毛为袁崇焕所杀，孔、耿惧不免，因此先后叛明，并曾一再与明军作战，在挫败穷蹙之后，得到皇太极的救援接应，命他们渡过鸭绿江以来归，"有德等舟数百，载将士、枪炮、辎重及其孥毕登"（《清史稿》卷234《孔有德传》）。他们对明朝怀有刻骨仇怨，而对后金则感恩戴德，皇太极无虞他们反复，故此因势利导，让他们调转炮口以攻打明军，收为臂助。对收编并有效使用孔、耿部队，后金国统治集团是早有考虑的，其谋划甚至是在孔、耿归顺之前：

> （天聪七年［崇祯六年，1633年］四月初八日）参将宁完我谨奏："臣窃料孔、耿二人携数万人口，败入海岛，西南无路，朝鲜不亲，岛中粮少，非常存之地，其势不久，必我属也。……此数千兵丁，不劳编派而得，诚天送汗以成大事者。……臣每虑红夷炮攻城甚妙，而路运为艰，若孔、耿来降，可得船百余只，红夷六七位，再添我国红夷数位，载之船上，杂以我兵……水陆二路，约期并进，内外夹攻，山海可得矣。"[15]

从宁完我的密议中可以看到，后金国之以隆礼高爵纳孔、耿降，并放手使用这支部队，一因既深知他们已绝复归明朝之望，二亦因重视其包括拥有船只炮火的实力。其后皇太极在伐朝鲜，攻江华岛，取皮岛，进迫锦州、松山诸大战役中，孔有德所部的炮兵都立有重大战功（《清史稿》卷234《孔有德传》《耿仲明传》）。

在短短数年之间，皇太极通过引进技术和人才以仿造火器，收缴敌炮和大胆使用敌方炮兵的办法，已经卓有成效地将八旗部队的装备水平和作战能力大大提高。到天聪七年（明崇祯六年，1633年）十月，他在沈阳大阅部队，已经能够在八旗军伍之前，“设红衣炮三十位及各种大小炮队伍”[16]，并且命令炮军“声炮对战”，以此作为演习的重要内容之一。[17]当时的满洲八旗均已轻重炮俱备，三眼枪、佛朗机、鸟枪等齐全，在大多数牛录，亦均已配备有专门的炮手、鸟枪兵，可以初步实行骑、步、弓、枪、炮兵协同作战。皇太极针对这些变化，指示在进行重大战役时，“八旗士卒齐列炮冲击，俟炮将尽，八旗蒙古兵进攻”。[18]以八旗铁炮配合和支持八旗铁骑，组成新的阵法和进攻序列，是皇太极从战争实践中提炼出来的新的指挥构想。

二、“孰意我之奇技，悉为彼有！”

清人在入关前，在皇太极的重视和亲自督办下，对枪炮等火器的制造，不断扩大产量，提高质量，技术上精益求精，并且加强了管理。

有确凿的史料说明，在入关以前，后金（清）国铸制枪炮的规模不断扩大，一度设置了“铸炮牛录章京”之职，降官而精于技术的金世昌、王天相等人都曾被委充过此一职务。必须注意到，在天聪五年（1631）到入关前的十余年之间，清人所造的炮，炮身一再加长，炮位一再加重，规格一再增加，附带设备逐渐齐全。并且规定，在境内造炮行军时，如军用驮马不足，地方官必须从民间征用足够的牛车服役，必须保证如期将重炮运到前线，如有违误，依贻误军机判罪。

以制造言，“崇德七年（1642），遣官往锦州监造大炮，钦定名号为神威大将军。铸以铜，前弇后丰，底少敛，长八尺五寸，隆起四道，重三千八百斤，用药五斤，铁子十斤，炮车全”。[19]又，“崇德八年（1643），命固山额真刘之源、吴守进，同梅勒章京金维城、曹光弼卒将士赴锦州督铸红衣炮”。[20]像这样一批接一批地派遣负责官员前去监造，说明当时的锦州已经建成为清国军火工业的制造基地，这显然是为了迎接更大的战役，为了准备挺进中原而加紧生产的。当时明清对峙，双方经常展开比较激烈的炮战，仅以比较早期的大凌河一役而言，战斗其间，皇太极曾派遣八人回沈阳，命令调运火药万斤至前线，反映出火炮已成为大兵团作战和攻坚的必备利器。[21]

从天聪六年、七年开始，明清两方的战争形势发生了日益明显的变化，这就是清方锐气愈炽，而明方颓势毕露。本来明王朝恃以抗衡满蒙铁骑的只有重炮火器，依靠其巨大的杀伤力以摧挫对方的冲刺，从而维持士气，保持实力以及相对的平衡。但正是从这个时候起，由于清方已逐渐拥有各式枪炮，明方的优势便逐渐被抵消了。武器装备当然不是决定战争胜负的主要因素，决定的因素是政治，是执掌武器者的战斗意志，明军在这方面更绝不能与正处在新兴阶段的八旗满蒙兵相比拟。一支官兵隔阂、缺乏斗志而又渗透腐败的军队，一旦丧失掉原来在火器上的优势，便如泄了气的皮囊，很难再有真正的振作。[22]更有甚者，到清军入关前后，明军在一些要塞或进行重要战役时，其配备炮火的数量和质量，甚至有时低劣于清军。或者在溃败之际，将己方的枪炮弹药拱手缴纳于人。当时尚为明朝服务的著名西洋传教士兼军火专家汤若望惊呼道："孰意我之奇技，悉为彼有！""目前火器所贵西洋大铳，则敌不但有，而今且广有之矣。"[23]这段话反映着汤若望当时的震惊，同时说明了一个难以逆转的严酷的真情实况。[24]

对于如何建立和健全在炮火生产、管理和使用等方面的规章制度，皇太极也能虚心吸取明军原有规定中的合理部分。有一些降官将也对此提出过不少建议，其中建言最系统的为马光远。马光远原是明朝建昌城的参将，于天聪六年（1632）率全城军民归顺后金国，并将他原住在北京的母亲、兄弟等家人都接来沈阳，还利用各种关系，从北京招引了明朝将官王登甲等人来降，以表示效忠不移。皇太极对此人比较赏识，树立他为"新汉官"的榜样，将他从参将拔擢为一等总兵官，并委任其弟马光先为二等参将，另一弟马光辉为游击等职。一再"注入赏册"[25]的马光远受此恩宠，铁心投靠，卖命献策。他本来熟谙军火的生产和管理，遂在有关方面"一一筹虑"，天聪七年（1633）三月二十一日，疏言：

一件。火炮虽有，要平日收拾得所，演放得法，方为实用。今将现在火炮查堪（勘？），应随营者，即着落营官管理；应守城者，即着落守城官管理，务要经心收

风雨飘摇的明王朝，在东北战场上，只能依赖西洋火炮苟延残喘，勉强抵御满洲的进袭。讽刺的是，满洲人迅速从明朝的降兵降将中掌握了火炮技术，组建炮兵部队。连当时为明朝输入火炮技术的西洋传教士汤若望（Johann Adam Schall von Bell）也惊呼："我之奇技，悉为彼有！"图为汤若望画像

藏，不许风雨损坏，责任分明，缓急有赖，临期不致推诿误事矣。……

一件。大小火炮车辆，已经采用木植造作矣，但造成之后，如仍前不收拾，不扇盖，万一出门，方才手忙脚乱收拾车辆，怎得坚固？临期岂不误事？事在该管车辆之官时时查看，时时修理，又要总兵额真时时稽查，不许惰误，自干罪戾，方得实用矣。……

一件。火药硝磺造作，虽有派就人夫收藏，务要得法，给散务要分明。造作不堪，罪在匠役；分发不明，罪在将官。计人计药，多多备办，或出或入，俱要节省。如硝磺交收，火药分发，俱要本管将官呈报兵部衙门，记下数目，候年终，必一类算，庶无虚费也。……

一件。城守一节，根本大事。宜在秋成之日，将守城步兵，调齐到城，分发信地垛口，写定官兵名姓，派就防御火器。无事散堡务农，有事赴信防守。至于郎机大炮、火礶等项，不可不早为制备，以壮国威，以备实用。……

一件。炮局、药局，虽有地方，而无房屋，凡遇暴日寒天，匠役无处遮盖，苦楚难言。合无每局造厂房十数间，以蔽风雨，庶匠役不致偷安，造作可得长便矣。……[26]

马光远此奏，既针对当时后金国军火生产、管理和使用中存在的问题，也是凝聚着明朝长期以来治军治械的经验教训。徒有军火，但知战时使用，而不知加强平时的管理，不注意保管维修，不勤加训练，车辆不配套，装备不齐全，发生事故不追究责任或责任不清，交收发放审批级别不明，账目混乱，等等，不仅是军后勤方面的失误，而且往往贻误战机，导致失败。马光远向其新主子沥陈此数点，应该说是切中需要而有见地的，是后金国处在军火工业初建时期所应认真注意的。他建议造设固定的房舍以安置炮局和药局，改变当时仅在旷野上造炮炼制炸药的草创形态，亦是切合当时发展阶段的合理要求。与此密切相关，马光远还奏请进一步优待相继从明方吸引而来的“造炮铁匠，并造药匠役”，“既要令他打造，必须厚加吃穿，此人方得安心效力矣。伏乞速议养赡之典”。[27]对于从俘虏中挑选出来的炮兵，更应妥为安插并在生活上照顾，以便能从速有效地收为己用，投入战斗。“今蒙皇上恩典，收选新旧将军、备御，及永平、大凌河炮手，已有二百余人矣。合无将各炮手着落六家喇善知炮火将官备御，定名管领，闲时率领演放，有事率领攻打，使兵将相亲，演习惯熟，临时不致错乱。炮手皆只身无靠之人，虽有田地，无人耕种，还乞皇上议加帮丁，始终优养，方为长便”。[28]应该说，上引马光远的献策都切中肯綮，都是关系到当时火炮政策以及管理规章中的关键；说明对于军火生产、保管、训练、使用、有关技匠和专业兵的安置待遇等方面都亟须制定配套的规章。诸如此类的问题，已经提到了后金国裁决军政重务的议程上了。

三、火炮铁蹄，横扫东北

自天聪七年（明崇祯六年，1633 年）以后，后金（清）国所发动的历次重大战役，几无例外地都配合使用了炮兵，并且取得了重大的战果。满、蒙、汉军八旗是在红衣大炮的轰鸣声中攻城略地的。当年八月，皇太极派遣贝勒岳托、贝勒德格类等，携带重炮率师进犯朝鲜，还师之时，“将炮车留于盖州”。[29]这显然是为了保持威慑力量，并为下次用兵做好准备。崇德二年（明崇祯十年，1637 年）正月，皇太极又亲率大军犯朝鲜，豫亲王多铎，睿亲王豪格、一等公额驸扬古利以及孔有德、耿仲明、尚可喜等所谓“汉三王”，均率所属部队参战。春节期间，北渡汉江，营于江岸，距朝鲜王京东郊仅二十里，双方进行拉锯战，扬古利在正月初七日中枪阵亡，可见战况的激烈。清国由多罗安平贝勒冒着临津江渡口有解冻之险，负责“护运红衣炮、将军炮、火药重器等车”抢渡，及时将所有重兵器运抵前线，在此次战役中发挥了重大作用。豪格又奉命即率领部分炮队攻克江华岛，奏言：“我军至岛，有朝鲜兵船四十余艘，于渡口迎战，我军以红衣炮、将军炮轰击，彼等不能当，东西逃散。我军遂乘所携船进攻，日出时入江华岛，时有鸟枪手百人迎战，先杀败之，又击杀伏兵千余。”[30]正是恃此兵威，迫使已移驻江华岛的朝鲜国王李倧以及文武诸臣出降。皇太极又及时将兵锋转指明朝。二月初二日，“命贝勒硕（岳？）托、恭顺王（孔有德）、怀顺王（耿仲明）、智顺王（尚可喜）率每牛录甲兵四人及三王下汉军全数，携红衣炮十六位，并朝鲜王之五十艘兵船，往取明皮岛”。[31]豪格的奏疏和皇太极的谕旨，都着重提到了使用以红衣炮为代表的火炮作战的问题，将之放在重要的战力和装备的位置上，这是前所未有的。以后，在崇德四年（明崇祯十二年，1639 年）、六年、七年的攻明战争中，清军都充分部署和使用了炮兵。特别是崇德六年五月至七年四月，清军组织了攻克塔山、杏山、松山、锦州四大战役，歼灭明军13万人，生擒明总督洪承畴、巡抚邱民仰及其辖下的总兵曹变蛟、王廷臣等十余员，再次迫降祖大寿，击溃吴三桂等号称六总兵的援军，取得了空前的重大胜利，形成摧枯拉朽之势（《清史稿》卷3《太宗本纪二》）。各战役中，清方前敌将帅济尔哈朗、多尔衮、豪格、阿达礼、多铎等都一再奏报使用炮兵得手的情况，例如：

（崇德六年五月）以红衣炮攻锦州(《清史稿》卷3《太宗本纪二》）。

（崇德七年四月十二日）以用红衣炮攻明塔山城捷音，内秘书院学士额色黑奏报圣汗曰："和硕郑亲王、多罗睿亲王、肃郡王，钦遵上谕，率右翼将士及两翼巴雅喇官兵、汉军将士，载火器至塔山城西，列红衣炮，初八日始发炮，至初九日午时，城崩二十余丈，我兵由崩处登城。"[32]

在包围了杏山城，尚未发动总攻击时，皇太极又亲自下谕给前线将帅，具体指示，应选择什么时机使用炮击，又应如何进行炮击，炮、步兵如何配合：

将此敕谕晓示城内（按，指皇太极谕杏山官属兵丁招降敕谕），再以善言招抚之，来降则已，否则听在彼诸王，相机而行。若城可击，用红衣炮击之，倘一举炮，彼即归顺，不得加害。举炮时，不可击城上女墙，当击城之中间，俟十分颓坏，方令我兵登进，其小有破坏处，毋妄令登进。[33]

由此可见，皇太极运筹帷幄，已及时掌握了某些炮兵战术要领，知道可以挟火炮的巨大威力以战迫降，知道必应集中炮火以轰击对方城防的要害处，并应在经炮兵作战取得绝对把握时，才使用步兵登城。果然，济尔哈朗、多尔衮等就是在切实执行皇太极指示的作战方针，然后取得克城纳降战果的，奏报说，“以红衣炮击破（杏山城墙），城中之人，畏惧屠戮，城内众官，来营叩首，言或杀或宥，唯命是听”。[34]与清军的主动出击相反，明朝的守军多次中伏受挫，又被切断饷道，据守的各城均已成为被包围的据点，摆着挨打被歼的态势，“婴城守，不能战”（《清史稿》卷3《太宗本纪二》）。往往在清军炮声一响，一两天内即失守或投降，其配备的大量枪炮弹药，转瞬之间便成为清军的战利品，今摘引济尔哈朗、多尔衮等人向皇太极奏报两份俘获物品清单有关部分以说明之：

塔山之役，计缴获“红衣炮子八十发，将军炮二百九十五发，把子总炮子二千发，小炮鸟枪子弹九金斗，大红衣炮一位，发贡炮二位，大小将军炮四百九位，佛朗机炮三十七位，把子总三位，三眼枪十一位，单眼枪四杆，大小炮四百六十五位，火药一窖又一百瓶，硝磺五十筐，火药坛六个”。[35]

杏山一役，计缴获“红衣炮二位，大将军炮六位，二等将军炮一百二十二位，行营炮一百八十二位，佛朗机炮六十五位，班绰嘴炮三位，三眼枪三百九十杆，单眼枪八十三杆，火药三万八千五百斤，硝一万斤，黄药三千斤，红衣炮子五百三十发，将军炮子三百发，子弹一石四斤斗，弹铅五千五百斤”。[36]

我们清晰地估计到，上引清单所开列的军火枪炮，只应该是战后的残余，其在交战中消耗毁损之数均未列入，清军各部队查点上报之数是否准确无误也成问题，但仅依清单所列，配备给明军的枪炮弹药应该说是品种齐全，数量充足的。明方覆败的根源乃在于其军政各方面的腐朽腐败，在于其战略指挥上的一再失误，而非在于装备之不足不良，这是显而易见的。所必须说明的是，当时明清对峙优劣之势已相当明朗，明军节节失利，一再溃退，真可谓兵败如山倒，要逆转这样的局势，是极不容易的。清军入关已成既定方针，明王朝势必难逃覆亡的厄运。李自成大顺军的攻占北京，吴三桂的洽降乞师，无非是历史演变过程中的触发点而已。

四、轰轰炮声，征服中原

顺治元年（明崇祯十七年，1644年）春天，形势发生突变。在明、清、农民起义军三种对立的政治力量之间，出现了极其急剧而复杂的变动。以李自成为首的农民起义军在三月十九日攻占北京，推翻了明朝的中央政权，崇祯帝于煤山自缢。清朝统治集团抓住此一极有利的时机，二十天之后，即在四月初九日，“摄政和硕睿亲王（多尔衮）率大军西征明国”[37]，以最快的速度进逼关内。十三日，师次辽河；十五日，明朝的平西伯、山海关总兵吴三桂上书“泣血求助”，以“割地分田”“金帛子女”之“大利”等哀求清兵“除暴剪恶”[38]，请求共同镇压农民起义军。多尔衮得书大喜，当日发令，“命汉军赍红衣炮，进发山海关大路”。[39]二十四日，清、吴联军在山海关击溃农民军二十余万，多尔衮向顺治帝奏报，“臣仰借上天眷佑，皇上洪福，亲率大军，与吴三桂总兵马、步红衣炮直捣燕京”。[40]

清军入关以后，立即对农民起义军以及明朝在南方的残余势力全力进行镇压。

以对农民起义军而言，六月间，清军与起义军扫地王康文道、仁义王郭庄吉等所部五余万人在真定府进行过较为激烈的炮战，据清军右翼部队的某位固山额真等向多尔衮报告：“扫敌（地？）王康文道之炮台，经我军施放红衣炮，亦被攻破，贼首亦被斩。”[41]八月，清朝大军自怀庆府入潞安府属各县，向起义军王老虎、财粮王等股进攻，由于“狼车岭道路阴峻”，清军费了十天工夫，将红衣炮运入潞安，增加了战力。[42]十月，在进攻太原城时，据前线固山真叶臣的战报：“臣等前往太原府，太原府陈有福统辖流贼占之八府，我军至后，派员招降，然贼不从，遂以红衣炮攻之，于十月初三日破之。城上贼兵，皆被我登城兵一杀而尽……太原府五州二十县皆归降。”[43]这些出自前敌指挥官的战报，他们对于红衣炮作用的估价应该说是恰当而可信的。年底，豫亲王多铎亲率大军进逼潼关，李自成的主力在此坚守，多铎遂于距潼关二十里处立营，等候援军大炮[44]，从顺治元年年底一直等到顺治二年元月初九日，清军红衣炮至，“本日炮攻潼关”。[45]正因多铎稳扎稳打，不作浪战，坚持等到红衣大炮运到前线，才发动攻击，因此一举攻占潼关重镇，迫使李自成还兵西安。[46]我们还注意到，清军在与起义军作战诸役中，也缴获了一些枪炮弹药，例如在攻克太原城一役，即收缴了红衣炮五门（其中两门已坏）、发贡炮十七门、三眼铳一万三千杆。[47]这些军火显然是起义军夺取自明军，然后又被清军缴获的。

在对付明朝仍据守南方的残余军力方面，清朝军队亦挟大炮以进军，参用炮火以取胜，特别在江南水域，满洲骑兵难以驰骋追杀，更有必要更多地施用枪炮。顺治二年（1645）三月二十日，清大军包围扬州，史可法拒降死守，清军围而不攻，原因就是“大炮未至”，清军足足等了四天，把红衣炮从泗州运抵扬州城下。三月二十四日，清军开始试炮，炮弹“飞至郡堂，弹重十斤四两，满城惶悚”，结果，一天后，扬州城遂失守。史可法殉难，扬州城被屠城。[48]五月，清军沿江扫荡，据领兵官固山额真准塔等奏报：“臣等遵旨于五月十八日率师前往睢州，十九日渡潞河，将红衣炮二、将军炮三十，置于四十只船上，水陆同行。……二十五日过清河县，随有刘泽清属下总兵官马华豹、副将张思义等，恃黄、淮、运三河，念我军之必由之路，遂率一万七千兵，列千余船只，施红衣炮。臣等随遣一梅勒章京并甲喇章京及蒙古章京等，并陪派兵员，乘船一同渡江而去，另有游击范炳、吉天相，率步兵放炮，贼弃船骑马遁走。我军追过清江浦，直至淮安，获船五百六十一、马四百七十六、红衣炮二十六、驼十九、斩副将一、参赞一。……二十八日攻克淮安，总兵官刘泽清、总漕田仰俱遁走。”[49]多尔衮对此一役的胜利给予高度的评价，批示说：“览此奏文，得知淮安府诸州县及船、炮、马、驼俱获。……各官大功茂著，理应查明议叙。”[50]

特别是顺治五年（1648）十二月至顺治六年九月间，对于山西大同的攻防战，清方更是重视使用炮兵。清大同总兵姜瓖，原是明大同总兵，一度投诚大顺军，其后又降清，留任原官，此人虽降清任职，但心怀疑惧，“部下故多骁勇，久蓄异志及见交山乱（按，当时晋冀之间农民抗清风起云涌），愈心动思逞”。[51]十二月初六日，杀清巡抚等官，易明冠服，宣布反清，联合原任明宁夏巡抚的李虞夔等进窥西安，连陷潼关、蒲州、解州，一时西北震动，十余城军民皆叛应。[52]清朝统治集团对于夔瓖降而又叛，举兵戕官之举视为心腹之患，更害怕影响其他降官降将，引发其他叛变。因此摄政王多尔衮一知悉此凶耗，便飞檄派梅勒章京阿喇善、侍郎噶达率八旗兵增援山西；英亲王阿济格听闻姜瓖反，即日派兵包围大同城，并奏请清廷发给红衣炮，以为攻城之用。多尔衮闻奏批准，即于十七日命固山额真巴颜等率军运载红衣炮，赴阿济格军前，同讨姜瓖。[53]不仅如此，多尔衮还相继采取了配套的后续行动，他亲自从各旗中选派得力军官和炮手参战，谕令，“送炮手：正红旗章京雅木山，正蓝旗汉军章京陈三阶，镶黄旗炮手一名，正黄旗炮手十二名，正白旗炮手四名，镶白旗炮手六名、正红旗炮手三名，镶红旗炮手三名，正蓝旗炮手二名，镶蓝旗炮手四名。皆派往大同军中，至和硕巴图鲁亲王（阿济格）前听用”。[54]多尔衮以皇父摄政王之尊，连日为围攻大同城，戡平姜瓖叛变事调兵遣将，送运大炮，甚至具体至于从八旗中某旗调用若干名炮手，也要直接分派，此不但反映出他对姜瓖叛乱一事的焦灼操切，也充分说明了对使用炮兵的重视。

甚至在对大同众官军民的公开告谕中，多尔衮亦以使用红衣大炮攻击并屠城进行恫吓，企图在心理上造成威慑，以有利于瓦解城中军民斗志，孤立姜瓖等极少数首要人物。谕云：

> 姜瓖自造叛逆大罪，摇惑众人，干连无辜。尔众被围大同城中，孤城独存，岂有此理？止因姜瓖一人作恶，遂致无辜众人同陷死地矣。朕命不准城中人逸出，扎寨掘壕，而后发放红衣火炮攻破，尽行诛戮。此前凡有官民人等执姜瓖来投，或杀其来投者，皆予赦免，记功恩养。如此，不惟尔等免死，乃至立功，即尔等之妻、子亦可因此而保全矣。[55]

文告发出之后，清军果然在大同城外挖深壕，筑建长围，在围外排列红衣大炮，其炮口均指向城内。姜瓖针对此点，亦采取对策，一再加厚加高城垣，派兵偷袭清营，填壕毁寨，互有杀伤，双方的攻防争夺是很激烈的，一直相持到顺治六年八月底，历时二百六十余天，此在清军统一全国的战争中是突出的。但应看到，上引多尔衮的文告还是起了重大作用。特别是在围城日久，外援皆被扑灭，城内弹尽粮断之际，更能有力地引起内部分化。果然，到八月二十八日，姜瓖部将杨振威等23人即密通清军，杀姜瓖及其兄弟等，献首级降，清军次日入城。多尔衮、阿济格在取得戡平姜瓖叛军胜利之后，对大同军民极为凶残，下谕除对杨振威等23员及家眷并所属兵600人外，对“从逆”的官吏民兵尽行诛屠，大同顿成空城。此犹不足，又下谕将城垣自垛撤去五尺，以免再发生据城叛乱之事。在此一重大战役中，最后虽以策反毕其功，但红衣大炮的威慑之功亦不可没。

对于另一原已降清，后复归南明，“效命原主”，称臣于永历小朝廷的江西提督金声桓、副将王得仁等，清统治集团亦是仇视至极。顺治五年元月二十七日，金、王等在南昌举兵叛清，擒杀清的巡抚、巡按等多人，引起很大的震动。多尔衮决定，以武力剿平之，其对策大体上与对山西的姜瓖相同，委派谭泰为征南大将军，率军扫荡外围，然后集中兵力围攻金声桓等困守的南昌，同样掘壕筑寨，禁绝交通，不时发炮轰击城内，双方拉锯战斗，几及一年。谭泰奏请增拨大炮，多尔衮准奏饬行。到顺治六年元月十九日，红衣炮运达，清军急攻南昌。本日午时城破，金声桓自投于城之东湖，王得仁突围被擒杀，其余各将或巷战死，或被俘不屈死。[56]南昌之役，其影响不下于大同，其结局亦以叛军覆败告终。其不同之处是，南昌是清军直接以红衣大炮攻破城垣而取胜，大同则是以强大炮火为威慑后盾，策反顺利以成功。

以上我们列举了清军入关之后，在真定、潞安、太原、扬州、淮安、大同、南昌诸重大战役中，几乎都发挥了炮兵配合作战的作用，在某些战役的某一阶段，甚至发挥出主要的作用。清军入关以后对全国各地的大进军，大清王朝的缔建和巩固，确是在红衣大炮的轰鸣中得以实现的。能够正确评估红衣大炮作为当时最犀利最精良的武器之一的作用，并相机使用之，应该说是清朝取得胜利的条件之一。以多尔衮为首的统治集团，是明确地认识到这一点的。

五、结论：不止是火炮

如果我们细读清初对军人的记功酬赏档案，还可以发现一些饶有意义的记载，那就是，有些曾经参战的满、蒙、汉军将士，其所以受赏赐、获晋升，得恩袭，往往与他们曾经在战场上得力地使用红衣炮有关。纪功册上对此都作了具体明细的登载，而且在这方面建立功勋的人还不少，这也从另一侧面说明炮战在清兵入关前后，在其缔建大清王朝过程中，所曾经起过的一定作用。以下摘引四例：

（1）袁晋：后于皇叔父摄政王率兵克复前屯卫之次，攻前屯卫时，与其属下以红衣炮攻城。固山额真叶臣等克复太原府之次，攻太原府时，会同许昌朋以红衣炮克城。为此，赠一等甲喇章京加半个前程，降一级，袭职七次。[57]

（2）金自成：后于皇叔父摄政王等三此（次）围锦州城，战洪军门三营时，会同梅勒章京隋天总击败之。摄政王率兵克复前屯卫之次，以其所属之红衣炮克城，故升三等甲喇章京为二等甲喇章京，加一级，准袭五次。[58]

（3）张懋德：原为骁骑校，皇叔父摄政王率兵围前屯卫之次，攻克中卫所、前屯卫两城时，独身放红衣炮。固山额真叶臣等克复太原府之次，攻城时，独身射放红衣炮，念其克城有功，赠半个牛录章京，准袭一次。[59]

（4）董文魁：原为虚衔牛录领催，固山额真叶臣克复太原府之次，攻城时，独身放红衣炮而中箭身亡。故赠半个牛录章京，准其子董旒锡袭职位，战亡准再袭，病故则免之。[60]

从这些恩赏立功记录中，固然可以看到清军在入关前后已经相当普遍地使用红衣炮作战。更重要的，还应看到，在清朝的军队中，已经培育出一批熟谙炮兵战术和操作规程，而且勇敢善战的官兵，反映出一个要求蓬勃发展的新兴政权的活力，正处在上下一心以建功立业的时期，他们当时是难以被战胜的，故此一旦掌有红衣大炮，便能充分发挥其摧敌毁城夺取胜利的作用。反视之明朝，“文官皆纸上铺张，武将皆纨绔债帅”[61]，其腐败已经深入骨髓。即使在阶级矛盾和民族矛盾极端激化的时刻，少数人虽然痛心疾首，毁家御侮，统治集团上层仍然贪图苟安，内讧不息，是以虽然仍拥有一些优良装备，但实际上仍等同虚设，绝难保持久旺盛的战斗力量。种种枪炮利器，恰成资敌之械。明末某些志士仁人虽然竭智尽虑，继之以效死，但亦绝难挽回其必然灭亡的厄运。大炮诚威武，难以救颓亡。读史至此，能不唏嘘！

注　释

［1］《朝鲜李朝成宗实录》卷 52“六年（明成化十一年，1475）二月庚辰”条，载吴晗辑，《朝鲜李朝实录中的中国史料》（北京：中

华书局，1980）第 2 册，第 619 页。

［2］同［1］。

［3］时为明万历二十七年（1599）三月，见《满洲实录》（上书房本）卷 3，载《清实录》（北京：中华书局，1986 影印）第 1 册，第 112 页。

［4］《朝鲜李朝宣祖实录》卷 134“三十四年（明万历二十九年，1601）二月乙丑”条，载《朝鲜李朝实录中的中国史料》第 7 册，第 2673 页。

［5］同［4］。

［6］李民，《建州见闻》。

［7］这里所说的“红夷大炮”，是指明朝万历时期，在澳门等地从葡萄牙人手中购进的新型大炮。这种大炮是葡萄牙人仿制荷兰大炮而成的。它射程远，命中率高，杀伤力大，附有瞄准器，配有炮车，重型的自重可达 2500 千克，施放实心铁弹。明朝政府引进了这种大炮后，大力仿造，以配备给边防部队。所谓“火箭”，乃是将一些助燃性的硝磺等物射向敌阵，引起爆炸和燃烧。所谓“鸟枪”，是当时的用语，实非仅为猎鸟的用枪而言。这是一种以铁铸枪管，辅以木托，在前镗加入火药，点燃火绳以施放的军械，是当时犀利的火器。当时鸟枪的射程最远可达 200 米。其所用弹药，初期多用散装铅铁砂，以后逐渐配用与枪管口径相同的铅丸。

［8］张岱，《石匮书后集》卷 11《袁崇焕传》，（北京：中华书局，1959），第 91 页。

［9］《清初内国史院满文档案译编・天聪朝、崇德朝》上册，第 146 页“天聪九年（明崇祯八年，1635）二月初三日”条，降人张文衡奏言。

［10］《清太宗实录》卷 8“天聪五年（明崇祯四年，1631）正月壬午”条，载《清实录》第 2 册，第 109 页。

［11］中国第一历史档案馆编，《清初内国史院满文档案译编・天聪朝、崇德朝》（北京：光明日报出版社，1989）上册，第43页，天聪七年十月十七日，可见丁启明从天聪五年职任游击，两年之间，又再被提升为参将。

［12］《清太宗实录稿》“天聪六年三月十九日”条。

［13］另外，《清文献通考》记载天聪五年造炮成功及其对满兵作战的功效：“先是，未备火器，造炮自此始，其年征明，久围大凌河而功以成，用大将军力也。自后师行必携之。”见《清文献通考》，卷194《兵考・火器》，载《十通》（国学基本丛书，台北：新兴书局，1965）第19册，第6587页。

［14］《清文献通考》卷194《兵考・军器》，载《十通》第19册，第6577页。

［15］宁完我，《陈收抚孔耿办法奏》，载《天聪朝臣工奏议》卷中，收入罗振御编，《史料丛刊初编》（1924年刊，台北：文海出版社，1964影印），第213~214页。

［16］《清文献通考》卷192《兵考・教阅》，载《十通》第19册，第6543页。

［17］同［16］。

［18］《清太宗实录》，卷6“天聪四年正月辛丑”条，载《清实录》第2册，第89页。

［19］清政府修，《大清会典事例》（光绪刊本）卷894《工部・军火・铸炮》，载续修四库全书编纂委员会编，《续修四库全书》（上海：上海古籍出版社，1995）第810册，第787页。而且，这次被派遣前去监造大炮的将校官员，共有梅勒章京，侍御、铸炮朱录章京等二十人以上，可

见清政府对于铸造火炮之重视。又参见《清文献通考》卷194《兵考·火器》，载《十通》第19册，第6587页。

［20］《清文献通考》卷194《兵考·火器》，载《十通》第19册，第6587页。

［21］《清太宗实录》卷9“天聪五年八月己未”条，载《清实录》第2册，第131页。

［22］明降官张文衡给皇太极的奏章说：“明国文武官员，俱从贿赂得知；文官无谋，武官无勇，管军者克钱粮，造器者匿官钱，军士不得休息，器械亦不堪实用。如此，军士何心用命？……兵马如此，虽众何益！”载《清初内国史院满文档案译编·天聪朝、崇德朝》上册“天聪九年（明崇祯八年，1635）二月初三日”条，第146页。

［23］汤若望授，焦勖辑，《火攻挈要》（崇祯癸未［1643］序，道光丁未［1847］刻本），卷上《概论火攻总原》，《审量敌情斟酌制器》，载《续修四库全书》第966册，第727、727~728页。

［24］明代的枪炮制作，一方面继承了中国传统兵器，特别是宋元以来的工艺，另一方面又大力引进了西方的技术和方法，较之前代，确有了很大的进展。据明末著名军事理论家茅元仪于天启元年（1621）写成，篇幅达240卷的巨著《武备志》（载《续修四库全书》第963~966册）的介绍，当时根据战场地形、战争规模和攻防需要，配备给明军使用的火炮即有38种之多，其名目诸如佛朗机炮、百子连珠炮、烧天猛火无拦炮、飞云霹雳炮、毒雾神烟炮、八面旋风吐雾轰雷炮等。书中对这些炮的大小、轻重、型号、规格、口径、射程、所用弹药及其配方、不同的杀伤力及其在实战中的不同用途等，均有具体说明，并各附有图式和简要的铸造方法。在用枪方面，亦列出24种，其名目诸如鸟嘴铳、子母铳、拐子铳、

夜敌竹铳、万胜佛朗机铳、五雷神机铳等。书中对每一种枪支的长短轻重，枪管木托的用料、火门、扳机、火绳、铅子、火药配方以及在实战上的不同用途等,亦都作了具体说明,也各附有图式和简要的制作方法。书中对某些型号的枪炮，是在何时何地由何人从西方引进，也作了较为准确的说明。比《武备志》出版略早一些的，还有明万历时文华殿中书赵士桢所著的《神器谱》一书，其中记述了赵氏对改进多种土洋火器的设计，对于枪炮战车的型号、制造工艺、施放方法及实战应用等均有详细说明，载《玄览堂丛书初辑》（台北：国家图书馆，1981）第 18 册，第 175~252 页。由此可见，明代的军工生产曾经是比较发达的，明军的枪炮火器配备曾经是比较齐全和先进的，但在腐败的政权和军队中，并未能发挥出应有的战斗力。相反，一因这些先进武器在历次战役中成批地被清军缴获，甚至随同降清将帅携来转为清人所用；二因皇太极坚定地执行了招降纳叛，优容并重用熟谙军工技术汉官汉将汉匠的政策，以最快的速度建立起较具规模的以沈阳和锦州为中心的军工基地，有力地支持侵明战争。汤若望所引以为震惊的“我之奇术，皆为彼有”，乃如实反映出此一重大转折。

[25]参见《清初内国史院满文档案译编·天聪朝、崇德朝》上册，第 9、10、42、43 页。

[26]马光远，《又请整饬总要奏》“天聪七年三月二十一日”条，载《天聪朝臣工奏议》卷中，收入《史料丛刊初编》，第 207~209 页。

[27]马光远，《又请整饬总要奏》“天聪七年三月二十一日”条，载《天聪朝臣工奏议》卷中，收入《史料丛刊初编》，第 209 页。

[28]马光远，《又请整饬总要奏》“天聪七年三月”条，载《天聪朝臣工奏议》卷中，收入《史料丛刊初编》，第 210 页。

[29]《清初内国史院满文档案译编·天聪朝、崇德朝》上册，第31页。

[30]《清初内国史院满文档案译编·天聪朝、崇德朝》上册，第237页。

[31]《清初内国史院满文档案译编·天聪朝、崇德朝》上册，第244页。

[32]《清初内国史院满文档案译编·天聪朝、崇德朝》上册，第467页。按：当时的郑亲王为济尔哈朗。睿亲王为多尔衮，肃郡王为豪格，他们两人都是在崇德六年三月，因率兵驻营在锦州城外三十里，又时遣军士回家，被皇太极下谕从亲王降为郡王的。

[33]《清初内国史院满文档案译编·天聪朝、崇德朝》上册“崇德七年四月十一日”条，第468~469页。

[34]《清初内国史院满文档案译编·天聪朝、崇德朝》上册“崇德七年四月十一日”条，第475页。

[35]《清初内国史院满文档案译编·天聪朝、崇德朝》上册，第467~468页。

[36]《清初内国史院满文档案译编·天聪朝、崇德朝》上册，第474页。在这些名单中，还详细列了俘获明朝文武官吏的姓名、官阶、职衔、人数、民间妇孺、生员名以及各种牲畜食物资之数，因与本文的关系较小，故不赘引。

[37]《清初内国史院满文档案译编·天聪朝、崇德朝》中册，第1页。

[38]《清初内国史院满文档案译编·天聪朝、崇德朝》中册，第3、4页。

[39]《清初内国史院满文档案译编·天聪朝、崇德朝》中册，第4页。

[40]《清初内国史院满文档案译编·天聪朝、崇德朝》中册，第9页。

[41]《清初内国史院满文档案译编·天聪朝、崇德朝》中册，第45页。

[42]《清初内国史院满文档案译编·天聪朝、崇德朝》史册，第59页。

[43]《清初内国史院满文档案译编·天聪朝、崇德朝》中册，第54~55页。

[44]中国人民大学清史研究所编，《清史编年》（北京：中国人民大学出版社，1985—2000）卷1，第56页。

[45]《清史编年》卷1，第56页。

[46]《清史编年》卷1，第56页。

[47]《清初内国史院满文档案译编·天聪朝、崇德朝》中册，第54~55页。

[48]应廷吉，《青燐屑》，载《明季稗史初编》（商务印书馆1936年国学基本丛书版，上海：上海书店出版社，1988影印），第440~442页。

[49]《清初内国史院满文档案译编·天聪朝、崇德朝》中册。

[50]《清初内国史院满文档案译编·天聪朝、崇德朝》中册。

[51]夏骃，《交山平寇本末》卷上，载四库全书存目丛书编纂委员会编，《四库全书存目丛书》（台南：庄严文化事业出版社，1995）史部第56册，第165页。

[52]徐鼒著，王崇武校点，《小腆纪年附考》（北京：中华书局，1957）卷15，第599页；卷16，第620页。清国史馆编，《逆臣传》卷4，载周骏富编，《清代传记丛刊》卷56（台北：明文书局，1985），第547~562页。

[53]《清史编年》卷1，第209页。

[54]《清初内国史院满文档案译编·天聪朝、崇德朝》下册，第18页。

[55]《清初内国史院满文档案译编·天聪朝、崇德朝》下册，第13页。

[56]《清史编年》卷1，第215页。

[57]《清初内国史院满文档案译编·天聪朝、崇德朝》，中册，第274页。

[58]《清初内国史院满文档案译编·天聪朝、崇德朝》中册，第274页。

[59]《清初内国史院满文档案译编·天聪朝、崇德朝》中册，第291页。

[60]《清初内国史院满文档案译编·天聪朝、崇德朝》中册，第291页。

[61]王舜，《恭陈末议奏》（天聪六年九月二十四日），载《天聪朝臣工奏议》卷上，收入《史料丛刊初编》，第155页。